Janet Dight

Begreift doch endlich, ich bin erwachsen

Vom schwierigen Umgang Erwachsener mit ihren Eltern

CIP-Titelaufnahme der Deutschen Bibliothek

Dight, Janet:
Begreift doch endlich, ich bin erwachsen : vom schwierigen Umgang Erwachsener mit ihren Eltern / Janet Dight. - 1. Aufl. - Mannheim : PAL, 1989
 Einheitssacht.: Do your parents drive you crazy? <dt.>
 ISBN 3-923614-33-0

1. Auflage 1989
© der deutschen Ausgabe 1989 by
PAL Verlagsgesellschaft, Mannheim
Copyright © 1987 Janet Dight
Aus dem Amerikanischen übersetzt
von Horst Strittmatter
Alle Rechte vorbehalten
Herstellung: C. Bockfeld, Neustadt
ISBN 3-923614-33-0

Inhaltsverzeichnis

Einleitung ... 1
1 Das einigende Band ... 5
2 Was sind das für Menschen? ... 13
3 Die ewigen Eltern ... 19
   Die Glucke- „Soll ich dir 'ne Tasse Kaffee bringen, die Heizung hochdrehen, die Wäsche waschen, ein Sandwich machen ... ?"
   Die Ängstlichen - „Man wird dich noch überfallen, wenn du immer so spät abends aus dem Büro kommst."
   Die Übertreiber - „Du heiratest? Ich bin noch nie so glücklich gewesen! Du ziehst auch nach München? Ich bring´ mich um!"
   Die Ratgeber - „So kannst du doch nicht leben. Du solltest ..."
   Die Unbelehrbaren - „Du bist immer schon schüchtern gewesen, schon auf der Oberschule."
   Die Vermittler - „Kinder, ihr könntet sicher besser miteinander auskommen, ihr braucht´s nur zu versuchen."

4 Die Nutznießer ... 45
   Die Ansteller - „Ich weiß, du hast zu tun, aber es wär´ mir eine große Hilfe, wenn du vorbeikommen und ... könntest."
   Die Antreiber - „Was heißt, du willst nicht Arzt werden? Natürlich wirst du Arzt.
   Die Hilflosen - „Ich weiß nicht, was ich tun soll. Kümmer´ dich doch mir zuliebe drum, ja?"
   Die Kumpelhaften - „Du bist mein bester Freund."

5 Die Manipulierer ... 64
   Die Fehlerlosen - „Ich hätte meine Eltern nie so behandelt."
   Die Scheinheiligen - „Mir macht das natürlich nichts aus, aber deinen Vater (deine Mutter) wird es umbringen."
   Die Märtyrer - „Mach dir um uns keine Sorgen ... Irgendwie werden wir mit dieser Tragödie fertig werden, daß du ..."
   Die Andeuter - „Das gehört zwar nicht zum Thema, aber hast du je daran gedacht, daß ...?"
   Die Aufrechner - „Du solltest sehen, was deine Schwester mir gekauft hat."
   Die Verzweifelten - „Jetzt hast du mich aber ganz aus der Fassung gebracht."
   Die Todesschwangeren - „Wir werden nicht mehr lange da sein, und wenn wir nicht mehr da sind ..."

6 Die Heuler-und-Stöhner, die Fiesen-und-Miesen und die Schinder ... 77
   Die Nörgler - „Hast du gesehen, was das Benzin, die Zahncreme, die Brötchen und das Kino jetzt kosten?"

Die Griesgrämigen - „Wie's ist? Ich sag' dir, wie's ist - schrecklich."
Die Schwarzseher - „Ich weiß, du bist jetzt glücklich, aber überleg' mal, was alles schiefgehen könnte."
Die Beleidiger - „Wenn du nur ein bißchen Grips im Kopf hättest, was du nicht hast ..."
Die Beleidigten - „Ich weiß, ich hatte dir nichts von meinem Aufenthalt im Krankenhaus erzählt, aber das ist kein Grund, mich nicht zu besuchen."
Die Tyrannen - „Wag' ja nicht, so was in diesem Haus zu tun!"
Die Schinder - „Was ich sage, wird gemacht, oder aber ..."

7 Die Gleichgültigen, Zerstreuten und Vergeßlichen 97
Die Schwätzer - „Dein Onkel Richard hat 'ne neue Stelle. Hast du gewußt, daß Sabines Tochter in den Ferien auch daheim ist? Wie gefällt dir unser neuer Sessel? Ich mußte in acht Läden rennen, ehe ich einen auftrieb, der in der Farbe zum Teppich paßt ..."
Die Wiederholer - „Hab' ich dir schon mal erzählt, daß ...?"
Die Unordentlichen - „Mal sehen. Vor 'ner Minute war's noch hier. Oder etwa nicht? Ich bin nicht sicher."
Die Ordnungsfanatiker - „Wir bringen das hier in Nullkommanix auf Vordermann."
Die Ichbezogenen - „Nett, daß man dich befördert hat, aber haben wir dir schon erzählt, was wir in diesem Sommer machen?"
Die Verdränger - „Probleme? Was für Probleme? In dieser Familie gibt es keine Probleme."

8 Der Besuch 113

9 Das ist immer noch mein Haus, verstanden? 130

10 Wenn es ums Geld geht 137

11 Das ist immer noch mein Liebesleben, verstanden? 148

12 Das sind immer noch meine Kinder, verstanden? 158
Die Verwöhner - „Schau mal, was für Spielsachen, Kleider, Süßigkeiten, Kinokarten und Geld Oma und Opa für dich haben."
Die Ungroßeltern - „Einmal reicht uns, danke."

13 Die große Festtagstradition 164

14 Es liegt nur an Ihnen 169

Danksagung

Hinweis für Eltern erwachsener Kinder

Die Geschichten in diesem Buch stammen alle von wirklichen Menschen. Ich habe aber ihre Namen und andere Einzelheiten geändert, damit niemand sie identifizieren kann, insbesondere Sie nicht, die Eltern. Manches wird Sie sicher an Ihren Sohn erinnern, der einmal sagte, Sie hätten ihn nur dann nötig, wenn der Wagen repariert werden müsse. Oder es erinnert Sie an Ihre Tochter, die meinte, Sie kämen immer so lang zu Besuch, daß sie fast das Gefühl habe, sie müsse Miete verlangen. Aber das waren nicht Sie.

Ihre Kinder sagen sicher nie so etwas von Ihnen. Außerdem habe ich versprochen, daß man sie nicht identifizieren könne, weil Sie, wie sie meinten, sonst wütend wären. Oh - ich glaube, ich habe das jemand anderem versprochen. Nicht Ihren Kindern, jemand anderem. Ehrenwort!

Janet Dight

Einleitung

Jahrelang nahm ich Umwege in Kauf, um meine Eltern glücklich zu machen. Da ich nur eine Autostunde von ihnen entfernt wohnte, war das nicht allzu schwer. Ich besuchte sie regelmäßig, war im Beruf erfolgreich und vermied glücklich schwerwiegende Fehltritte, z.B. eine Schwangerschaft ohne Trauschein, eine Verhaftung durch die Polizei oder längere Arbeitslosigkeit.

Als ich dann von meinen Eltern in eine 800 Kilometer entfernte Stadt zog, wurde die Beziehung zu ihnen schwieriger. Meine Mutter (die den Kontakt zwischen den Familienmitgliedern aufrechterhält), konnte einfach nicht begreifen, daß ich sie nicht alle drei oder vier Monate besuchte.

Es wollte nicht in ihren Kopf, daß ich nicht jedes Jahr an Weihnachten heimkam. Daß ich andere Verpflichtungen hatte, einen Beruf, einen Verlobten, die künftigen Schwiegereltern, einen Stiefsohn, der jedes zweite Weihnachtsfest mit uns verbringt - ganz zu schweigen von anderen Dingen: All das verdrängte sie lieber. Wann immer sie mich anrief oder mir schrieb, stets wollte sie wissen, wann ich käme. Kam ich dann tatsächlich, stritten meine Eltern während der ersten Hälfte meines Besuchs darüber, wann ich wohl das letzte Mal dagewesen sei, und während der zweiten Hälfte versuchten sie herauszubekommen, wann ich wiederkäme. Es war, als verpaßten sie mir zwei Haken auf einmal.

Dann tat ich, während eines Besuchs bei meinen Eltern, etwas Seltsames und gänzlich Überraschendes, ohne recht zu wissen, warum. Statt wie sonst vage Versprechungen zu machen oder das Thema zu wechseln, wenn die Sprache auf meinen nächsten Besuch kam, sagte ich meiner Mutter die Wahrheit: „Mami", sagte ich, „ich kann mir nicht leisten, zwei- oder dreimal im Jahr zu euch zu kommen. Ich habe weder das Geld dazu, noch die Zeit. Jede Fahrt kostet mich über 500 DM und mindestens eine Woche. Du verlangst zu viel von mir."

Ich machte mich auf einen hysterischen Anfall gefaßt; was für ein undankbares, rücksichtsloses Kind ich doch sei; alles hätten sie für mich getan, da könnten sie doch wohl zumindest erwarten, daß ich sie regelmäßig besuche; was mit mir los sei, daß ich nicht begreife, wie sehr ich ihnen fehlen würde; und warum ich überhaupt so weit weg leben müsse.

Doch stattdessen sagte meine Mutter ganz ruhig: „Ich weiß. Es wäre nur einfach schön, dich öfters zu sehen."

Und zu meiner Überraschung war damit das Gespräch zu Ende. Als mein Vater - den sie, da bin ich ganz sicher, eines Tages als den Nörgler der Nation zur Schau stellen werden - ein paar Monate später eine seiner Schimpfkanonaden losließ, fragte ich ihn so freundlich wie möglich: „Hast du dein ewiges Nörgeln nicht allmählich selber satt?"

Wieder machte ich mich auf eine Auseinandersetzung gefaßt. Aber er lachte nur still in sich hinein und meinte: „Ich bin wirklich sauer, ehrlich." Wie? Kein Wutanfall? Kein „Paß auf, was du sagst, liebe Tochter"? Kein empörter Seufzer? Was ging hier vor? Ich widersetzte mich den Eltern, und die Welt ging nicht unter. Es war ein Wunder.

Mir kam der Gedanke, daß ich da vielleicht auf etwas gestoßen war. Vielleicht gab es für das Problem, ein erwachsenes Kind zu sein, eine Lösung. Vielleicht bedeutete es, daß man sich den Eltern gegenüber eher wie ein Erwachsener und nicht wie ein Kind verhalten und den Menschen und nicht nur die Eltern in ihnen sehen sollte. Und da alle meine Bekannten dasselbe Problem hatten, aber keine Lösung wußten, konnte man daraus vielleicht ein Buch machen.

Und so war es denn auch. Nun bin ich keine Psychologin, das Buch hat also keinen psychologischen Anspruch. Es ist lediglich ein praktischer Ratgeber, der Ihnen verdeutlichen soll, daß fast alle erwachsenen Kinder, Sie und ich eingeschlossen, Probleme mit ihren nicht so erwachsenen Eltern haben und daß Hoffnung auf eine Lösung besteht, so unglaublich das klingen mag.

Dieses Buch basiert nicht nur auf eigenen Erfahrungen, sondern auch auf denen von Hunderten von Menschen, mit denen ich gesprochen habe. Meine Eltern sind vermutlich etwas beunruhigt über das, was ich über sie berichten werde.

Im vergangenen Jahr hat meine Mutter mir 300 mal erzählt, was für eine wundervolle Mutter sie doch gewesen sei, daß sie es nicht bedauere, mich so und nicht anders erzogen zu haben, daß sie ihr Bestes gegeben habe und ich daher wohl nichts Schlechtes über sie sagen werde. Seltsam, als ich den Vertrag für dieses Buch noch nicht in der Tasche hatte, war davon nie die Rede gewesen. Ich möchte das an ein paar Briefen zu diesem Thema, die alle neueren Datums sind, verdeutlichen:

12. Mai
Liebe Janet,
wie du weißt, kümmern wir uns nicht um das, was du schreibst, solange es sich nur verkauft („verkauft" war dreimal unterstrichen). Im übrigen lege ich einen Brief von meiner Freundin Helen bei.

In Liebe
Mami!

Liebe Gladys,
Es freut mich, von Janets neuem Buch zu hören. Ich hoffe nur, sie tut dir und Ken nicht dasselbe an wie diese schreckliche Patti Davis ihren Eltern. Was für schlimme Dinge die über Ron und Nancy geschrieben hat! Naja, Janet hat keinen Grund, dich und Ken schlecht zu machen. Ihr zwei wart als Eltern ohne Makel.

Herzlich
Helen

Ich verstand das natürlich als sanften Wink und gab meiner Mutter folgende Antwort:

20. Mai
Liebe Mami,
vielen Dank für Helens Brief, aber du brauchst dir keine Sorgen zu machen. Ich hab´ euch ja bereits gesagt, daß das Buch nicht von dir und Paps handelt. Es ist ein allgemeiner Ratgeber für erwachsene Kinder. Ich bin weder Patti Davis noch jemand, der dir Honig ums Maul schmiert.

In Liebe
Janet

15. Juni
Liebe Janet,
wie kannst du bloß annehmen, ich hätte mit Helens Brief etwas andeuten wollen. Ich dachte, du findest ihn einfach amüsant. Offenbar verstehst du keinen Spaß mehr.

Gezeichnet
Deine Mutter (die Dich tadellos erzogen hat)

Manchmal hat meine Familie nur wenig Sinn für Humor. Mein Vater hat zu dem Buch kaum etwas gesagt. Ihm verdanke ich jedoch mein schriftstellerisches Talent. Sicher glaubt er, daß ich es gegen ihn einsetze. Doch um meine Haut zu retten, werde ich in diesem Buch nichts mehr über meine Eltern schreiben. Mit dem, was ich in dieser Einleitung über sie gesagt habe, werde ich mir, weiß Gott, schon genug Ärger einhandeln. Aber wer genau hinschaut, wird sie sicher erkennen. Sie sind einfach nur gut kaschiert.

Der Vollständigkeit halber möchte ich zum Abschluß betonen, daß ich versucht habe, die Schuld gerecht auf Mütter und Väter zu verteilen.

Einige Verhaltensweisen treffen jedoch eher auf Mütter, andere eher auf Väter zu. Aber kein Geschlecht ist von solchen Schwächen völlig frei. Wenn von einer „Mami" die Rede ist, könnte es auch stets ein „Papi" sein, der so handelt - und umgekehrt.

Obwohl ich das ganze Buch hindurch von Eltern rede, weiß ich doch, daß einige unter Ihnen einen Elternteil durch Scheidung oder Tod verloren haben. Sehen Sie es mir also bitte nach, wenn ich von Mamis und Papis rede. Aber jetzt wollen wir uns anschauen, wie man mit diesen alten Gaunern zurechtkommt.

1
Das einigende Band

Sie haben die Nase voll. Sie haben absolut die Nase voll. Noch so ein Anruf der Eltern: „Es ist jetzt fast schon einen Monat her" - oder „eine Woche" oder „ein Jahr" oder „eine halbe Stunde" -, „daß du das letzte Mal bei uns warst", und Sie bekommen einen Schreikrampf. Noch so ein Satz wie : „Wir wissen, daß du viel zu tun hast, mach´ dir um uns keine Sorgen (Seufzer), wir kommen schon irgendwie zurecht", und Sie brauchen einen Therapeuten.

Ihre Eltern haben Sie in die Enge getrieben. Das Gefühl der Schuld wird unerträglich, also geben Sie nach. Sie wollen es nicht, doch es hilft nichts. Sie werden Ihren Eltern einen Besuch abstatten. Wie schrecklich.

Sie können sich das Ganze lebhaft vorstellen: das endlose leere Gerede, die schon x-fach gehörten Geschichten, die ständigen bohrenden Fragen, ob man auch wirklich glücklich sei. Sie müssen sich anhören, wie Ihr Vater ohne Pause über die Hohlköpfe in der Regierung herzieht, die glauben, die Inflation im Griff zu haben; die sollten sich lieber mal seine Strom- und Heizkostenrechnung anschauen, die - so behauptet er - jeden Monat 30% teurer wird.

Ob Sie wollen oder nicht, Sie müssen mit Ihrer Mutter ins Lebensmittelgeschäft, wo sie dem Mädchen an der Kasse verschwörerisch zublinzelt und verkündet: „Ich muß Vorräte besorgen; mein Liebling ist zu Besuch." Dann gibt sie ihr eine 15-minütige Kurzfassung Ihrer Lebensgeschichte sowie Ihres schulischen und beruflichen Werdegangs. Und sie verspricht, das nächste Mal Photos von Ihren Kindern mitzubringen.

Sie schütteln sich vor Ekel. Kein Mensch hält so etwas aus. Natürlich lieben Sie Ihre Eltern, aber nach ein paar Stunden in ihrer Gegenwart flehen Sie um Gnade: „Hört bitte mit dem Gerede auf, ich sei früher schlank gewesen. Zwingt mich bitte nicht schon wieder, euch zu erklären, wie der Videorekorder funktioniert, den ich euch zu Weihnachten in einem Anfall geistiger Umnachtung gekauft habe. Bitte, zwingt mich nicht, ständig so zu tun, als gefalle es mir hier bei euch."

Nehmen Sie sich zusammen. Der Besuch bei den Eltern wird schon nicht so schlimm werden. Mag sein, daß das letzte Mal nicht gerade berauschend war, und noch Wochen später mußten Sie die Zähne zusammenbeißen, wenn Sie auch nur die Stimme Ihrer Eltern am

Telefon hörten. Also das muß nicht so sein. Solche Besuche müssen nicht zur Qual werden. Sie sind doch erwachsen und intelligent genug: Wenn Sie sich Mühe geben, wird es dieses Mal klappen. Schließlich ist es ja wirklich schon lange her, daß Sie Ihre Eltern zuletzt besucht haben. Freuen Sie sich auf den Besuch.

Dieses Mal machen Sie es besser, das nehmen Sie sich fest vor. Kein Streit mehr, keine zusammengebissenen Zähne, kein Beleidigtsein, wenn die Eltern aus Ihnen herausquetschen wollen, wieviel Sie verdienen oder wann das nächste (oder erste) Kind fällig ist. Nein, dieser Besuch wird ein reines Vergnügen sein. Dieser Besuch wird so ablaufen, wie es sich Ihre Eltern vorstellen. Und wenn Sie dabei draufgehen.

Also rufen Sie an und teilen Ihren Eltern mit, daß Sie kommen, und die sind außer sich vor Freude. Ihre Mutter ist bei dem Gedanken, ihren kleinen Liebling wiederzusehen, den Tränen nah. Was für ein prächtiges Kind Sie doch sind, daß Sie Ihre Eltern so glücklich machen.

Mit einem Lied auf den Lippen packen Sie den Koffer. Sie stellen sich das gute Essen vor, die reichliche Zuwendung und das Glück, wieder einmal in Ihrem alten Zimmer zu schlafen. Es wird herrlich sein.

Aber als Sie mit Ihrem Wagen in der Heimatstadt ankommen und in die Straße einbiegen, in der die Eltern wohnen, kommen Ihnen die ersten Zweifel. Ist ein vergnüglicher, normaler, unbeschwerter Besuch der Eltern überhaupt möglich? Haben Sie sich nicht doch was vorgemacht, und sei es nur ein bißchen?

Denken Sie auf der Stelle nach: Hatten Sie sich nicht schon bei früheren Gelegenheiten vorgenommen, es müsse ein unbeschwerter Besuch werden? Hm. Undeutlich erinnern Sie sich, daß Sie in der Vergangenheit andere vergnügliche Besuche geplant hatten, Besuche, die ganz anders und ganz großartig verlaufen sollten. Aber wenn Sie dann ankamen, war alles wie gehabt und von Großartigkeit keine Spur. Oh Gott, haben Sie vielleicht einen Fehler gemacht?

Sie biegen in die Auffahrt ein, und sobald die Reifen auf dem Kies knirschen, fliegt die Haustür auf, und Ihre schlimmsten Befürchtungen werden wahr. Mit glücklich strahlendem Gesicht eilt Ihre Mutter die Auffahrt herab, rudert wild mit den Armen, begeistert von der Vorstellung, Sie wieder einmal an ihren Busen pressen zu können. Ihr Vater versucht bei soviel Euphorie den Gelassenen zu spielen. Gemächlich trottet er hinterher, steckt sich beim Gehen die Pfeife wieder an und tut so, als bemerke er nicht die enorme Wirkung, die Ihr Besuch auslöst.

Der Anblick einer 60-jährigen Frau, die kreischend vor Freude herumhopst, ist erschreckend. Sie wissen, daß man Sie jetzt an sich drückt, betätschelt, abschleckt, kritisch unter die Lupe und ins Kreuzverhör nimmt, an Ihnen herummäkelt, sie totredet und - falls dies bei so einem kurzen Besuch überhaupt möglich ist - wieder einen besseren Menschen aus Ihnen macht.

Sie sacken im Sitz zusammen, das halten Sie nicht durch. Gequält lächeln Sie zum Wagenfenster hinaus, winken den Eltern zu, wollen Ihnen damit sagen, daß Sie ja sofort aussteigen. In Zeitlupe parken Sie den Wagen ein und ziehen die Handbremse. Sorgfältig richten Sie das Steuer aus, damit die Räder genau geradeaus stehen. Dann vergewissern Sie sich, daß Sie den Zündschlüssel auch ja bis zum Anschlag gedreht haben. Langsam ziehen Sie ihn ab und verstauen ihn sorgfältig im Schlüsseletui. Dann greifen Sie nach dem Türgriff, als gelte es, den Schierlingsbecher in Empfang zu nehmen.

„Mein Liebling, da bist du ja endlich", kreischt Ihre Mutter zwei Oktaven höher als sonst. „Ich kann's einfach nicht glauben, daß du endlich da bist": Sie greift nach Ihnen und drückt Ihnen einen feuchten Schmatz auf die Wange. Ihr Vater hält sich im Hintergrund, zieht an seiner Pfeife und bemüht sich, sein Interesse an Ihrem Besuch nicht zu deutlich zu zeigen. Mit beiden Händen packt Ihre Mutter Sie am Arm: „Hattest du eine gute Fahrt?" Sie überprüft Ihr Gesicht aus der Nähe und schreit: „Wie gut du aussiehst! Sieht unser Baby nicht gut aus, Paps?" Paps murmelt etwas Unverständliches vor sich hin und zieht wieder heftig an seiner Pfeife.

„Ich, eh, hol nur 'mal den Koffer", sagen Sie, wenden sich dem Heck des Wagens zu und versuchen dabei dem eisernen Griff Ihrer Mutter zu entkommen.

„Laß das doch", sagt sie, „dein Vater wird sich später darum kümmern." Sie schleppt Sie zum Haus.

„Frau Müller hat angerufen, ich soll dir ja ausrichten, daß sie dich begrüßen wird, sobald du eingetroffen bist. Ich hab ihr von deiner Beförderung erzählt, sie war *sehr* beeindruckt. Ist ja auch verständlich, nicht wahr? Ihre Kinder haben nicht 'mal einen rechten Beruf, geschweige denn, daß man sie befördert. Ihr Sohn war ..."

„Augenblick, Mami", werfe ich ein. „Wer ist Frau Müller?"

„Aber du kennst doch Frau Müller. Sie ist in meinem Bridge-Klub. Hans, ihr Mann, geht mit deinem Vater zum Angeln - wenn er nicht gerade einen Kater hat. Du kannst dir nicht vorstellen, wieviel der Mann trinkt. Ich glaub' nicht, daß er's bei der Arbeit tut, aber nach Feierabend ..."

„Mami", wiederholen Sie entschlossener, „ich kenne diese Frau

Müller nicht."

„Natürlich kennst du sie", sagt sie mit einer Stimme, die keinen Widerspruch duldet. „Sie wohnen ungefähr drei Häuserblocks weiter. Ich hab´ dir doch erzählt, daß sie bei mir im Bridge-Klub mitspielt."

Als wir dann im Haus sind, läßt sie endlich meinen schmerzenden Arm los, hastet in die Küche und läßt Sie mit Vater im Wohnzimmer allein.

„Na, Paps", fragen Sie unbestimmt, „wie geht´s euch denn so?"

„Gut, ganz gut." Nach einer langen Pause fragt er: „Wie war´s Wetter bei euch?"

„Naß. Viel zu naß für die Jahreszeit." Lange Pause. „Und wie war´s Wetter hier?"

„Trocken, völlig trocken." Lange Pause. „Schlecht für den Rasen." Er hockt sich in seinen Lieblingssessel, vergräbt sich hinter seiner Zeitung und beginnt zu lesen.

Nach diesem anregenden Gespräch setzen Sie Ihr schönstes Heimkehrer-Lächeln auf und gehen zu Ihrer Mutter in die Küche, wo gerade ein opulentes Mahl vorbereitet wird.

„Wir wußten nicht, wann du genau kommst", sagt sie, obwohl Sie ihr am Telefon mitgeteilt haben, daß Sie nicht später als 17 Uhr da seien und anrufen würden, falls Sie sich verspäteten.

„Also hab´ ich mir gedacht, wir machen einfach von jedem etwas. Weißt du, einige hors d´oeuvres." Sie kennen die hors d´ouvres Ihrer Mutter nur zu gut: Hühnchen, Garnelen, Roastbeef, Kartoffeln, Brot und alle nur möglichen Desserts. „Wart´ nur, bist du diese Schokoladentorte gekostet hast", sagt sie, „ich hab´ das Rezept von Claudia Förster - einfach himmlisch."

Sie kennen keine Claudia Förster, behalten es aber für sich.

„Ach, Mami, ich ... ich versuch´ gerade mit den Süßigkeiten kürzer zu treten", sagen Sie vorsichtig, um ihre Gefühle nicht zu verletzen. „Weißt du, ich sitz´ den ganzen Tag im Büro, da hab´ ich nicht mehr so viel Bewegung wie früher."

Sie schaut Sie an, als hätten Sie den Verstand verloren.

„Sei nicht albern", sagt sie schroff. „Der Kuchen hat mich den ganzen Morgen gekostet. So ein kleines Stück wird dich schon nicht umbringen."

Aus der Traum vom Abnehmen. Kritisch begutachtet sie noch einmal die Speisen. Was sie sieht, erfüllt sie mit Genugtuung.

„Bist du soweit?"

„Aber Mami, ich bin doch eben erst angekommen."

„Ich glaub´, wir essen im Wohnzimmer", stellt sie fest. Wie schön! Sie werden mit dem Teller auf dem Schoß essen und dabei die

„Glücksrad"-Sendung am Bildschirm verfolgen.

Ihre Mutter hastet ins Wohnzimmer und vergewissert sich, daß der Fernseher an ist. Er ist an, in voller Lautstärke. Und schön farbig. Die Leute auf dem Bildschirm haben alle eine grüne Hautfarbe und orangenes Haar.

Während Sie essen und die „Glücksrad"-Kandidaten hysterisch kreischen, sagt Ihre Mutter: „Erzähl´ schon, was macht dein Beruf?"

Sie beginnen zu erzählen, aber keiner hört zu. Ab und zu löst sich Vaters Blick kurz und widerwillig vom Bildschirm. Ohne Interesse murmelt er mit vollem Mund: „Das ist gut" oder: „Ist das zulässig?" Ihre Mutter kann keine 30 Sekunden lang still sitzenbleiben.

„Einen Augenblick, Liebling", ruft sie und hastet in die Küche, um Paps´ Teller wieder zu füllen.

„Einen Augenblick", schon stürzt sie wieder hoch und läßt die Katze raus. „Einen Augenblick, Liebling", erneut erhebt sie sich und stellt frisches Kaffeewasser auf.

Hat sie ´mal nichts zu tun, starrt sie auf Ihren Teller und rügt, daß Sie nicht genug essen. „Nimm doch noch von dem Roastbeef", drängt sie besorgt.

„Danke, Mami, ich bin bis oben hin satt."

„Wirklich?"

„Wirklich, Mami, ich hab´ genug."

„Ich hab´s heute morgen bei Kochman gekauft. Sie haben das beste Fleisch von allen."

Wenn Sie nicht noch um ein Stück bitten, fährt sie mit lockender Stimme fort: „Es ist köstlich", als wolle sie sagen: „Sei ein braves Kind, iß es Mami zuliebe."

„Nein, Mami, ich krieg´ wirklich keinen Bissen mehr runter."

„Es ist genug da. Komm schon, nur noch ein winziges Stück. Ich hab´s so gemacht, wie du´s gern hast."

Fast hat es den Anschein, als wolle sie ein „Öffne das Mäulchen weit" anstimmen.

„Mutter, ich mag ehrlich kein Roastbeef mehr", sagen Sie mit zusammengebissenen Zähnen. „Ehrlich!"

Es ist wohl besser, das Thema zu wechseln. Vielleicht können Sie zwischendurch eine amüsante Anekdote aus dem Büro erzählen, ehe das Abendprogramm am Bildschirm beginnt.

Sie erzählen - auf recht amüsante Weise, so glauben Sie - wie in Ihrer Abteilung zwei leitende Angestellte doch tatsächlich zum Metermaß griffen und ihre Schreibtische vermaßen, um festzustellen, wer die größeren und damit gewichtigeren Büromöbel besitzt.

„Ist so was denn zu fassen?", fragen Sie lachend.

Ihr Vater schnaubt verächtlich. „So was Albernes ist mir noch nicht untergekommen", meint er.

„Hätten diese ausgestopften Anzüge so wie ich 30 Jahre lang hart für ihr Geld schuften müssen, dann würden sie sich einen Dreck um die Größe ihres Schreibtisches scheren. Ich war froh, überhaupt eine Arbeit zu haben, geschweige denn einen Schreibtisch", grollt er. „Wo ist der Zucker?" Er steht auf und stapft in die Küche.

„Mach dir nichts draus", flüstert Ihre Mutter Ihnen zu, als er draußen ist. Sie lächelt. „Dein Vater ist ja so glücklich, daß du da bist."

Das ist Ihnen zu hoch. Sie verstehen auch nicht, was Sie hier überhaupt sollen, weshalb Sie überhaupt mit diesen Leuten verwandt sein sollen.

Gut, Paps ist draußen, aber Mami ist noch da. Die Scharade eines unbeschwerten Besuchs ist noch nicht ganz zu Ende. Sie können mit ihr über die Kinder reden. Das ist eines ihrer Lieblingsthemen. Also berichten Sie ihr, daß Ihr zweijähriger Sohn Hans immer noch die Katze verprügelt. „Wir haben keine Ahnung, was man da tun kann", sagen Sie. „Er sperrt sich einfach. Er ist überzeugt, daß er nichts Böses tut. Hast du eine Idee, was man da machen kann, Mami?"

„Hans sperrt sich?", fragt Ihre Mutter ungläubig. „Das glaub´ ich einfach nicht. Er ist doch der reinste Engel, wenn er bei uns ist. Naja, wenn ich an deiner Stelle wär´, würd´ ich mir keine Sorgen machen. Das gibt sich mit dem Alter. Schau dich doch an. Du hast uns in dem Alter ganz schön zu schaffen gemacht, und jetzt, sieh doch, hast du dich etwa nicht prächtig entwickelt?"

Das stimmt; seit Jahren haben Sie keine Katzen mehr verprügelt.

Sie hört auf die Geräusche aus der Küche und seufzt dann: „Dein Vater kann den Zucker nicht finden." Sie springt auf, um Paps bei dieser kolossalen Arbeit beizustehen. Doch in der Wohnzimmertür hält sie kurz an: „Soll ich dir noch etwas Roastbeef bringen? Es ist noch genug da."

Ist das nicht schändlich?

Ist das nicht traurig? Sie freuen sich auf den Besuch bei den Eltern, aber je länger er dann dauert, desto wütender werden Sie. Wenn das Wetter schlecht ist, gerät Ihre Mutter in Panik, weil sie Angst hat, Sie könnten auf der Heimfahrt in eine Massenkarambolage geraten. Ihr Vater betont unentwegt: „Wenn man bedenkt, was uns dein Studium gekostet hat, ist es jammerschade, daß du in dem lausigen Naturkostladen arbeiten mußt." Als seien Sie nicht im Zimmer, überlegen sie laut, wie man Ihre Möbel besser stellen könnte, daß Sie Ihre Kinder nicht ordentlich erziehen oder was denn so viel Zeit in Anspruch nimmt, daß Sie nur einmal im Monat anrufen können. 15 Minuten, nachdem Sie ihr Haus (oder noch schlimmer: sie das Ihre) betreten haben, möchten Sie schon wieder weg. Sie bekommen den Mund nicht mehr auf oder werden sarkastisch wie seit der Oberschule nicht mehr. Ihre Eltern nörgeln an Ihnen herum, und Sie geben nach, als wären Sie erst sieben, oder sie lassen Sie links liegen, und Sie überschlagen sich schier, um auf sich aufmerksam zu machen. Sie sind genervt, haben aber Angst, etwas zu sagen, oder Sie machen spitze Bemerkungen, und manchmal wächst sich das zu einem heftigen Streit aus, bei dem jeder dem anderen Lieblosigkeit vorwirft.

Und wenn die quälende Auseinandersetzung endlich vorbei ist, dann hassen Sie sich selber. Sie fühlen sich schuldig. Sie wissen, daß Sie mit ihnen nicht so hart umspringen sollten. Die Eltern meinen es doch gut. So sind sie nun mal. Sie sind alt und werden bald sterben. Wären Sie wirklich eine gute Tochter oder ein guter Sohn, dann würden Sie alles daran setzen, Ihren Eltern die ihnen verbleibende Lebenszeit so angenehm wie möglich zu gestalten. Sie würden es ihnen nicht so schwer machen. Am liebsten wären Sie nirgendwo sonst auf der Welt - egal wo - als hier bei ihnen. Sie würden sie nicht außer Fassung bringen; ihre kritischen Bemerkungen würden an Ihnen abprallen. Begreifen würden Sie, daß sie sich nur einfach Sorgen machen. Aber es geht nicht. Ihre Eltern regen Sie zu sehr auf. Also gehen Sie ihnen meistens einfach aus dem Weg.

Warum all die Mühe?

Soll man versuchen, diese Beziehung ins Lot zu bringen? Ist das die Sache wert? Ist es nicht einfacher, man findet sich mit diesen gelegentlichen Störungen, diesen Irritationen und Schuldgefühlen ab und versucht dann das Geschehene schnell zu vergessen?

Oder Sie sollten vielleicht sagen: „Mami, Paps, ich lieb´ euch, aber ihr macht mich wahnsinnig, deshalb komme ich ab jetzt nur noch an zwei Nachmittagen im Jahr, einmal im Juli und einmal im Dezember. Keine Anrufe, keine Briefe, nur am 4. Juli und 25. Dezember jeweils ein Besuch von 12-17 Uhr. Das muß reichen. Mehr halt´ ich nicht aus."

Seien Sie ehrlich: Sie lieben Ihre Eltern und wollen, daß die Beziehung zu ihnen besser wird. Weder Ihr Fernbleiben noch die Fortführung dieser nervtötenden Besuche helfen. Sie sehnen sich danach, bei Menschen zu sein, die Sie aufrichtig lieben. Sie brauchen die Gewißheit, daß es einen Zufluchtsort gibt und Menschen, an die Sie sich wenden können, wenn Sie in der Luft hängen. Ihre Freunde lassen Sie vielleicht im Stich, der Staat sorgt für Sie - oder auch nicht, aber Ihre Eltern werden stets einspringen.

Außerdem sind Ihre Eltern Ihre persönlichen Chronisten. Sie sind das Glied, das Sie mit der Vergangenheit verbindet, die Brücke zu Ihren Vorfahren und deren Erbe. Für die, mit denen Sie arbeiten, existierten Sie erst von dem Tag an, als Sie zum ersten Mal Ihr Büro betraten. Für die Nachbarn existierten Sie erst, als Sie das Haus kauften oder in die Wohnung zogen. Für Ihre Freunde existierten Sie erst, als Sie sie im College oder der Kneipe an der Ecke trafen. Aber die Erinnerung Ihrer Eltern reicht bis zum Tag Ihrer Geburt zurück.

Ja doch, aber sie machen mich wahnsinnig

Schon recht, schon recht, aber es fällt schwer, die Sache so allgemein zu sehen, wenn Ihr Vater Sie für verrückt erklärt, daß Sie so viel Geld für ein paar Schuhe hinlegen, oder wenn Ihre Mutter Sie zum 475. Mal in die Küche ruft, um Ihnen zu zeigen, was der Hund wieder Schlaues angestellt hat.

Aber nicht jede Begegnung muß Irritationen hervorrufen. Und nicht jede mißglückte Begegnung muß Schuldgefühle und Selbstvorwürfe auslösen.

Ob Sie es glauben oder nicht, man kann durchaus mit Leuten zurechtkommen, die glauben, daß Sie noch 13 sind. Die Beziehung zu Ihren Eltern kann durchaus besser werden, egal wie erdrückend, kindisch, neurotisch, unangenehm, seicht oder despotisch sie gegenwärtig sind.

Das Prinzip der Veränderung ist ganz einfach: Wenn Sie in Zukunft bei den Eltern sind, sollten Sie sich wie ein Erwachsener verhalten und ihnen beibringen (aber ernsthaft!), Sie als solchen zu behandeln.

Die praktische Umsetzung dieses Prinzips ist etwas schwieriger. Aber dieses Buch zeigt Ihnen auf den folgenden Seiten, wie es gemacht wird. Vielleicht gelingt es Ihnen nicht, ein wirklich warmherziges, enges und liebevolles Verhältnis zu Ihren Eltern herzustellen, aber bestimmt werden Sie den Punkt erreichen, wo es Ihnen möglich ist, Ihre Eltern zu besuchen, ohne davon rasende Kopfschmerzen zu bekommen. Vielleicht kommen Sie sogar so weit, daß der Umgang mit ihnen Freude macht.

Verärgerung ist ein natürliches Zeichen, daß etwas nicht stimmt. Wenn aber in der Beziehung zu diesen beiden in Ihrem Leben so wichtigen Menschen etwas nicht stimmt, glauben Sie dann nicht, daß Sie es sich und den Eltern schuldig sind, das in Ordnung zu bringen?

2
Was sind das für Menschen?

Schluß jetzt mit dem „meine Mutter", „mein Vater" und „meine Eltern"-Gerede. Es wird Zeit, die Eltern als *Menschen* zu behandeln. Ja, Eltern sind auch Menschen, aber wahrscheinlich haben Sie nicht die leiseste Ahnung, was für Menschen das sind. Sie wissen nur, was für *Eltern* sie sind.

Das ist nicht allein Ihre Schuld. Möglicherweise wollten Ihre Eltern gar nicht, daß Sie ihr wahres Ich kennenlernen. Sie müssen ein Image pflegen, Maßstäbe setzen, ein Beispiel geben. Deshalb haben sie jahrelang die kunstvoll entworfene Elternrolle gespielt. Sie sollten nur das sehen, was sie willentlich preisgeben.

Wenn Ihre Eltern zuviel tranken, fremd gingen oder im Beruf versagten, verbargen sie es sorgfältig vor Ihnen. Sie erzählten Ihnen keine schmutzigen Witze oder gaben zu, daß sie in Ihrer Abwesenheit das Gemüse nicht aufgegessen haben. In Ihren Augen wollten sie die perfekte Mami und der perfekte Papi sein.

Vielleicht haben Sie sie verkannt

Diese ganze Heimlichtuerei kann Sie zu der Annahme verleiten, Ihre Eltern seien klüger, liebenswerter, stärker oder erfolgreicher, als sie es in Wirklichkeit sind. Aber manchmal sprechen die Tatsachen gegen diese Illusion.

Falls Sie die Absicht haben, sich ihnen gegenüber wie ein Erwachsener zu Erwachsenen zu verhalten, sollten Sie erst einmal genauer verstehen, was für Erwachsene Ihre Eltern sind.

„Meine Mutter handelte nach dem Prinzip, daß niemand meinem Vater mit Problemen kommen durfte", erzählte Klaus, ein 27-jähriger Lehrer. „Paps war zu beschäftigt, sein Beruf zu anstrengend, und angeblich stand er über solchen banalen Alltagsproblemen. Eines Nachmittags brach ich mir das Handgelenk, und meine Mutter weigerte sich doch tatsächlich, Paps bei seinem gewohnten Sonntagnachmittagsnickerchen zu stören. Sie befahl mir, leise zu sein, fuhr mich zur Notfallaufnahme, und Paps erfuhr von der ganzen Geschichte erst, als er aufstand und der „Notfall" bereits vorbei war. Im Rückblick wird mir klar, daß es nicht daran lag, daß Paps zu beschäftigt war; es lag vielmehr daran, daß er nicht mit

Problemen zurechtkam. Ging etwas schief, verlor er völlig die Fassung und machte dadurch das Ganze nur noch schlimmer. Also ging meine Mutter den Weg des geringsten Widerstands: Sie erzählte ihm von unseren Problemen erst, wenn sie gelöst waren."

Es ist andererseits aber auch möglich, daß diese Schauspielerei der Eltern gelegentlich deren Stärken verdeckt und dazu führt, daß Sie sie unterschätzen.

Viktoria, eine überaus erfolgreiche Geschäftsfrau, hatte ihre Mutter stets für schwach und unfähig gehalten. „Sie unterwarf sich - so schien es wenigstens - in allem dem Urteil meines Vaters und hielt sich bewußt im Hintergrund. Es störte mich, daß sie nicht selbstbewußter auftrat. Als ich 12 war, nahm meine Mutter eine Stelle als Sekretärin bei der Stadtverwaltung an. Meinem Vater war das egal, aber Mutters Freundinnen regten sich furchtbar auf. Es ging über ihren Verstand, wie jemand sein hübsches Zuhause verlassen und etwas derart Abscheuliches wie einen Beruf ergreifen konnte. Aber meine Mutter machte sich nichts daraus. Es war ihr unbegreiflich, daß sie den ganzen Tag daheim hockten und nichts anderes taten, als die Putzfrau zu beaufsichtigen.
Jahrelang begriff ich nicht, daß dies im Jahr 1964 ein recht radikaler Schritt war - insbesondere in unserer stinkvornehmen Wohngegend. Es gehörte viel Mut dazu, nach eigenem Willen zu handeln, statt die Erwartungen der Freunde und Bekannten zu erfüllen."

Verläßliche Zeugen?

Was die Eltern übereinander sagen, trägt mit zu dem Zerrbild bei, das Sie von ihnen haben. Sie sollen die Eltern so sehen, sei es positiv oder negativ, wie diese einander selber sehen.

Gute Ehen führen in der Regel zu positiven - manchmal allzu positiven - Urteilen, z.B.: „Für deinen Vater hatte die Familie stets Vorrang vor der beruflichen Karriere" oder: „Deiner Mutter ging es vor allem darum, uns ein angenehmes Zuhause zu schaffen".

In schlechten Ehen ist das in der Regel genau umgekehrt: „Selbst wenn sein Leben davon abhinge, hätte dein Vater keinen Erfolg im Beruf" oder: „Deine Mutter hat nur Stroh im Kopf".

Aber eine solche Schwarzweiß-Malerei trifft in Wirklichkeit niemals zu.

Versuchen Sie zu vergessen, was sie als Eltern voneinander halten, finden Sie stattdessen heraus, was sie wirklich als Menschen voneinander halten. Weshalb sind sie schon so lange verheiratet (doch sicher nicht aus reiner Gewohnheit), oder warum ließen sie sich scheiden, wenn es ihnen so schwer fiel?

Wenn Sie erkennen, weshalb sie beieinander bleiben oder sich trennen, werden Sie besser verstehen, was für Menschen sie sind.

Eltern ohne Fesseln

Wichtig ist auch der Ort. Wenn Sie Ihr Elternhaus besuchen und zudem dort aufgewachsen sind, dann ist alles so wie früher, und Ihre Eltern schlüpfen automatisch wieder in ihre alte Rolle. Sie fühlen sich verantwortlich für die Mahlzeiten, saubere Leintücher und daß Sie genug Schlaf bekommen. Sie kümmern sich um Sie, weil sie das als ihre Pflicht betrachten.

Wenn Sie Ihre Eltern wirklich kennenlernen wollen, müssen Sie sie aus dem Haus lotsen und an einen Ort führen, der nicht ihren elterlichen Instinkt auslöst. Gehen Sie mit ihnen zum Essen, ins Einkaufszentrum oder ins Kino - und beobachten Sie dabei ihr Verhalten.

„Vor ein paar Jahren ging ich mit meinen Eltern ins Kino, um den Film <Die Traumfrau> anzuschauen", erzählte mir David, ein 36 Jahre alter Mitarbeiter, „obwohl ich Angst hatte, meine Mutter könnte ihn für zu gewagt halten".
In einer Szene sagt Bo Derek zu Dudley Moore, sie würde gern zur Musik von Ravels <Bolero> mit ihm schlafen - sie drückte das allerdings viel ungenierter aus. Mir war´s peinlich, aber meine Mutter prustete los. Noch Stunden nach dem Kinobesuch wiederholte sie den Dialog jener Szene immer wieder und krümmte sich dabei vor Lachen. Ich konnte es einfach nicht fassen - aber meine Mutter nahm das Wort „F..." doch tatsächlich in den Mund. Sie schien ein ganz anderer Mensch geworden zu sein."

Wenn Sie Ihre Eltern erst 'mal aus dem Haus gelotst haben, dann sollten Sie sich etwas Zeit für sie nehmen - nicht dann, wenn man Sie als Gewinn der Woche mit vielen Ahs und Ohs herumreicht, sondern dann, wenn Ihre Eltern mit Freunden zusammen sind. Springen Sie als Ersatzspieler beim Bowling ein, besuchen Sie Ihren Vater im Büro oder laden ihn und seine Kollegen zu einem Arbeitsessen ein. Gehen Sie ein paar Stunden als freiwilliger Helfer in das Krankenhaus, in dem Ihre Mutter arbeitet.

Passen Sie sich so unauffällig wie möglich an und achten Sie darauf, wie Ihre Eltern mit ihren Freunden zurechtkommen. Falls es sich ergibt, sollten Sie die Freunde beiseite nehmen und sie fragen, was sie von Ihren Eltern halten. Auf diese Weise werden Sie die beiden, die Ihnen seit Jahren vertraut schienen, von einer völlig neuen Seite kennenlernen.

Und Sie sollten sich ständig fragen: Wo liegen ihre Stärken? Wo ihre Schwächen? Wie passen meine Beobachtungen zu dem Bild von ihnen, das ich in all den Jahren mit mir herumgeschleppt habe?

Kann man sie ändern?

Es genügt aber nicht, die Eltern so zu sehen, wie sie in Wirklichkeit sind. Sie müssen sie auch so, wie sie wirklich sind, *akzeptieren*. Das heißt nicht, daß Sie sie lieben oder allem, was sie tun, zustimmen müssen. Vielmehr heißt das, daß Sie sich nicht der Hoffnung hingeben sollten, daß Ihre Eltern sich ändern.

Ein Sohn sagte lachend: „Ich mach' mir keine Sorgen, ob meine Mutter sich ändert. Es gehört zu ihren Lieblingsbeschäftigungen, sich um mich Sorgen zu machen. Davon würde sie sich niemals abhalten lassen."

„Mein Vater ist ein dämlicher Sch...kerl", bemerkte eine Tochter. „Aus dem kann man keinen anständigen Kerl machen, selbst wenn man ihn 10 Jahre in psychoanalytische Behandlung stecken oder 5 Millionen Mark investieren würde."

„Die ändern sich nie", behauptete ein anderer.

Es ist nicht nötig, daß Ihre Eltern sich ändern, damit Ihre Beziehung zu ihnen besser wird. Und das ist gut so, weil sie dazu gar nicht in der Lage sind. Seit über einem halben Jahrhundert sind sie auf der Welt, ihr Charakter ist nun festgefahren. Aus einem miesepetrigen, alten Mann, der Kinder haßt, läßt sich trotz aller Anstrengungen kein Ebenbild von Heidis Großvater machen. Aus einer Frau, die die Wechseljahre hinter sich und Angst vor einem Bankomaten hat, wird keine emanzipierte Frau. Das geht einfach nicht.

Aber Sie können sie dazu bringen, Sie wie einen erwachsenen Menschen und nicht wie ein verloren geglaubtes Kind zu behandeln.

Ihre Eltern können sich durchaus normal und gesittet verhalten. Sie tun das, wann immer sie mit ihren Freunden, Arbeitskollegen und selbst wildfremden Leuten zusammen sind. Ihr Vater sagt seinem besten Kumpel im Golfklub nicht, daß *dessen* Kinder gräßliche Gören seien. Ihre Mutter sagt zu ihrer besten Freundin nicht: „Um Himmels willen, mach' was mit deiner Frisur." Sie wissen durchaus, wie man sich vernünftig verhält. Und wenn sie das anderen gegenüber können, dann auch Ihnen gegenüber.

Nehmen Sie es nicht persönlich

Leider können Sie bestenfalls darauf hoffen, daß sich Ihre Eltern Ihnen gegenüber so verhalten wie gegenüber ihren Freunden. Sind sie im Büro laut und unangenehm, dann bekommen Sie das auch zuhause zu spüren. Sind sie ruhig und zurückhaltend, dann sollten Sie sich von ihnen keine Belebung Ihrer nächsten Party erhoffen.

Wie auch immer sie wirklich sein mögen, versuchen Sie nicht, sie zu ändern. Es sind selbständige Menschen, die ein eigenes Leben führen. Sie versuchen doch auch nicht den Charakter Ihres Chefs zu verbessern oder das Verhalten Ihrer Nachbarn zu korrigieren. Lassen Sie also davon ab, Ihre Eltern bessern oder korrigieren zu wollen. Außerdem sollten Sie sich nicht länger Sorgen machen, welches Licht das Verhalten Ihrer Eltern auf sie werfen könnte. Was Ihre Eltern tun, fällt nicht auf Sie zurück, auch wenn Sie das auf der Mittelschule geglaubt haben (und es vielleicht immer noch tun). Es fällt allein auf die Eltern zurück. Wenn Ihr Vater gerne gestreifte Hemden, karierte Shorts, schwarze Socken und Sandalen trägt, dann ist das - ob Sie es glauben oder nicht - keinesfalls Ihre Sache (und im übrigen: Wenn Ihre Mutter ihn nicht davon abhalten kann, so herumzulaufen, dann schaffen Sie es erst recht nicht). Vielleicht finden manche Leute, daß er sich arg sonderbar anzieht, aber niemand wird bei seinem Anblick sagen: „Igitt, das Kind von dem ist sicher auch so ´ne Nulpe".

Sie sind zu alt, um sich noch zu schämen, wenn Ihre Mutter mit Lockenwicklern im Haar einkaufen geht oder Ihr Vater im Restaurant nur ein winziges Trinkgeld gibt. Sie würden es anders machen, aber das gibt Ihnen noch nicht das Recht, die Eltern nach Ihrer Pfeife tanzen zu lassen - genausowenig können Ihre Eltern verlangen, daß Sie so wie *sie* leben. Ihre Eltern sind in einem Alter, wo sie ein Recht auf ihr eigenes Leben haben.

Sie brauchen ja nicht daran teilnehmen, wenn es Ihnen nicht gefällt. Aber Sie haben kein Recht, ihnen Ihre Maßstäbe aufzuzwingen.

Mischen Sie sich nicht ein

Falls Sie, zu Ihrem Glück, Eltern haben, die sich nach Ihrem Weggang von zuhause entschlossen, wieder normale Menschen zu werden, dann sollten Sie ihnen das nicht übelnehmen.

Eine Frau beklagte sich, daß ihre Mutter jetzt nie daheim sei. „Wenn ich anrufe, geht nie jemand ran. So was ist ärgerlich." Das mag schon stimmen, wenn man erwartet, daß Mami atemlos vor dem Telefon ausharrt für den Fall, daß Sie vielleicht auf die Idee kommen, sie ´mal anzurufen. Und ein Sohn meckerte: „Als meine Mutter arbeiten ging, war's mit den gemeinsamen Festtagen aus. An meinem letzten Geburtstag hat sie mich eingeladen und dann ein paar Pizzas bestellt."

Wie deprimierend, nicht länger Mittelpunkt zu sein, wie traurig, daß Ihre Eltern nicht mehr alles stehen- und liegenlassen, wenn ihr Kind - Sie - etwas braucht oder will.

Kopf hoch, Leute, werdet endlich erwachsen. Sie verlieren Ihre Eltern keineswegs; sie gewinnen vielmehr zwei mögliche neue Freunde.

So einfach ist es keineswegs

Glauben Sie nur nicht, daß Ihre Eltern die Ihnen ans Herz gewachsene Rolle aufgeben und Onkel und Tante spielen, nur weil Sie nun wissen, was für Menschen sie in Wirklichkeit sind.

Sie werden auch in Zukunft damit leben müssen, daß Ihre Mutter bei jedem Besuch mit dem Finger prüft, ob auf Ihren Möbeln Staub liegt, oder daß Ihr Vater sich nicht mehr erinnert, welches Hauptfach Sie auf der Uni belegt hatten, aber auf den Pfennig genau weiß, was Ihre Ausbildung ihn gekostet hat. Sie müssen es ertragen, daß Ihre Mutter einen hysterischen Anfall bekommt, falls Sie in eine andere Stadt ziehen wollen, oder daß Ihr Vater Sie für blöd hält, weil Sie nicht den selben Rasenmäher wie er gekauft haben. Da es so viele Typen von Eltern gibt, die einem zur Verzweiflung bringen, ist es notwendig, eine Einteilung vorzunehmen, die einigermaßen leicht zu handhaben ist. Manche Eltern lassen sich natürlich nicht so leicht einordnen, da sie viele Talente besitzen und sich ein Leben lang der Aufgabe gewidmet haben, Sie zum Wahnsinn zu treiben. Und in der Tat kann man sie gleichzeitig verschiedenen oder sogar allen Gruppen zuordnen. Doch für unsere Zwecke genügt die Einteilung in die folgenden fünf Gruppen:

1. die ewigen Eltern
2. die Nutznießer
3. die Manipulierer
4. die Heuler-und-Stöhner, die Fiesen-und-Miesen und die Schinder
5. die Gleichgültigen, Zerstreuten und Vergeßlichen.

Ich warne Sie: Ihre Eltern werden sich niemals von sich aus um eine Verbesserung der Beziehung zu Ihnen bemühen. Sie haben diese Beziehung angefangen und alles getan, damit sie so bleibt, wie sie nun 'mal ist. Das gefällt ihnen. Sie sind gern Eltern, die für die Kinder Verantwortung übernehmen und die Fähigkeit besitzen, Autorität und Kontrolle auszuüben. Wenn Sie das ändern wollen, müssen Sie selber etwas dafür tun.

3
Die ewigen Eltern

Ewige Eltern leben nach dem Motto: „Einmal Eltern, immer Eltern". Sie behandeln Sie, als lebten Sie noch immer im oberen Stock, zweites Schlafzimmer rechts - Sie wissen schon, das mit den ramponierten Postern an der Wand und den verstaubten Bällen unterm Bett. Sie glauben, daß man Ihnen alles, was Sie tun, sagen muß, wann es Zeit zum Schlafengehen ist, welche Sicherheitsvorkehrungen man in dieser schlechten großen Welt treffen muß und, am wichtigsten, wann Sie am Feiertag anrufen sollen.

Selbst wenn Sie bereits 46 und Personalchef einer großen Klinik sind oder sechs Kinder in die Welt gesetzt haben, betrachtet Ihre Mutter Sie immer noch als Baby, und in den Augen Ihres Vaters sind Sie immer noch der wüste Bengel, der den Kotflügel seines nagelneuen 1972er Mercedes zerbeult hat. Sie werden immer ihr Baby bleiben.

Sie glauben mir nicht? Fragen Sie Ihre Eltern doch mal, wie alt Sie sind. Im Ernst, rufen Sie an und fragen danach. Das Gespräch wird in etwa wie folgt verlaufen:

„Hallo, Mami, hallo Paps. Wie alt bin ich?"

„Was?", werden sie überrascht und voller Argwohn fragen. Will sie mich auf den Arm nehmen? „Sei nicht albern."

Lassen Sie nicht locker. „Ich bin überhaupt nicht albern. Wie alt bin ich?"

Helfen Sie ihnen nicht auf die Sprünge, indem Sie sagen: „Ich kam zur Welt, als Konrad Adenauer zum Kanzler gewählt wurde - nein, als er zum zweiten Mal gewählt wurde."

Sie werden sich um die Antwort drücken. „Was ist bloß in dich gefahren?", ihr Lachen klingt nervös. „Wenn du nicht weißt, wie alt du bist (ha, ha), dann werden wir dir´s sicher nicht verraten."

„Ich weiß, wie alt ich bin", antworten Sie, „ich möchte nur wissen, ob ihr´s wißt."

Sie werden einige Zeit brauchen, bis sie es raushaben. „Hm, war´s nicht ...1953? Ja, 53. Jetzt haben wir 1987, das macht ..., mal sehen, 7 minus 3 macht ... Nein, das darf doch nicht wahr sein. Du lieber Himmel, so alt kannst du doch noch nicht sein."

„Wie alt?" Ihre Eltern sollten es aussprechen.

„Nun ja, 34. Bist du wirklich schon 34?"

Bestätigen Sie es.

„Wirklich? Bist du dir ganz sicher? Ich kann´s kaum glauben. Wie schnell doch die Zeit vergeht! Du meine Güte, mir ist, als wär´s erst gestern gewesen, daß du zur Schule gingst."

Sie meinen die Grundschule, nicht die Uni.

„Ich erinnere mich noch, wie prächtig du herausgeputzt warst. Und die vielen putzigen Bleistifte hattest du gespitzt und sorgfältig in deinem Mickymaus-Federmäppchen aufgereiht - du warst ein richtiger kleiner Ordnungsfanatiker - und ..."

Machen Sie sich auf einen langatmigen Ausflug in die Vergangenheit gefaßt. Irgendwann in Ihrer Kindheit hörten Sie auf, älter zu werden, zumindest für Ihre Eltern. In ihrer Vorstellung haben sie Sie im Alter von 8, 13, 19 eingefroren - oder wie alt Sie sonst waren, als Ihre Eltern nicht mehr die Tatsache ertragen konnten, daß Sie älter wurden und ihnen aus den Händen glitt. Wenn Sie ihnen sagen, daß Sie 35 sind, verdrängen sie es durch die Erinnerung an Ihr erstes Dreirad, Ihr erstes Zeugnis, den herrlichen Familienurlaub, als Sie in der 7. Klasse waren, und ..., nun, Sie sind sicher im Bild.

Und da wir gerade von Bildern reden, schauen Sie sich doch ´mal daheim um. Gibt es etwa Bilder von Ihnen? Sicher - aber aus welcher Zeit? Als Sie mit der Oberschule fertig waren oder - wenn es hoch kommt - mit der Uni?

Da sind Sie nun, hoch an der Wand oder auf dem Fernseher, auf immer eingefroren, mit diesem lächerlichen Haarschnitt, und Ihr Gesicht verkündet: „Ich bin 18, bin ich nicht ein cooler Typ?" - genauso, wie Ihre Eltern Sie in Erinnerung behalten wollten.

Versuchen Sie nicht die Bildergalerie auf den neuesten Stand zu bringen. Wenn Sie ihnen einen Abzug des Photos schenken, das bei Ihrer Beförderung gemacht wurde, sagen sie sicher: „Wie nett", heften es für ein, zwei Wochen mit einem Magnethalter an den Kühlschrank, und danach verstauen sie den Abzug in irgendeiner Schublade - und lassen die vergilbte Erinnerung an den Erfolg des Halbwüchsigen weiterhin an ihrem Ehrenplatz. Sie sind noch immer ihr Baby, immer noch das Kind, das mit unschuldiger Miene eben in die wirkliche Welt hinaustritt, auf der Suche nach Ruhm und Erfolg. Es spielt keine Rolle, daß Sie schon seit 10 Jahren einen Beruf ausüben, verheiratet sind, zwei Kinder haben, geschieden wurden und mit dem Gedanken spielen, den Beruf zu wechseln (falls Sie überhaupt einen Beruf haben, den Sie wechseln möchten).

„Naja", werden Ihre Eltern sich verteidigen, „niemand wünscht sich alte Kinder, oder?"

Als Sie 15 waren, waren sie schlimmstenfalls in mittlerem Alter. Aber wenn Sie erst 35 sind, dann sind Ihre Eltern bereits betagt. Wenn also Sie im mittleren Alter sind, trennt sie nur noch wenig von der künstlichen Beatmung - kein Wunder, daß ihnen die Vorstellung unerträglich ist.

Außerdem hatten sie viele Jahre Zeit, die Elternrolle einzuüben, und einige von ihnen haben sich nicht nur daran gewöhnt, sondern sind völlig davon abhängig geworden. Sie wollen gebraucht, geliebt werden. Sie sehnen sich nach dem Trippeln kleiner Füße oder dem dumpfen Getrampel schweißiger Turnschuhe ums Haus. Sie möchten ihre Familie wiederhaben.

Wie man mit ewigen Eltern zurechtkommt

1. Behandeln Sie Ihre Eltern wie Erwachsene, nicht wie Eltern. Begegnen Sie ihnen mit der gleichen Höflichkeit, Diplomatie oder Zurückhaltung wie einem Freund oder Arbeitskollegen.
2. Verhalten Sie sich wie ein Erwachsener, wenn Sie bei Ihren Eltern sind. Kindliches Verhalten verschafft Ihren Eltern die Möglichkeit, Sie wie ein Baby zu behandeln.
3. Bitten Sie Ihre Eltern höflich, Sie nicht länger wie ein Kind zu behandeln.
4. Wenn das nichts hilft, sollten Sie sich dem Eltern-Kind-Spiel entziehen.
5. Verlieren Sie nicht die Geduld.

Klingt ziemlich einfach, nicht wahr? *Ich* kann so was leicht sagen, meinen Sie? Aber es ist durchaus machbar. Wir wollen uns nun anschauen, wie diese Regeln auf die 6 Hauptvertreter des Typs <ewige Eltern> anwendbar sind: die Glucke, die Ängstlichen, die Übertreiber, die Ratgeber, die Unbelehrbaren und die Vermittler.

Die Glucke
„Soll ich dir ´ne Tasse Kaffee bringen, die Heizung hochdrehen, die Wäsche waschen, ein Sandwich machen ...?"

Sie sitzen im Wohnzimmer Ihrer Eltern und sind in den neuesten Bestseller vertieft. Der Held, ein Detektiv des Morddezernats von San Franzisco, sucht nach einer Vierzehnjährigen, die von einem entsprungenen Sträfling entführt wurde. Durch einen anonymen Anruf hat der Detektiv den Tip bekommen, daß das Mädchen in einem der leerstehenden Lagerhäusern im Hafen sein soll. Es ist Nacht und der Nebel so dicht, daß der Strahl der Taschenlampe, die der Detektiv mit sich führt, kaum bis zum Boden dringt. Er richtet den Strahl auf eine der alten, verwitterten Türen und entdeckt, daß sie mit einem neuen

Vorhängeschloß versperrt ist. Hat sich hier der Sträfling versteckt? Plötzlich und ohne die geringste Vorwarnung taucht aus dem Nebel ... Ihre Mutter auf.

„Ist es dir warm genug im Zimmer, Liebes? Ich hol´ dir ´ne Decke für die Füße."

„Nein danke, Mami, es ist warm genug."

Trotzdem legt sie Ihnen die Decke über die Füße, dann zieht sie sich zurück.

Sie überfliegen die Seite, um zu sehen, wo Sie stehengeblieben sind. Also ... ein anonymer Anrufer, das Lagerhaus, der Strahl der Taschenlampe ... ah ja. *Er richtete den Strahl auf eine der alten, verwitterten Türen und entdeckte, daß sie mit einem neuen Vorhängeschloß...*

„Ich hab´ dir ´ne Cola gebracht, Liebes." Mami ist wieder da. „Soll ich dir ein Sandwich dazu machen?"

„Nein, danke, Mami. Wir hatten erst vor ´ner halben Stunde Abendessen."

„Oh." Sie verschwindet.

Er richtete den Strahl auf eine der alten, verwitterten Türen und entdeckte, daß ...

„Ich hab´ dir einen Teller mit Erdnüssen und Brezeln gerichtet", - da ist sie wieder - „falls du Hunger bekommst".

„Ja doch, prima, Mami", murmeln Sie, ohne vom Buch aufzublicken.

Er richtete den Strahl auf eine der alten, verwitterten ...

„Ist es nicht schrecklich dunkel hier drin, Liebes? Ich mach´ besser das Licht an. Du ruinierst dir sonst noch die Augen." Ihre Mutter dreht die Stehlampe hoch und kippt den Schirm, so daß 375 Watt (wo haben Ihre Eltern nur solche Glühbirnen her?) die Buchseiten in gleißendes Licht tauchen.

Sie beißen die Zähne zusammen und warten, bis Ihre Augen sich daran gewöhnt haben. Also, wo war ich doch gleich? Ah ja, hier: *Er richtete den Strahl auf eine der ...* Ihre Mutter läßt sich neben Sie auf die Couch fallen und fragt: „Ist das der neue Roman von Joseph Wambough? Nein? Von wem dann? Ist er gut? Worum geht´s? Glaubst du, er würde Vater gefallen? Mir auch?"

Plötzlich erscheint Ihnen der Gedanke einer Entführung gar nicht mehr so übel. Vielleicht gibt es in der Gegend einen entlaufenen Sträfling der Ihnen Ihre Mutter nur zu gern für ein paar Tage abnehmen würde.

Meine Mutter liebt mich

Die Glucke (fast immer ist das ein Mutter-Syndrom) hat den unwiderstehlichen Drang, sich um Sie zu kümmern. Sie kann Sie einfach nicht in Ruhe lassen. Sie setzt alles daran, jeden Wunsch im voraus zu erahnen und zu befriedigen, noch ehe Sie ihn geäußert haben. Sie bringt Ihnen etwas zu essen und zu trinken, den Pullover, die Hausschuhe, die Zeitung. Wenn Sie sich zu mitternächtlicher Stunde selber was Kleines zu essen machen wollen, versucht Sie Ihnen vehement den Gang vom Kühlschrank zur Besteckschublade abzuschneiden. Unternehmen Sie den Versuch, Ihre Wäsche selbst zu waschen, reißt sie Ihnen die Kleidungsstücke aus den Händen. Wollen Sie ihr im Haushalt helfen, sagt sie nur: „Mach´ es dir gemütlich, solang du hier bist. Du arbeitest eh schon zu viel."

Die Glucke besteht darauf, Ihnen alles abzunehmen, und sie duldet keine Widerrede.

All diese Aufmerksamkeit schmeichelt - „Mami liebt mich so sehr, daß sie einfach nicht genug für mich tun kann" - , aber sie engt auch ein. Ihre Mutter behandelt Sie wie ein kleines Kind, weil sie es sich so wünscht. Sie wünscht sich ihr Baby zurück. Sie wünscht sich, daß Sie völlig auf sie angewiesen sind. Sie sehnt sich nach der grenzenlosen Zuneigung und Verehrung, die Sie ihr als Kind entgegengebracht haben.

Wie man das zwanghafte Bemuttern beenden kann

Da Sie wahrscheinlich kein Verlangen danach haben, hilflos oder ein kleines Kind zu sein - oder auf ewig bei demselben Satz in Ihrem Krimi hängenzubleiben - sollten Sie Ihre Mutter bremsen.

Die beste Verteidigung besteht darin, das Bedürfnis Ihrer Mutter, Sie glücklich zu machen, auf sie selber zu richten - natürlich ohne daß sie es merkt -, indem Sie vorgeben, nur *ihr* Bestes im Auge zu haben.

Nach dem ersten Überfall mit Decke und Erdnüssen sagen Sie einfach:

„Mami, weißt du, was mich *wirklich* glücklich machen würde?"

„Was denn?" Schon sitzt sie in den Startlöchern, um in die Küche oder zum Laden oder in den nächsten Burger King zu sausen.

„Wirklich glücklich wär´ ich, wenn du dich hinsetzen und entspannen würdest. Saus´ doch nicht ständig so in der Gegend rum. Warum setzt du dich nicht einfach zu mir und läßt dir von mir ´was zu trinken bringen?"

Bei überzeugten Glucken wird das nicht lang vorhalten. Wenn sie nach einer Stunde wieder damit anfängt, dann sollten Sie die Stirn runzeln und mit mehr Nachdruck sagen: „Im Ernst, Mami, ich hab´ den Eindruck, daß ich dir ´ne Menge zusätzlicher Arbeit mache. Ich möchte nicht, daß du mich bedienst; ich hab´ dann das ungute Gefühl, dich zu sehr zu belasten."

Setzen Sie jetzt nach, sonst erklärt sie Ihnen lang und breit, daß es ihr überhaupt nichts ausmacht, die eigenen Kinder zu umsorgen. Fügen Sie hinzu: „Du willst doch nicht, daß ich mich schlecht fühle?" Der Trick besteht darin, es ihr leichter zu machen, indem Sie ihr klarmachen, daß sie mit dem Versuch, Sie glücklich zu machen, genau das Gegenteil erreicht.

„Du wirst immer mein Baby bleiben - was sonst!"

Andererseits wird sie vielleicht wütend, weil Sie ihr das Mutter-Kind-Spiel verderben. Vielleicht sagt sie: „Wie traurig, daß gewisse Leute es nicht schätzen können, wenn ihnen jemand etwas Gutes tun will." Oder: „Das hat man nun davon, daß man sich um dich kümmert - wer außer deiner Mutter tut das schon!" Aber in Wirklichkeit will sie Ihnen mitteilen: „Hör´ auf, dich wie ein Erwachsener zu benehmen, benimm dich endlich wie mein Kind."

In diesem Fall ist es an Ihnen, wütend zu werden, weil Ihre Mutter lieber die Mami spielt, als zu dem jetzt Erwachsenen ein vernünftiges Verhältnis zu entwickeln. Sie möchte Sie nach ihren Bedingungen lieben, ob es Ihnen gefällt oder nicht.

Wenn sie sauer ist, weil Sie nicht wie ein dreijähriges Kind behandelt werden wollen, dann sollten Sie sich davon nicht beeindrucken lassen. Geben Sie nicht nach, weil Sie denken, ach Gott, Mami versucht doch nur nett zu dir zu sein, soll sie mich halt wahnsinnig machen. Packen Sie das Problem an der Wurzel. Fragen Sie, ohne dabei ärgerlich zu klingen: „Warum behandelst du mich wie ein hilfloses Kind? Es wäre dir wohl lieber, wenn ich wieder drei Jahre alt wäre."

Wenn das nicht klappt, drohen Sie mit dem Äußersten - kein Baby mehr, das man bemuttern könnte. Sagen Sie:

„Ich glaub´, du solltest endlich damit aufhören, mich hinten und vorn´ zu bedienen, meinst du nicht? Ich hab´ ein schlechtes Gewissen, da meine Besuche dich anscheinend in helle Aufregung versetzen. Vielleicht wär´s besser, seltener oder überhaupt nicht mehr zu kommen."

Vielleicht ist ihr nie der Gedanke gekommen ...

Fairerweise muß man feststellen, daß manche Mütter ihre Zuneigung nur zeigen können, wenn sie Sie bemuttern. Sie kennen Sie nicht als Erwachsenen und wissen daher auch nicht, was Sie als Erwachsener mögen. Daher sollten Sie Ihrer Mutter ein paar Tips geben. Bitten Sie sie, Ihnen zu zeigen, wie sie ihre berühmten Brötchen macht, oder deuten Sie vorsichtig an, daß sie sich um die Kleinen kümmern könnte, wenn Sie mit Ihrem Ehepartner zum Essen ausgehen - ja, gehen Sie, wenn Sie bei den Eltern zu Besuch sind, zum Essen aus, und zwar allein. Vielleicht ist das ein kühner Gedanke, aber das Kinderhüten würde nicht dem Kind, sondern dem Erwachsenen in Ihnen helfen.

Sie können nicht beides haben

Sie sollten Ihre Eltern nicht dazu ermutigen, Sie zu bemuttern. Viele „Kinder" verhalten sich auch dann noch wie Kinder, wenn sie längst volljährig sind - und veranlassen so die Eltern dazu, die Elternrolle weiterzuspielen.

Lassen Sie nicht zu, daß Ihre Eltern für Sie Dinge tun, die Sie von einem Freund nicht einmal im Traum erwarten würden - daß sie z.B. Ihre Wäsche waschen, Ihre Winterreifen wechseln oder Ihnen bei der Abreise 20 Mark zustecken.

Das ist ein kindliches Verhalten. Man bettelt: „Maamii, ich schaff' das nicht allein. Hilfst du mir, bitte?" Auf diese Weise nutzt man sie aus.

Man kann nicht beides haben. Man kann nicht sagen: „Mami, wasch' und bügle meine Sachen, aber mach' mir nicht den Reißverschluß der Jacke zu, wenn ich aus dem Haus geh'. Paps, montier' meine Winterreifen, aber sag' mir nicht, wie ich fahren soll."

Aber sie tun doch gern 'was für mich, denken Sie vielleicht. Sie haben dann das Gefühl, immer noch an meinem Leben teilzuhaben.

Das ist, weiß Gott, wahr. Sie können dann so tun, als seien Sie immer noch ein Kind, das man großziehen muß. Sie müssen sich entscheiden: Sind Sie ein erwachsener Mensch oder ein Kind?

Die Ängstlichen
„Man wird dich noch überfallen, wenn du immer so spät abends aus dem Büro kommst."

Manche Eltern machten sich während Ihrer ganzen Kindheit und Jugend Sorgen, daß Ihnen etwas Schreckliches zustoßen könnte. Sie hatten Angst, der Bösewicht von gegenüber könnte Sie entführen, ein rasendes Postauto Sie überfahren oder ein vom Gehweg aufgeklaubter Kaugummi Sie vergiften.

Als Sie dann von Zuhause fortzogen und mit so gefährlichen Dingen wie Autos, Flugzeugen und einer eigenen Wohnung zu tun hatten, waren Ihre Eltern der festen Überzeugung, daß es jeden Augenblick mit Ihnen aus sein konnte.

Eine Mutter fiel fast in Ohnmacht, als ihr einziger Sohn und ihre einzige Tochter wegen einer Geschäftsreise die Stadt *am gleichen Tag* mit dem *Flugzeug* verließen. Sie fürchtete sogleich das Schlimmste: eine Kollision der beiden Flugzeuge und ihre beiden Kinder von den Flammen verzehrt. Sie war überzeugt, keinen von ihnen jemals wieder lebend zu sehen. Sie bestand darauf, daß sie sogleich vom Flughafen und später vom Hotel aus anrufen. Selbst wenn sie überhaupt so weit kamen, würden sie beide sicher auf dem Weg zu ihrer jeweiligen ersten morgentlichen Verabredung gleichzeitig mit dem Taxi verunglücken und dabei ums Leben kommen.

Die Ängstlichen begreifen nicht, daß Eltern eigentlich die Aufgabe haben, die Kinder vorzubereiten, daß sie als Erwachsene selbst für sich sorgen - daß sie auf eigenen Beinen stehen, nützliche Mitglieder der Gesellschaft sind und sich nicht ausnutzen lassen. Nein, die Ängstlichen glauben, daß sie dazu da sind, ihre Kinder vor der rauhen Wirklichkeit zu *schützen*, dafür zu sorgen, daß sie nie in Gefahr geraten, daß ihre Gefühle nie verletzt werden und sie glücklich und ohne Probleme ihr Leben meistern. Zu schade, daß es so nicht funktioniert.

Alles dreht sich zu sehr um Sie

Die Ängstlichen leiden alle am selben Problem: Sie, ihr Kind, bedeuten ihnen zu viel. Ängstliche Eltern richten ihre ganze Aufmerksamkeit ausschließlich auf Sie, weil sie sonst nichts haben, an das sie denken können. Sie haben nie daran gedacht, was sie wohl machen, wenn Sie das Nest verlassen - oder genauer, aus dem Nest fliehen und nach einem Ort Ausschau halten, an dem man Sie nicht so bemuttert (was, wie Sie vielleicht bemerken, von „Mutter" kommt). Ihre Eltern waren am Boden zerstört, als Sie das Elternhaus verließen und sie gegen eine Karriere, Ehe oder ein neues Zuhause in einer anderen Stadt eintauschten.

Lassen Sie sich auf keine Diskussion ein

Nichts ist schlimmer, als Ängstlichen mit Argumenten zu kommen. Falls Sie versuchen, ihnen ihre Ängste mit Argumenten zu nehmen, wird ein Gespräch wie das folgende unausweichlich sein:
  Die Ängstliche: Ruf mich gleich an, wenn du ankommst.

Sie: Keine Sorge, mir wird schon nichts passieren.
Die Ängstliche: Was meinst du damit? Alles kann passieren. Dein Flugzeug kann abstürzen, man kann dich berauben; jemand kann in dein Hotelzimmer einbrechen. Naja, als der Sohn unseres Nachbarn geschäftlich in New York zu tun hatte, wurden ihm seine ganzen Habseligkeiten einfach aus dem Hotelzimmer geklaut. Wär' er gerade im Zimmer gewesen, hätten sie ihn vielleicht erschossen, erstochen oder zusammengeschlagen.
Sie: Aber ich flieg' nicht nach New York; ich flieg' nach Birmingham.
Die Ängstliche: Das ist fast so schlimm. Um diese Jahreszeit bläst der Wind von der See her, da kannst du dir 'ne Lungenentzündung holen. Du nimmst doch den Wintermantel und einen zusätzlichen Pullover mit?
Sie: Ich hab' seit Jahren keine Erkältung mehr gehabt und eine Lungenentzündung schon gar nicht. Ich werd' sicher nicht krank.
Die Ängstliche: Wenn du schon seit Jahren keine Erkältung mehr gehabt hast, dann ist sie jetzt fällig. Du paßt sicher nicht auf dich auf, und nach deiner Rückkehr bist du wahrscheinlich reif fürs Krankenhaus.

Sie können nicht gewinnen. Es gibt kein vernünftiges Argument, mit dem Sie Ihre Eltern überzeugen könnten, daß mit Ihnen alles in Ordnung ist - weil diese Angst keine vernünftige Ursache hat. Ihre Eltern haben Angst um Sie, aber noch mehr um sich selbst.
Wie sagte doch eine Mutter zu ihrem Sohn: „Wenn dir 'was passiert, verliert mein Leben jeden Sinn."

Verstärken Sie ihre Sorgen

Wenn man Ängstlichen klarmachen will, wie haltlos ihre Ängste sind, treibt man am besten diese Ängste auf die Spitze und gibt sie so der Lächerlichkeit preis.
Wenn ein Ängstlicher sagt: „Doris Schusters Tochter hatte heute morgen eine Unfall, weil ein Reifen geplatzt ist. Den ganzen Tag hab' ich schon Alpträume, daß dir auch so was passieren könnte. Ich mußte dich einfach anrufen und dich daran erinnern, daß du deine Reifen nachschauen sollst. Ich würde mir nie verzeihen, wenn 'was passieren würde", dann widerstehen Sie der Versuchung,

1. einem Ängstlichen zu sagen, er soll mit dem Jammern aufhören (schließlich sind Sie keine 17 mehr) oder

2. ihm einen detaillierten Bericht über die gründliche und regelmäßige Wartung Ihres Wagens zu geben, die völlig den Empfehlungen des Herstellers und den „Hinweisen für Verbraucher" entspricht.

Zeigen Sie stattdessen, daß diese Ängste haltlos sind, indem Sie sie noch verstärken. Sagen Sie in freundlichem, spöttisch-liebevollem Ton (Eltern nehmen ihre Neurosen ernst, seien Sie also nicht verletzend): „Ich laß´ besser gleich alles stehen und liegen und fahr´ zum Reifenhändler. Ich laß´ auch gleich den Auspuff kontrollieren, damit ich nicht am Kohlenmonoxid erstick´. Die sollen auch den Kühler ersetzen, damit nicht etwa der Motor heißläuft und mir um die Ohren fliegt. Verdammt, du hast recht - ich muß mir wohl einen neuen Wagen kaufen."

Weisen Sie darauf hin, was es kostet, wenn Sie ihnen nachgeben

Sie können auch deutlich machen, welche Folgen es hat, wenn Sie ihren Ängsten nachgeben:
• „Soll ich wirklich meinem Chef sagen, daß ich nicht auf diese Geschäftsreise gehe? Ich verlier´ dann vielleicht meine Stelle oder werde nicht befördert, aber wenigstens brauchst du keine Angst mehr zu haben."
• „Soll ich wirklich in ein besseres Viertel ziehen? Was meinst du, was ich dann am besten tun soll, um die Miete bezahlen zu können: nichts mehr essen oder die Rechnung der Stadtwerke nicht bezahlen?"
• „Soll ich wirklich dieses Stellenangebot ablehnen, weil ich dann 100 Kilometer weit fort von hier ziehen müßte? Einverstanden, aber sie wollten mir 400 Mark mehr im Monat zahlen; es wird mich also im Jahr fast 5000 Mark kosten, euch glücklich zu machen. Wollt ihr das wirklich?"

Spielen Sie nicht länger mit

Falls das nichts hilft, sollten Sie sich absetzen. Spielen Sie nicht länger dieses „Meine Kinder sind der Mittelpunkt meines Universums"-Spiel mit.

Wenn Sie verreisen, machen Sie ihnen in freundlichem Ton klar, daß Sie nicht anrufen werden. Verzichten Sie auf Entschuldigungen, sie steigern nur die Erregung. Wenn Sie sagen: „Ich hab´ ja kaum genügend Zeit, rechtzeitig vom Flughafen zu meiner ersten Verabredung zu kommen", werden sie nur einwenden: „Willst du etwa behaupten, daß du nicht 'mal zwei Minuten für einen Anruf erübrigen kannst, wo du doch weißt, welche Sorgen ich mir mach'?"

Bleiben Sie fest: „Nein, ich ruf' euch nicht vom Flughafen aus an. Wenn ich zurück bin, erzähl' ich euch alles."

Natürlich werden Ängstliche, die etwas auf sich halten, eine solche Abfuhr nicht einfach hinnehmen. Sie werden nicht etwa sagen: „Du hast ja recht, ich bin albern. Laß' es dir gut gehen - bis nächste Woche also."

Nein, ängstliche Eltern werden Ihnen sagen, daß sie nachts kein Auge zumachen würden, daß sie keinen Augenblick lang Ruhe hätten, bevor sie nicht wüßten, daß alles in Ordnung sei, und daß sie einfach nicht verstehen, weshalb Sie so wenig Rücksicht auf sie nehmen.

Sie sind nämlich süchtig. Süchtig danach, sich Sorgen zu machen. Sie sollten sie also nicht noch in ihrem Verhalten bestärken. Sagen Sie einfach: „Tut mir leid, aber ich werd' nicht anrufen. Mir wird's gut gehen - und euch auch." Und vergessen Sie nicht das Wichtigste bei dem Gespräch: „Tschüs".

Bringen Sie den Eltern bei, daß Sie sogleich verschwinden, wenn sie mit ihrer zwanghaften Sorgenmasche anfangen. Legen Sie den Hörer auf oder verlassen Sie das Haus. Wenn sie anrufen und sagen: „Du hast das ganze Wochenende über nicht den Hörer abgenommen. Ich hatte schon Angst, irgend so ein auf Drogen versessener Fixer hätte dich in irgendeiner Gasse ausgeraubt" - dann (1) versichern Sie ihnen, daß es Ihnen gut geht, und (2) legen den Hörer auf.

Das Schenk-mir-mehr-Aufmerksamkeit-Spiel

Denken Sie daran, daß diese zwanghafte Sorge um Ihre Sicherheit eine Methode ist, mehr Aufmerksamkeit auf sich zu lenken. Ihre Eltern sagen damit: „Ich bin einsam, niemand redet mit mir. Aber du bist mein Kind, und ich weiß, daß du mit mir reden wirst, wenn ich fassungslos reagiere."

Ihre Eltern wollen, daß Sie die Leere füllen. Tut mir leid, aber das ist nicht Ihre Aufgabe. Ihre Eltern sind durchaus fähig, jemand anderen zu finden, mit dem sie ihre Zeit verbringen können - aber sie werden das erst tun, wenn Sie sich nicht mehr als Hauptattraktion zur Verfügung stellen.

„Ehrlich währt am längsten"

Aber die armen Eltern - sie machen sich doch solche Sorgen, nicht wahr?

Jedes erwachsene Kind fühlt sich irgendwann einmal genötigt, die eigenen Eltern zu schützen. Die Eltern sollen nicht erfahren, daß es in Ihrer Ehe kriselt. Wenn Mami wissen will, wie die Dinge stehen, dann lügen Sie und sagen: „Bestens". Sie haben keine Lust zuzugeben, daß Sie sich gestern außer Haus betrunken haben. Wenn dann Paps anruft und fragt: „Wo warst du gestern abend?", dann lügen Sie und sagen, Sie hätten den Hund ausgeführt (selbst wenn Sie keinen haben). Wenn Ihre Eltern zu Besuch kommen, zieht Ihre „Beziehung" mit einem Freund ein, damit die Eltern nicht merken, daß Sie in Sünde leben.

Erwachsene Kinder, die an sich aufrichtig sind und sich ihrer Integrität rühmen, lügen ungeniert ihren Eltern gegenüber. Warum? Weil sie glauben, ihre Eltern könnten die Wahrheit nicht ertragen. Sie sind überzeugt, daß diese harmlosen Notlügen nötig sind, um ihre zartbesaiteten Eltern zu schützen.

Behandeln Sie Ihre Eltern nicht so von oben herab. Ihre Eltern sind bei weitem nicht so empfindlich, wie Sie annehmen. Jahrzehntelang sind sie ohne Ihren Schutz ausgekommen, und sie werden das wahrscheinlich auch schaffen, nachdem Sie mit der schrecklichen Wahrheit über die letzte Nacht herausgerückt sind.

Ich sage nicht, daß Sie den Eltern alles berichten sollten, weil es Dinge gibt, die sie nicht verkraften können. Ich meine damit nicht das Drachenfliegen oder Ihren Glauben an ein verstaatlichtes Gesundheitswesen, sondern daß man z.B. mit Drogen handelt oder Terrorist ist. Aber abgesehen von solch heiklen Dingen besteht kein Grund zu lügen. Ihre Eltern brauchen keinen Schutz - sie sind robuster, als Sie glauben.

Seien Sie Sie selbst

Die meisten erwachsenen Kinder machen es sich leicht. „Ich seh´ meine Eltern nur ein paar Wochen im Jahr", sagen sie, „in der kurzen Zeit verhalt´ ich mich halt so, wie es ihnen gefällt." Das stimmt schon, aber vielleicht möchten Sie sie öfter sehen - und das mit *Vergnügen* - wenn Sie nicht bei jedem Besuch das Gefühl hätten, eine oskarreife Vorstellung geben zu müssen.

> Liselotte ist 30 Jahre alt und gehört zum mittleren Management einer großen Telefongesellschaft. Sie hat nichts gegen einen Besuch bei den Eltern, außer daß sie einen Großteil der Zeit damit zubringt, zum Laden um die Ecke und wieder zurück zu fahren. Der Grund? Sie raucht und hat Angst, daß ihre Mutter das herausbekommt. Also fährt sie zum Laden, hockt sich auf den Parkplatz, raucht eine

Zigarette und fährt dann wieder heim.

„Solang ich denken kann, hat meine Mutter sich über's Rauchen beschwert", sagte Liselotte. „Ständig redet sie davon, was für 'ne eklige Angelegenheit das sei, und daß in ihrer Familie niemand rauche, und wie froh sie doch sei, daß ich mit so 'was Ekligem gar nicht erst angefangen hab'. Was soll ich nur machen? Sie um Feuer bitten, wenn ich zur Tür reinkomme?"

Sarah ist eine tatkräftige Geschäftsfrau, was ihrem alten Vater mißfällt, weil seiner Ansicht nach eine Dame sich anders verhält. Wenn er also zu Besuch kommt - zu ihrem Glück passiert das nur ein- oder zweimal im Jahr - spielt Sarah die kleine Angestellte. Sie kommt jeden Tag um 5 heim statt wie üblich um 7 oder 8. Sie erzählt ihm nicht, wie sie einen ihrer Zulieferer dazu gebracht hat, mit dem Preis 15% runterzugehen, oder wie sie die Konkurrenz ausgetrickst hat, um einen großen Auftrag an Land zu ziehen. Stattdessen sagt sie, sie arbeite nur so ein wenig nebenher - gerade so viel, damit sie sich über Wasser halten kann. Und wenn dann ihr Vater endlich abreist, möchte sie am liebsten an die Decke springen.

Wenn Sie so tun, als seien Sie jemand anderer, dann setzen Sie die Beziehung zu den Eltern einer unerträglichen Belastung aus. Machen Sie nicht länger Ihren Eltern etwas vor, hören Sie mit dem Lügen auf. Sagen Sie ihnen, wer Sie wirklich sind.

Zugegeben, sie werden vielleicht jammern, die Hände ringen und Ihnen sicher auch einen Vortrag halten. Das ist schon in Ordnung - schließlich haben sie ein Recht auf ihre eigene Meinung. Und danach haben Sie das Recht, ihnen mitzuteilen, daß Sie (1) ihren Rat ernsthaft erwogen haben, auch wenn er mit 120 Dezibel gegeben wurde, und daß Sie (2) beschlossen haben, ihn nicht anzunehmen. Und außerdem haben Sie das Recht, ihnen zu sagen - falls nötig, ebenfalls mit 120 Dezibel -, daß Sie nichts mehr davon hören wollen.

Es ist wichtig, den Eltern gegenüber als Erwachsener aufzutreten, aber noch wichtiger ist es, sich als Erwachsener so zu geben, wie man wirklich ist, und nicht, wie es den Erwartungen der Eltern entspricht.

Die Übertreiber
„Du heiratest? Ich bin noch nie so glücklich gewesen! Du ziehst auch nach München? Ich bring' mich um!"

Manche Eltern - die Übertreiber - identifizieren sich völlig mit Ihnen.

Ihre Erfolge bringen ihnen unendliche Freude, Ihre Niederlagen grenzenlose Verzweiflung. Sie nehmen jede Ihrer Empfindungen intensiver wahr, als Sie das tun.

Wenn Ihnen Gutes widerfährt, ist es herrlich, von Übertreibern umgeben zu sein, denn dann haben Sie Ihr eigenes Publikum, das Ihnen vorbehaltlos zujubelt. Aber sie sind nicht so großartig, wenn etwas schief läuft, weil die Übertreiber dann Ihr Elend verstärken, statt Ihnen beizustehen. Probleme versetzen sie in Panik.

Sie (besorgt): Wir hatten schon wieder einen finanziellen Rückschlag im Geschäft. Wenn das Gerücht stimmt, wollen sie jetzt Leute entlassen.

Was Sie hören wollen, ist die Reaktion eines normalen Menschen: Das klingt nicht gut, aber ich sag' dir eins: Vor fünf Jahren haben sie mich entlassen, und am Ende hätte mir nichts Besseres passieren können. Ich hätt' jetzt nicht diesen Klassejob, wenn sie mich an meiner alten Stelle nicht buchstäblich vor die Tür gesetzt hätten. Laß' den Kopf nicht hängen. Bei deinen Fähigkeiten wirst du leicht nicht nur 'ne neue, sondern auch 'ne bessere Stelle finden!

Stattdessen müssen Sie sich anhören:

Der Übertreiber (entsetzt): Du machst wohl Witze. Was willst du denn jetzt machen? Weißt du überhaupt, wie angespannt die Lage auf dem Arbeitsmarkt im Augenblick ist? Kein Mensch stellt Leute ein.

Selbst wenn man Sie nicht entläßt und Sie auch die nächsten 20 Jahre bei derselben Firma arbeiten, werden Ihre Eltern ständig fragen: „Was macht die Arbeit? Redet man immer noch von Entlassungen? Wär's nicht besser, du schaust dich nach 'ner anderen Stelle um?"

Klingt das vertraut?

Übertreiber gleichen, wenn tatsächlich etwas schiefgeht, den Ängstlichen. In beiden Fällen sagt man am besten, daß sie den Kopf nicht hängen lassen sollen.

„Moment 'mal, Leute. Noch nag' ich nicht am Hungertuch. Ich hab' nur gesagt, daß es im Augenblick in der Firma ein paar Probleme gibt. Schickt mich nicht ins Armenhaus, bevor's wirklich nötig ist."

Wenn das nicht hilft, sollten Sie das Weite suchen. Übertreiber, wie Ängstliche, wollen Sie mit ihrer Hysterie anstecken. Lassen Sie das nicht zu.

Wenn eine Sache ernst ist, sollte man sie ernst nehmen

Wenn es sich um ein schwerwiegendes Problem handelt, dann kann die Überreaktion eines Übertreibers zu einer schweren Belastung werden.

Als Petra eine Fehlgeburt hatte, war ihre Mutter, eine Übertreiberin, untröstlich. „Ich versteh´ nicht, wie so was passieren konnte", jammerte sie. „Noch nie hat es in unserer Familie eine Fehlgeburt gegeben - weder in der deines Vaters noch in meiner. Hast du während der Schwangerschaft etwa geraucht oder Alkohol getrunken? Hast du auf der Uni irgendwelche Drogen oder Arzneimittel geschluckt? Ich kann einfach nicht glauben, daß uns so etwas passieren konnte. Jedesmal, wenn ich die Babykleider, die ich gekauft habe, anschaue, kommen mir die Tränen. Wirst du je wieder den Mut aufbringen, schwanger zu werden?"

Glauben Sie nicht, Sie müßten sowohl die eigene Last wie auch die, die Ihre Eltern Ihnen aufbürden, tragen. Sie sollten ein ernstes Gespräch mit ihnen führen:

„Ich weiß, daß ihr fassungslos seid, aber es ist *mir* passiert, nicht euch. Und ich fühle mich außerstande, uns beide emotional zu stützen. Im Augenblick brauch´ ich *eure* Hilfe. Schafft ihr das?"

Wenn nicht, dann sollten sie Sie in Ruhe lassen. Manche Eltern kommen mit ihren eigenen Problemen nicht zurecht, geschweige denn mit denen ihrer Kinder. Wenn sie Ihnen nicht helfen können, dann sollten Sie so freundlich wie möglich erklären, daß Ihre Sympathie für andere im Augenblick begrenzt sei und Sie daher das Gespräch abbrechen und erst dann wieder mit ihnen reden würden, wenn es allen Beteiligten besser gehe.

Die Ratgeber
„So kannst du doch nicht leben. Du solltest ..."

Ratgeber wissen alles besser, und sie können es kaum erwarten, Ihnen das auch zu sagen.

- „Du solltest dich mehr um die Kinder kümmern. Sie scheinen geradezu nach Zuneigung zu hungern."
- „Es würde gesitteter klingen, wenn du nicht nach jedem Satz „gell?" sagen würdest."
- „Du solltest die Finger von Süßigkeiten lassen. Ehrlich, seit deinem letzten Besuch hast du 20 Pfund zugenommen."

Ihre Eltern verpassen Ihnen diese nicht abreißende Flut von Ratschlägen auf unterschiedliche Weise:
1. durch direkte Angrifffe, wie in den oben zitierten Äußerungen.
2. über Dritte: „Mami macht sich wegen deines Gewichts Sorgen."
3. durch subtile Hinweise: „Der Pullover saß doch sonst nicht so eng. Ist er eingegangen?"
4. per Post: „Beiliegend ein Artikel über eine Frau, die in 12 Tagen 213 Pfund abgenommen hat".

So etwas weckt Mordgelüste.

Die allmächtigen Eltern

Irgendwann gegen Ende des 2. Weltkriegs befanden die sogenannten Experten für Kindererziehung, daß Eltern unbegrenzte Macht hätten.

Sie sagten den Eltern (und besonders den Müttern): „Sie haben es in der Hand, ob aus Ihrem Kind ein warmherziger, wundervoller, gut angepaßter Mensch wird - oder ein neurotisches Nervenbündel. Was Sie auch tun oder lassen, es wird dieses Kind fürs Leben prägen."

Diese Philosophie ist zwar im Kern richtig (Kinder, die Liebe und Fürsorge erfahren, entwickeln sich in der Regel besser als Kinder, die man beschimpft und vernachlässigt), sie wurde aber maßlos übertrieben. Man sagte den Eltern - die es glaubten -, daß ihr ganzes Tun langfristige Auswirkungen habe. Vergleichbar dem Flug eines Pfeils, wo der kleinste Fehler beim Abschuß später zu einer großen Abweichung vom Ziel führt.

Also waren Sie - ihr Kind - nicht länger ein menschliches Wesen, sondern wurden zu einer Planungsaufgabe.

„Wie sind Ihre Kinder geraten?" fragten die Leute Ihre Eltern (und sie tun das auch jetzt noch), als gehe es um das Rezept für ein köstliches französisches Gebäck oder um ein schwieriges Makramee-Muster.

Ihre Eltern rechnen sich alles, was Sie richtig machen, als ihr

Verdienst an, und sie werden für all Ihre Fehler verantwortlich gemacht. Wenn Sie der erfolgreichste Börsenmakler sind, dann verdanken Sie das ihrer Erziehung. Und wenn Sie arbeitslos sind, weil die Stahlindustrie in der Flaute ist, dann fragen sie sich: „Was haben *wir* falsch gemacht?"

Auch jetzt noch sind sie darauf versessen, aus Ihnen einen vollkommenen Menschen zu machen. Getreu der Devise, daß „Eltern nie die Hände in den Schoß legen können", hören sie nicht auf, Sie zu überwachen. Sie modellieren, formen und lenken Sie unaufhörlich. Eine sorgfältige Feinabstimmung hier, eine leichte Korrektur dort, und vielleicht sind Sie dann perfekt - ein makelloses, einzigartiges Kind, Spiegelbild, versteht sich, ihrer makellosen, einzigartigen erzieherischen Fähigkeiten.

Wie man diese Planung durchkreuzt

Akzeptieren Sie niemals den Rat der Ratgeber. Das bestärkt sie nur. Sie werden dann sagen: „Es stimmt also, daß du zuviel wiegst? Gut. Und was machen wir mit deiner Frisur? Kürzere Haare würden dir viel besser stehen. Einverstanden? Und was ist mit den Kleidern, die du anhast? Der Jogging-Anzug sieht wie ein Schlafanzug aus. Einverstanden? Gut. Und was ist mit ...?"

Es nimmt kein Ende. Es hilft auch nichts, Ratgeber von oben herab zu behandeln und zu sagen: „Ja doch, ich weiß, daß ich was tun muß", wenn man genauso weitermacht und ihren Rat ignoriert. Wenn Sie nämlich versöhnlich sagen: „Du hast recht, Mami, ich muß wirklich 20 Pfund abnehmen; ich werd´ auf Süßes verzichten müssen", dann denkt Ihre Mutter: „Ich hab´ dieser dicken Schlampe schon 8000 mal gesagt, daß sie endlich mal was tun soll, aber nie macht sie was. Warum will dieses Kind einfach nicht auf mich hören?"

Natürlich können Sie den elterlichen Rat nicht völlig ignorieren, schließlich enthält er ja in der Regel ein Körnchen Wahrheit: Sie sind ja *wirklich* zu dick, Ihre Kinder sind ja *wirklich* nicht gerade in der allerbesten Tagesstätte, und Ihre Sprache ist alles andere als preisverdächtig. Sie können nur eines tun: Danken Sie ihnen für den Rat, machen Sie ihnen klar, daß Sie ihn nicht annehmen und im übrigen in Ruhe gelassen werden wollen. Aber gehen Sie diplomatisch vor und beachten Sie dabei die folgenden Hinweise:

• Räumen Sie ein, daß Ihre Eltern möglicherweise recht haben.

• Machen Sie sich nicht ihre Beurteilung der Situation zu eigen, lassen

Sie sie aber wissen, daß Sie zuhören; sagen Sie: „Vielleicht habt ihr recht, aber ..."

• Sagen Sie ihnen klipp und klar, daß Sie ihren Rat nicht befolgen werden.

• Zögern Sie nicht, machen Sie keine Ausflüchte, geben Sie sich keinerlei Blöße - sonst gewinnen Ihre Eltern die Oberhand. Sagen Sie mit Entschiedenheit: „Ich hab´ nicht die geringste Absicht, in dieser Sache was zu unternehmen."

• Sagen Sie ihnen den Grund, bevor sie danach fragen können.
Einige typische Gründe, die man angeben kann:
„Ich hab´ keine Zeit dafür."
„Das geht über meine Kräfte."
„Ich kann´s mir nicht leisten."
„Ich bin nicht in der Stimmung."

Seien Sie aber auf der Hut. Für hartgesottene Ratgeber sind das nur faule Ausreden. Sie haben auf alles eine Antwort: „Wenn du nur wolltest, hättest du genug Zeit." „Du solltest Wichtiges zuerst erledigen, so lang du noch frisch bist." „Dein Bruder verdient weniger als du, trotzdem hat er anscheinend für so ´was stets Geld übrig." „Verdammt noch mal, was ist denn das für eine Antwort: „Ich bin nicht in der Stimmung."?

• Lassen Sie sich auf keine Diskussion ein.
Ihre Eltern sind mit jeder Faser ihres Herzens überzeugt, daß sie über alles, was Sie betrifft, bestens Bescheid wissen. Versuchen Sie also nicht, sie von ihrer Überzeugung abzubringen. Setzen Sie jeder weiteren Diskussion mit dem folgenden Satz ein Ende: „Ich weiß es zu schätzen, daß ihr euch Sorgen macht, aber im Augenblick werd´ ich mir deswegen nicht den Kopf zerbrechen. Reden wir von ´was anderem."

• Lassen Sie sich nicht mürbe machen.
Wenn sie störrisch reagieren, sollten Sie entschlossen, aber höflich sagen: „Warum tischt ihr mir das ständig auf?"
Lassen Sie sich nicht im Zorn zu der Bemerkung hinreißen: „Was ist los mit euch? Kapiert ihr nicht, was ich sag´? (Klingelt´s?) Geht es denn nicht in euren dicken Schädel (klingelt´s jetzt?), daß ich darüber nicht mehr reden will?"

Wenn Sie wütend werden, verlieren Sie die Schlacht. Sie sind dann ein undankbarer Mensch, der nicht begreifen will, daß die Eltern nur das Beste für Sie wollen. Ihr Vater wird entrüstet sein, Ihre Mutter wird in Tränen ausbrechen. Am Ende werden Sie sagen, daß es Ihnen leid tue; ja, Sie werden sich um eine anständigere Sprechweise bemühen, oder: ja, Sie werden auf Diät gehen, und zwar gleich bei der 8649 Kalorien-Mahlzeit (inklusive vier verschiedene Desserts), die Ihre Mutter Ihnen gerade aufgetischt hat.

Bleiben Sie nach außen hin ruhig, gefaßt, umgänglich (auch wenn es Ihnen noch so schwerfällt) und machen Sie ihnen immer wieder klar, daß Sie darüber nicht sprechen wollen - weder jetzt noch später - und daß sie bitte das Thema fallenlassen sollen. Früher oder später werden sie es tun.

Die Unbelehrbaren
„Du bist immer schon schüchtern gewesen, schon auf der Oberschule."

Vor langer Zeit haben Ihre unbelehrbaren Eltern entschieden, was für ein Mensch Sie sind. Der Einfachheit halber haben sie Ihre Persönlichkeit auf einige wenige Eigenschaften reduziert und ihr ein Etikett aufgeklebt: Dieses Kind ist ungemein aggressiv, schrecklich scheu, der Klassenkasper, ein Bücherwurm oder der Schrecken des Viertels.

Das einmal gefällte Urteil stellten sie nie mehr in Frage. Falls Sie mit 18 ein Trottel waren, dann sind Sie es in ihren Augen auch heute noch. Waren Sie im Handball-Team der 8. Klasse das Kind, auf das am meisten Verlaß war, dann ist Verläßlichkeit auch heute noch eines Ihrer Markenzeichen. Sie waren ein Wunderkind, ein stotternder Tölpel oder ein mürrischer Halbwüchsiger wie James Dean - und für Ihre Eltern sind Sie das auch heute noch.

Früher warst du so ein Engel

Die Bemerkung Ihrer Eltern, es sei mit Ihnen seit Ihrer Jugend ständig bergab gegangen, und es sei doch schade, daß Sie Ihre Chancen nie genutzt hätten, wird Ihnen garantiert den Tag vergällen. Voller Stolz erinnern sie sich, daß Sie stets wirklich gute Noten bekamen, die meisten Freunde hatten und das am besten angezogene Kind der ganzen Schule waren, und voller Wehmut und ratlos fragen sie sich, was wohl mit Ihnen passiert sein könnte.

Das heißt, sie wünschen sich, daß ihr Kind mehr Erfolg im Beruf hat, besser mit den Nachbarn auskommt oder sich hübsche Kleider kauft. In Wirklichkeit sind dies verkappte Ratschläge. Behandeln Sie diesen Elterntyp am besten wie die Ratgeber: „Danke", aber: „Danke, nein".

Sagen Sie: „Das hört sich so an, als wärt ihr von mir enttäuscht. Ich hab´ also eure Erwartungen nicht erfüllt?" Dadurch sollen sie sich schuldig fühlen, weil sie Ihnen gegenüber so kritisch sind.

Sie können Ihre Eltern nicht einfach fallenlassen, wie Sie das mit einem Freund tun würden, von dem Sie ständig enttäuscht sind - aber Sie können damit drohen, wenn Ihre Eltern wieder auf Ihnen herumhacken: „Tut mir leid, daß ich euch so enttäuscht hab´. Vielleicht ist es euch lieber, wenn ich nicht so oft vorbeikomme? Falls nicht, vielleicht hört ihr dann auf, euch ständig zu fragen: „Was ist nur passiert?"

Lassen Sie nicht zu, daß die Eltern *Ihnen* Schuldgefühle einflößen. Sie müssen nicht die Erwartungen anderer, sondern nur Ihre eigenen erfüllen.

Früher warst du so ein Taugenichts

Falls Ihr Ruf als Kind alles andere als glänzend war, dann werden Sie auch als gereifter Mensch nur schwerlich Anerkennung finden.

Auf der Oberschule und an der Uni lieh Peter sich ständig Geld, schnorrte Zigaretten und brachte es fertig, daß ein anderer fuhr und den Sprit bezahlte. Nie beteiligte er sich an den Unkosten. Als er älter wurde, legte er diese schlechten Manieren ab, aber nie konnte er seine Eltern überzeugen, daß er sich geändert hat. Als Peter mit einem Studienfreund eine Firma gründete, nahm seine Mutter ihn besorgt beiseite.
„Zahlst du auch bestimmt deine Hälfte der Bürokosten?", wollte sie wissen. „Hans ist ein netter Kerl, ich möchte nicht, daß du ihn ausnutzt." Peter, der solche Fragen zur Genüge kannte, antwortete gequält: „Ja, Mutter, ich zahl´ von allem die Hälfte."
„Auch bei der Miete? Was ist mit den Gas- und Stromkosten? Was mit den Gehältern? Ich möchte nicht, daß du abhaust und Hans auf einem Berg von Rechnungen sitzenläßt."

Falls die Eltern immer noch diese aus Ihrer wilden und verrückten Jugend stammende schlechte Meinung von Ihnen haben, dann wird es Sie möglicherweise einige Anstrengung kosten, sie davon abzubringen. Gehen Sie in diesem Fall wie folgt vor:
Akzeptieren Sie, daß Sie in ihren Augen früher so waren. Sie können niemanden dazu bringen, daß er die Vergangenheit anders sieht.

Bitten Sie sie, zu beschreiben, wie Sie jetzt sind. Heben Sie dabei das Positive hervor. Fragen Sie nicht, warum sie Sie immer noch für unzuverlässig halten, weil sie dann gleich etwas Passendes parat haben: „Hast du nicht letzte Woche, als du für uns einkaufen gingst, Vaters Fußpuder vergessen? Oder letztes Jahr, hast du da etwa am Muttertag angerufen?" So etwas vergessen sie nicht.

Fragen Sie lieber, ob etwas von dem, was Sie getan haben, zeigt, daß Sie sich gebessert haben. Ihr Gespräch sollte in etwa so ablaufen:

Sie: Ich geb' zu, auf der Uni war ich ein wenig (ja doch, ziemlich) unzuverlässig.
Ihre Eltern: Im Ernst! Wir konnten es einfach nicht glauben, daß du den Scheck für die Studiengebühren eingelöst hast und damit nach Paris gefahren bist.
Sie (versuchen den Amüsierten zu spielen): Hm, kaum zu glauben, daß ich früher so war. Gottseidank ist das vorbei.
Die Eltern: Wirklich?
Sie: Etwa nicht? Hab' ich etwa in den letzten 10 Jahren so 'was wie damals mit Paris gemacht?
Die Eltern: Nein, natürlich nicht, aber als du auf der Uni warst, hast du immer ...
Sie: Bin ich noch auf der Uni?
Die Eltern: Nein, aber ...
Sie: Weshalb glaubt ihr dann, daß ich immer noch wie damals bin? Wär' es nicht vielleicht denkbar, daß ich mich geändert hab'?
Die Eltern: Schon möglich. Du scheinst heutzutage gefestigter zu sein.
Sie: Dann sagt mir, wie ich heute bin.
Die Eltern: Ist ja gut, ist ja gut, wir werden Paris nicht mehr erwähnen.
Sie: Es ist mir ernst. Nennt mir ein paar Beispiele, die zeigen, daß ich ein ordentlicher, aufrechter Bürger bin.
Die Eltern (seufzen und wundern sich, was wohl mit dem Kind passiert ist, das sonst immer sagte: „Laßt mich erst 'mal verschnaufen, bitte", wenn die Paris-Eskapade zur Sprache kam): Mal sehen ... Du hast seit sieben Jahren denselben Arbeitsplatz. Und das Darlehen, das wir dir für deine Eigentumswohnung gegeben haben, hast du auch zurückgezahlt. Sogar vor dem Fälligkeitstermin, was nett von dir war. Und deine Ehe scheint recht gut zu klappen. Naja, jetzt, wo du das erwähnst, schon möglich, daß wir dich unterschätzt haben.

Wenn das nicht hilft und die Eltern nicht aufhören mit diesen nostalgischen Erinnerungen, die Sie in ein ungünstiges Licht setzen, dann sollten Sie sie fragen, weshalb sie ständig davon reden - wollen sie etwa, daß Sie immer noch so sind (ihr verrücktes Kind)? Oder versuchen sie nur Ihre Gefühle zu verletzen?

Vergewissern Sie sich, daß Sie nicht mehr so wie früher sind

Bevor Sie die Eltern mit deren überholten Anschauungen konfrontieren, sollten Sie sich vergewissern, daß Sie sich nicht etwa in ihrer Gegenwart wieder in jenes schlechte frühere Ich verwandeln. Wenn Peter sich auch jetzt noch von seinem Vater Zigaretten oder von seiner Mutter Kleingeld borgt, dann haben die Eltern jedes Recht, ihn als Schmarotzer zu behandeln.

Wenn ein Erwachsener „heim"kehrt und in die vertraute Familienatmosphäre eintaucht, kann dies - ohne daß er es bemerkt - wieder sein früheres Verhalten auslösen. Eine Frau erzählte mir folgende Geschichte:

„Ich ging mit Reinhold etwa 6 Monate, als er plötzlich meinte, es sei an der Zeit, seine Eltern kennenzulernen. Wir fuhren zu ihnen, um ein paar Tage bei ihnen zu verbringen. Und dort erlebte ich den Schock meines Lebens. Reinhold, der sonst umgänglich und offenherzig ist, war nicht wiederzuerkennen. Mit seinen Eltern sprach er nur, wenn es nicht zu umgehen war, und dann in einem sarkastischen und beleidigenden Ton. Wenn sie ins Zimmer kamen, ging er raus. Als ich wissen wollte, was denn um alles in der Welt los sei, sagte er, ich solle mich um meine eigenen Angelegenheiten kümmern.
Ich verstand das nicht. In meinen Augen waren seine Eltern überaus nette Leute, aber er war gemein zu ihnen."

Immer wenn Reinhold bei seinen Eltern ist, holt ihn seine trübe Vergangenheit ein. Selbst die Anwesenheit seiner erwachsenen Freundin hält ihn nicht davon ab, seinen Eltern gegenüber den mürrischen Halbwüchsigen zu spielen. Kein Wunder, daß seine Eltern nicht glauben, daß er sich geändert hat.

Verwandeln *Sie* sich in eine Art Monster, wenn Sie bei den Eltern sind? Sind Sie in ihrer Gegenwart ständig mürrisch - oder streitsüchtig oder sarkastisch oder defensiv?

Wenn ja, dann liegt es vielleicht an *Ihnen,* daß Sie mit den Eltern nicht zurechtkommen.

Was machten Ihre Eltern früher?

Wenn Ihnen etwas an guten Beziehungen liegt, dann sollten Sie sich hüten, auf Bedingungen zu reagieren, die nicht mehr existieren.

Markus, ein 33-jähriger Bauarbeiter, geht automatisch in die Defensive, wenn er bei seinem Vater ist - oft sogar schon, *bevor* er ihn trifft. Seine Frau Julia sagte: „Markus und ich sind anscheinend immer 15 Minuten später als alle anderen da. Immer kommen wir zu spät. Seine Eltern wissen das und sagen in der Regel nichts, aber wenn wir uns hastig für den Besuch in seinem Elternhaus fertigmachen, stellt Markus sich bereits im voraus Vaters Ärger vor. Er sagt dann: „Wenn der alte Mann ´was sagt, weil wir zu spät kommen, stoß´ ich ihm Bescheid. Wer ist er denn, daß er mir das Leben so schwer macht? Ich hab´ sein ständiges Gemecker über alles und jeden bis oben satt." Und dabei sind wir noch nicht einmal aus dem Haus! Wenn wir bei seinem Vater ankommen, sagt der nichts, daß wir zu spät dran sind. Aber Markus braucht ´ne halbe Stunde, ehe er sich wieder beruhigt hat."

Markus´ Vater hat sich daran gewöhnt, daß sein Sohn ständig zu spät kommt, aber Markus hat das noch nicht gemerkt. Er verhält sich wie damals, in jener schlimmen Zeit, als er ein Teenager war und immer angebrüllt wurde, wenn er nicht auf die Sekunde pünktlich war.

He, Markus, die Zeiten haben sich geändert.

Die Vermittler

„Kinder, ihr könntet sicher besser miteinander auskommen, ihr braucht´s nur zu versuchen."

Es ist in einer Familie durchaus üblich, daß Geschwister sich anschreien, streiten, ja sogar prügeln. Bei solchen Auseinandersetzungen spielt Mami den Schiedsrichter. Und sie ruft gelegentlich auch Paps zu Hilfe, wenn in dem Tumult Möbel zu Bruch gehen. Früher hatten gute Beziehungen zwischen den Geschwistern oder zumindest ein gewisses Maß an gegenseitiger Toleranz immer einen sehr hohen Stellenwert, denn dann konnten Mami und Paps im Wohnzimmer sitzen und miteinander plaudern, ohne daß ihnen Spielzeugpistolen und Barbie-Puppen um die Ohren flogen.

Heute leben die Kinder in verschiedenen Häusern, vielleicht sogar in anderen Städten und streiten sich nicht mehr, wer wessen Badetuch benutzt oder sich wessen Jacke ausgeliehen hat. Die Schwester drangsaliert nicht mehr den kleinen Bruder, wenn der mit seinen blöden Kumpeln aus der Oberschule telefoniert, wo doch der tolle Tommy vielleicht versucht, sie anzurufen. Der Bruder ist nicht mehr sauer, daß die kleine Schwester mit will, wenn seine „Kumpel" sich in der Nachbarschaft rumtreiben. Niemand seufzt mehr angewidert, beschimpft den anderen, wirft die Tür ins Schloß.

Aber das hält Mami nicht davon ab, sich als Verantwortliche für Familienangelegenheiten aufzuspielen.

• „Warum willst du nicht, daß deine Schwester zu dir zieht? Ich weiß, du hast nur eine Einzimmerwohnung, aber es wär´ ja nur für´n paar Monate, bis sie ´was Eigenes gefunden hat. Wie du weißt, hat sie nicht so viel Glück gehabt wie du."

• „Dein Bruder sagt, du hast ihm das vor drei Wochen geliehene Geld noch nicht zurückbezahlt. Er hat mich gebeten, nichts zu sagen, aber jemand muß sich doch für ihn einsetzen - er ist viel zu nett, selbst ´was zu sagen."

• „Wenn man bedenkt, wieviel Arbeit dein Bruder - ohne was dafür zu verlangen, wie ich hinzufügen möchte - in den Bau deines Kellergeschosses gesteckt hat, hättest du ihm da gestern nicht helfen können, seinen Wagen wieder in Gang zu bringen? Ich weiß, du warst gerade zu einem Vorstellungsgespräch unterwegs, aber 10 Minuten hättest du dir noch nehmen können, um deinem Bruder zu helfen, oder ?"

Es kommt nicht darauf an, wer recht hat

Mami möchte, daß alle miteinander auskommen. Sobald es Schwierigkeiten gibt, greift sie ein, um mit Nachdruck den Frieden wiederherzustellen. Da sie Ihnen nicht mehr den Hintern versohlen oder Sie auf Ihr Zimmer verbannen kann, flößt Sie Ihnen Schuldgefühle ein, damit Sie sich anständig benehmen.

• Ein besonders schweres Geschütz ist der Hinweis auf den Tod. „Wenn dein Vater und ich einmal nicht mehr sind, werden du und deine Schwester auf einander angewiesen sein. Ich könnte nicht in Frieden von euch scheiden, wenn ich wüßte, daß ihr euch streitet."
• Ferien mit der Familie sind ebenfalls ein idealer Anlaß. „Was wird aus dem Erntedankfest oder Weihnachten? Wenn du und dein Bruder nicht miteinander reden, ist alles verdorben."
• Ständig heißt es, daß „deine Geschwister weniger gut dran sind":

„Du bist erfolgreicher, siehst besser aus, hast mehr Geld, bist klüger oder berühmter als deine Geschwister, gib also etwas davon ab. Sie haben schon genug durchgemacht." Sie sollten bedenken, daß Mami sich stets für die Schwächeren stark macht. (Sind Sie der Schwächere, dann sagt man Ihnen, daß Ihre Geschwister viel erfolgreicher sind, besser aussehen, mehr Geld haben, klüger und berühmter sind - und das ist eine zusätzliche Strafe).

Mit einem Vermittler kann man nicht diskutieren. Ihre Mutter wird niemals einsehen, daß Sie dieses eine Mal einfach nicht helfen konnten, daß ein wenig zusätzliche Anstrengung zuviel verlangt war. Versuchen Sie also nicht, sich zu verteidigen oder zu behaupten, daß die Geschwister Sie ausnutzen. Sie akzeptiert das nicht.

Mami: Weißt du, du bist wirklich ein schlechter Bruder. Hans hat mir gesagt, daß du ihm beim Umzug in sein neues Haus nicht geholfen hast. Du hast wohl keine Ahnung, wie wenig er verdient. Er kann sich keine Spedition leisten, wie gewisse Leute.
Sie (auch „gewisse Leute" genannt): Hat er dir auch erzählt, daß ich schon um drei Uhr morgens, nach seiner Schicht rüberkommen und mit dem Umzug anfangen sollte? Hat er dir erzählt, daß wir an dem Wochenende in die Berge fahren wollten? Hat er dir gesagt, daß er mich erst vier Stunden davor informiert hat? Ein schlechter Bruder? Hab´ ich nicht diesem hinterhältigen Kerl ständig meinen Wagen geliehen, weil er seinen nicht in Ordnung hält? Hat er nicht damals mit seiner Frau und seinen drei völlig verzogenen Kindern sieben Wochen lang bei mir gewohnt? Haben wir ...?
Mami: Ich weiß, daß er einige Probleme gehabt hat, aber umso mehr solltest du ihm helfen.

Wie man dem Schiedsspruch entgeht

Natürlich geht es hier nicht darum, wie Sie mit Ihren Geschwistern zurechtkommen, sondern welche Rolle Ihre Mutter dabei spielt. Wenn Sie mit Ihren Geschwistern Probleme haben, können Sie durchaus mit Ihrer Mutter darüber reden, denn sie kennt ja alle Beteiligten sehr gut. Schwierig wird es erst, wenn sie (1) das Problem gegen Ihren Willen zur Sprache bringt, oder (2) Ihnen die Schuld gibt oder darauf besteht, daß Sie „im Interesse der Familie" nachgeben.
Lassen Sie sich nicht aus Schuldgefühl umstimmen. Sagen Sie ihr in aller Freundschaft, daß sie ihre Ratschläge für sich behalten soll.
Sie: Mami, ich weiß, du willst, daß alle miteinander auskommen,

aber das geht nur Hans und mich 'was an. Wir sind jetzt erwachsen und müssen das unter uns ausmachen.
Mami (durch diesen neuen Gedanken verwirrt): Ihr wollt das unter euch ausmachen?
Sie: Ja. Wenn du dich einmischt, macht das die Sache nur noch schlimmer. Wenn du dich auf meine Seite schlägst, ist Hans sauer auf dich, und wenn du ihm hilfst, bin ich sauer. Halt dich also bitte raus!
Mami: Aber es ist doch meine Pflicht, darauf zu achten, daß meine Kinder gut miteinander auskommen.
Sie: Nein, Mami. Ich laß' nicht zu, daß du in diesem Streit den Vermittler spielst oder darauf drängst, daß ich mich mit Hans vertrag'.
Mami: Aber Hans hat mich gebeten, mit dir zu reden.
Sie: Das war nicht richtig von ihm. Meiner Meinung nach solltest du nicht erlauben, daß er dich vorschiebt. Wenn er Probleme mit mir hat, soll er's mir selber sagen. Dann können wir das unter uns klären - ohne dich. Im übrigen möcht' ich nicht mehr darüber reden, Mami!

Es hilft, wenn Sie Ihren Geschwistern in einer ruhigen Minute sagen, daß Sie es nicht zulassen, wenn Mami bei Auseinandersetzungen den Schiedsrichter spielen will, und daß es sinnlos ist, zu ihr zu rennen.

Und hüten Sie sich davor, *selber* zu ihr zu rennen und sie zu bitten, daß sie sich zu Ihren Gunsten einmischt.

4
Die Nutznießer

Während manche Eltern es nicht ertragen können, daß ihre Kinder älter werden, geht es anderen - den Nutznießern - nicht schnell genug. Denn sobald Sie erwachsen sind, wollen sie die Früchte ihrer Mühen ernten. „Nach allem, was wir für dich getan haben", sagen diese Eltern, „bist du uns 'was schuldig."

Und sie meinen es ernst. Vom Augenblick Ihrer Zeugung an legten sie ein Verzeichnis aller Kosten an, und als Sie volljährig wurden, präsentierten sie die Rechnung.

Abrechnung

an: Sie
von: Ihren Eltern
Datum: Ihr 21. Geburtstag
Zahlungsbedingung: festgelegt durch Mami und Paps

Rechnung für geleistete Dienste wie folgt:
• Schwierige Schwangerschaft, 1954
• Durch schreiendes Baby zum Wahnsinn getrieben, 1954-1955
• Durch schreiendes Kleinkind zum Wahnsinn getrieben, 1955-1959
• Keine Gelegenheit, ohne Babysitter fortzukommen, 1954-1966
• Jeden übrigen Pfennig für Deine Nahrung und Kleidung ausgegeben, 1954-1974
• Vor Angst fast gestorben, daß Du die Grippe nicht überlebst, 1961
• Dich in der ganzen Stadt herumkutschiert, 1965-1970
• Dir den Wagen geliehen, 1970-1972
• Höhere Versicherungsprämien bezahlt, weil Du unseren Wagen zu Schrott gefahren hast, 1971/72
• Die Anzahlung für Deinen eigenen Wagen finanziert, 1973
• Mit Deinen Lehrern verhandelt, weil Du über die Stränge geschlagen hast, 1968-1969
• Mit der Polizei verhandelt, weil Du über die Stränge geschlagen hast, 1971
• Jeden übrigen Pfennig für Dein Studium ausgegeben, 1972-1977

Das sind lediglich Glanzlichter. Die Nutznießer haben Zeit, Mühe, Geld und Zuwendung in Sie investiert, jetzt sind Sie dran, mit gleicher

Münze zurückzuzahlen.

Jahrelang mußten sie verzichten - auf den Urlaub, neue Kleider, Freizeit - und zwar Ihretwegen. Aber es hat sich gelohnt, denn jetzt können Sie ihnen geben, was sie sich all die Jahre gewünscht haben: ungeteilte Zuwendung während ihres Lebensabends. Sie verlangen also:
- unbegrenzte Anrufe und Besuche,
- unbegrenzten Umgang mit den Enkelkindern,
- jemanden (Sie), der den tropfenden Wasserhahn repariert und ihnen beim Aussuchen eines neuen Teppichs hilft,
- jemanden (Sie), der ihnen das Leben erleichtert.

Sie sollen die Eltern glücklich machen. Sie sollen ihre Probleme lösen. Sie sollen ihr soziales Ansehen heben, den Wagen reparieren, ihnen etwas bieten, was sie den Nachbarn unter die Nase reiben können, und für den Rest ihres Lebens kostenlos den Möbelpacker für sie spielen.

So hatten Sie sich doch wohl Ihr Erwachsensein nicht vorgestellt, stimmt´s?

Wie man mit Nutznießern fertig wird

Der Umgang mit Nutznießern ist einfach - zumindest in der Theorie.

1. Versuchen Sie nicht, Ihre Eltern um jeden Preis glücklich zu machen.
2. Lassen Sie sich nicht unterbuttern.
3. Geben Sie dem, was für *Sie* das Beste ist, Vorrang vor dem, was für Ihre Eltern das Beste ist.

Wir wollen uns nun anschauen, wie man diese scheinbar einfachen Regeln gegenüber Anstellern, Antreibern, Hilflosen und Kumpelhaften durchsetzt.

Die Ansteller
„Ich weiß, du hast zu tun, aber es wär´ mir eine große Hilfe, wenn du vorbeikommen und die Garage streichen könntest."

Für manche Eltern sind Sie eine unerschöpfliche, kostenlose Arbeitskraft: Kostenlos hüten Sie das Haus, helfen beim Tapezieren, pflegen den Rasen. Ein Sohn, der gern bastelte, sagte: „Ich sehe meine Eltern nur bei besonderen Anlässen - zum Erntedankfest, an Weihnachten und immer, wenn etwas zu reparieren ist."

Die Ansteller, die mit einem Auge auf ihr Bankkonto schielen, haben überhaupt kein schlechtes Gewissen, Sie per Telefon zu „bitten", rüberzukommen und ihnen zu helfen. Weshalb einen Fremden bezahlen, wenn Sie die Arbeit umsonst machen?

Als die Eltern sich scheiden ließen, half Rudolf, ihr einziger Sohn, seinem Vater beim Umzug in eine andere Wohnung. Sechs Monate später beschloß seine Mutter, nicht länger allein in so einem großen Haus zu leben. Also half Rudolf, der einzige Sohn in der Familie, ihr beim Umzug in eine Wohnung.
Als sein Vater acht Monate später wieder heiratete, wurde Rudolf herbeizitiert und mußte beim Umzug in eine größere Wohnung helfen. Daraufhin befand Rudolfs Mutter, daß sie so weit wie möglich von Rudolfs Vater und dessen neuer Frau entfernt leben wollte. Also half Rudolf ihr beim Umzug in eine Wohnung am anderen Ende der Stadt.
Erschöpft gestand Rudolf: „In den vergangenen anderthalb Jahren hab´ ich mehr Möbel transportiert als ´ne internationale Großspedition. Und das alles fast umsonst, für ein paar Pizzas und soviel Cola, wie ich trinken konnte."

Es zählt nur, was nützt

Natürlich sind Ihre Eltern nur selten mit dem Geleisteten völlig zufrieden, aber sie können das tolerieren, solange Sie (oder Sie und Ihr Ehepartner), Ihre Zeit und Energie ausschließlich zum Wohle der Eltern einsetzen.

Sandras Mutter wies wiederholt darauf hin, wie schön es doch wäre, wenn Peter, Sandras Mann, ´mal vorbeikommen und sich die Heizung anschauen könnte - sie gebe in der letzten Zeit so seltsame Geräusche von sich. Also arbeitete Peter einen ganzen Samstagnachmittag daran.
Danach bekam Sandra nur zu hören: „Ich weiß nicht, seit Peter an der Heizung herumhantiert hat, riecht es komisch. Sag´ Peter nichts, wir wollen nicht seine Gefühle verletzen. Aber vielleicht ist ja die Gasleitung undicht, was meinst du? In der letzten Zeit fühl´ ich mich immer so schrecklich schwindlig. Ich will ihn um Himmels willen nicht kritisieren, schließlich war es ja sehr nett, daß er soviel Zeit in die Arbeit gesteckt hat - aber könnte es nicht sein, daß er ´was kaputt gemacht hat?"

Sandras Antwort: „Mami, wenn du glaubst, daß 'was nicht stimmt, dann laß' die Sache durch einen Fachmann überprüfen."
„Nein, nein", versicherte ihre Mutter, „es ist nicht nötig, jemanden zu holen, wenn Peter die Arbeit machen kann."

Obwohl all diese Dienstleistungen möglicherweise lästig, mit viel Arbeit und oft mit Nackenschmerzen verbunden sind, bringt Ihnen das bei den Anstellern keine Sympathie ein. Sie großzuziehen war ebenfalls lästig, mit viel Arbeit und oft mit Nackenschmerzen verbunden, aber *sie* haben das überlebt, oder etwa nicht? Reagieren Sie also besser sofort, wenn Ihre Eltern pfeifen.

Bernds Vater, Besitzer eines Bauunternehmens, war nicht allzu glücklich, als sein Sohn Friseur wurde. (Seiner Meinung nach traf „Weiberfriseur" Bernds Tätigkeit genauer. Er arbeitete in einem pickfeinen Hairstyling-Salon, und ab und zu schnitt er sogar *Frauen* das Haar). Aber immerhin bekam so der alte Mann seine Haare umsonst geschnitten. Immer wenn er einen Haarschnitt brauchte, rief er Bernd im Salon an und verkündete: „In 'ner halben Stunde bin ich da." Zunächst hatte Bernd nur wenige Kunden und konnte seinen Vater stets einschieben. Aber als die Arbeit zunahm, wurde das immer schwieriger.
Eines Samstagnachmittags rief Bernds Vater wieder an und verkündete: „Um halb drei komm' ich." Doch statt des üblichen „Fein, komm nur", sagte Bernd: „Paps, ich bin heute total ausgebucht. Samstags ist immer sehr viel los. Wie wär's denn mit Dienstag?"
Bernds Vater wurde sauer, spielte verrückt und platzte fast vor Wut. „Der Herr ist jetzt 'was Besseres, was? Hat keine Zeit mehr für seinen Vater? Als du auf die Friseurschule wolltest, hattest du 'ne Menge Zeit für mich. Na schön, ich jedenfalls meld' mich nicht an, nur damit ich meinen Sohn sehen kann. Ich laß' mir anderswo die Haare schneiden." Und damit knallte er den Hörer auf.

Was macht man, wenn einer großartig feststellt: „Ich hab' dir geholfen, hilf' jetzt gefälligst mir"?

Das fiktive Schuldenkonto

Auch wenn Sie es vielleicht nicht glauben: Sie müssen nicht bei jedem Pfiff Ihrer Eltern springen. Sie sind kein Lohndiener und nicht verpflichtet, Ihre „Schuld" abzuarbeiten.
Die große Neuigkeit lautet: Sie haben keine Schulden. Ihr „Schul-

den"-Konto existiert nicht. Es hat nie existiert. Es existiert allein in den Köpfen Ihrer Eltern; die haben es erfunden und halten daran fest. Es ist eine fiktive Rechnung, die Sie nicht bezahlen müssen.

„Aber", werden Sie einwenden, „meine Eltern haben doch so viel für mich getan. Sie haben mich großgezogen, mir ein Dach über´m Kopf verschafft, mich genährt und umsorgt. Es hat mir an nichts gefehlt."

Was, so frage ich Sie meinerseits, sollten sie denn anderes tun - ihr Kind auf die Straße setzen, es bis zum 16. Lebensjahr in den Keller sperren oder an Zigeuner verkaufen?

Wir wollen das ganz nüchtern betrachten. Wer wollte denn ein Kind, wer es großziehen, statt zur Adoption freigeben? Ihre Eltern. Wer verzichtete freiwillig auf Karriere und blieb daheim? Ihre Mutter. Wer hielt freiwillig 20 Jahre am selben Arbeitsplatz aus, um seine Familie ernähren zu können? Ihr Vater.

Sie wurden nicht gefragt. Ihre Eltern entschieden alles allein, und es ist nicht Ihre Aufgabe, Wiedergutmachung zu leisten, wenn ihnen die Konsequenzen ihrer Entscheidungen nicht gefallen.

Sie schulden Ihren Eltern nur zweierlei:
1. auf sich aufzupassen und ihnen nicht zur Last zu fallen,
2. und darauf zu achten, daß sie versorgt sind - was nicht heißt, daß Sie selber das tun müssen -, wenn sie sich nicht mehr selber versorgen können.

Mehr nicht. Das genügt. Sie müssen sie nicht bei Laune halten, müssen nicht Tierarzt wie Ihr Vater werden oder ihren Küchenboden aufwischen - oder was sie sonst noch für Wünsche haben mögen.

Druck kommt von innen

Niemand kann Sie unter Druck setzen, es sei denn, Sie selbst lassen es zu. Wenn Ihr Nachbar verlangt, daß Sie rüberkommen und den Schnee aus seiner Auffahrt schaufeln, können Sie ihm ohne weiteres - ohne Zögern, Schuldgefühle oder Gewissensbisse - sagen, er soll sich zum Teufel scheren. Sie können auch sagen: „Tut mir leid, mein Freund, ich geh´ ins Kino."

Aber wenn die Eltern so ´was verlangen, spielt sich alles ganz anders ab.

„Liebling", sagt Ihre Mutter, und ihre Stimme klingt dabei ganz hilflos, „könntest du vielleicht, falls es nicht zu viel Umstände macht, am Nachmittag vorbeikommen und unsere Auffahrt freischaufeln? Wir bekommen nicht 'mal die Garagentür auf." Oh Gott. Lust haben Sie keine, aber was ist, wenn Sie nein sagen? Sie werden sich selber an die Arbeit machen. Vielleicht fällt Ihre Mutter dabei hin und bricht sich das Hüftgelenk. Vielleicht ist bei dem heftigen Schneefall auch das Telefonnetz zusammengebrochen, und Paps bekommt die Garagentür nicht auf. Und wenn doch, dann bleibt der Wagen in der zugeschneiten Auffahrt stecken, und Mami liegt mit Schmerzen im Wagen, und wenn es ein offener Bruch ist, hat sie sich womöglich die Arterie aufgerissen und wird verbluten, bevor Paps sich durch den Schnee zum Nachbarhaus durchkämpfen und einen Krankenwagen herbeirufen kann, und wenn er endlich bei den Nachbarn ist, sind die womöglich nicht daheim und ...

„Ich komm´ sofort", sagen Sie. Ihre Eltern haben recht. Sie sind wirklich die einzige Person auf der Welt, die mit so einer Notlage fertig wird. Nur Sie verstehen sich auf's Schneeschaufeln und können die drohende Katastrophe verhindern. Und nur Sie verlangen für diesen Dienst einen fairen und vernünftigen Preis: nichts.

Sagen Sie nein

Die Sprache kennt eine wunderschönes kleines Wort, mit dem sich jedes Problem, das Sie mit Ihren Eltern haben, lösen läßt. Es lautet: *Nein.*, groß N, groß E, groß I, groß N, groß NEIN. Nein, tut mir leid. Nein, ich kann nicht. Nein, ich hab´ keine Zeit. Nein, ich hab´ nicht die Kraft dazu. Nein, ich versteh´ nichts davon. Nein, tut mir leid. Das wirkt wie eine Zauberformel.

Ich weiß, Sie haben so etwas noch nie getan. Trotzdem sollten Sie es einfach 'mal auf einen Versuch ankommen lassen. Fassen Sie sich ein Herz, sagen Sie nein zu Ihren Eltern.

Beschließen Sie, daß man das Schneeproblem auch anders lösen kann, daß man deshalb nicht 45 Minuten lang durch einen Schneesturm bis ans andere Ende der Stadt fahren muß. Das Gespräch könnte in etwa folgendermaßen ablaufen:

„Mami, bei dem Wetter fahr´ ich nirgends hin."
„Ich weiß, es ist schrecklich draußen, mein Lieber, ich selber würd´ auch nicht im Traum daran denken, dich darum zu bitten. Aber wenn du nicht kommst, geht dein Vater raus und schaufelt die Auffahrt frei. Übrigens richtet er bereits die Schaufel her. Ich hab´ so schreckliche Angst, daß er wieder einen Herzanfall bekommt."
„Mami, warum gibst du nicht einfach Robert, der in eurer Nähe wohnt, fünf Mark, damit er´s macht? Er ist 16 - für Geld macht der

alles."
„*Fünf* Mark, nur um die Auffahrt freizuschaufeln? Das ist absurd."
Sie seufzt. „Mein Rheuma plagt mich heut´ nicht so arg wie sonst. Ich werd´s wohl selber schaffen."

Halten Sie einen Augenblick inne. Bevor wir fortfahren, muß Ihnen klar sein, daß das Schneeschaufeln nicht das eigentliche Problem ist. Das eigentliche Problem ist, daß Mami dadurch, daß Sie rüberkommen und den Schnee von der Auffahrt schaufeln, beweisen will, daß ihr Kind sie immer noch liebt und unter ihrer Fuchtel steht.
Tun Sie es nicht. Wenn Paps trotz seines schwachen Herzens wirklich Schnee schaufeln will und Ihre Mutter ihn tatsächlich nicht daran hindert, dann ist jede weitere Diskussion sinnlos. Rufen Sie selber Robert an, versprechen Sie ihm fünf Mark, damit er die Auffahrt freischaufelt. Falls Ihre Eltern ihn daran hindern wollen (das tun sie sicher), soll er sagen, er sei bereits dafür bezahlt worden. Eltern, die etwas auf sich halten und sich auch nur im entferntesten an die Zeit der großen Wirtschaftskrise erinnern, werden auf keinen Fall bereits bezahlte Waren und Dienstleistungen ausschlagen. Warten Sie dann auf Mutters Anruf.

„Das war sehr nett von dir, mein Lieber, daß du Robert gebeten hast, unsere Auffahrt freizuschaufeln. Für fünf Mark hätt´ er´s allerdings gründlicher machen können."
„Kommt ihr aus der Auffahrt ´raus, Mami?"
„Ja, aber -"
„Dann hat Robert die fünf Mark redlich verdient."

Achten Sie darauf, daß Ihre Eltern beim nächsten Mal Robert selber anrufen. Oder stellen Sie Robert bis April für´s Schneeschaufeln an. Sagen Sie Ihren Eltern, das sei Ihr Weihnachtsgeschenk.
Lassen Sie aber nicht zu, daß Ihre Mutter Ihnen Schuldgefühle einimpft.

„Ich weiß, Robert gibt sich große Mühe, aber dein Vater mußte doch ´raus und ihm helfen."
„Mutter, wenn du Paps Schnee schaufeln läßt, muß ich annehmen, daß du ihn umbringen und seine Lebensversicherung kassieren willst. Wenn Robert seine Arbeit nicht ordentlich macht, dann gibt es in eurer Nachbarschaft mindestens sechs weitere Jungen, die das machen können."
„Schon. Aber eigentlich sehe ich nicht recht ein, weshalb du das

nicht machen konntest."
"Ich wollte nicht. Sag´ jetzt nicht, daß ich ein undankbares Kind bin. Ich bin´s nicht - und als Beweis hab´ ich einen Beleg über fünf Mark."

Schneeschaufeln ist vielleicht nicht Ihr Problem, aber aktiver Widerstand und das Wörtchen *Nein* helfen immer.

Lösen Sie das Problem im voraus

Wenn man vermeiden will, daß Ansteller einen emotional auf die Knie zwingen, sollte man vorbeugende Maßnahmen ergreifen.

Glücklicherweise künden Ansteller stets und wiederholt an, daß sie Sie mit Beschlag belegen wollen. Schon Monate zuvor lassen sie die Bemerkung fallen, daß sie den Schuppen hinter´m Haus ausräumen wollen - einige der Kisten sind, du meine Güte, ganz schön schwer. Sie reden davon, neue Möbel zu kaufen, und denken laut darüber nach, wo man das alte Zeug lagern könnte. Sie beklagen sich, daß der Rasenmäher nicht so recht funktioniert.

Unser Freund Bernd wußte, daß die Taktik seines Vaters, sich nicht anzumelden, am Ende zu Problemen führen würde, aber er tat nichts dagegen. Sobald er mehr Kunden hatte, hätte er seinen Vater warnen sollen, daß er ihn möglicherweise nicht kurzfristig drannehmen könne. Besser wäre es, wenn er selber den Termin festlegt: "Müßtest du dir nicht ´mal wieder die Haare schneiden lassen, Paps? Mein Terminkalender ist im Augenblick ziemlich voll. Wie wär´s mit nächster Woche? Dienstag um vier?"

Als Sandra, die wußte, daß sie ihrer Mutter nichts recht machen konnte, merkte, daß die Hinweise sich häuften, hätte sie zu ihr sagen können: "Ich hab´ Peter gebeten, die Heizung zu reparieren, aber er sagt, er versteht nichts von so ´ner Heizung, wie ihr eine habt. Er ist aber gern bereit, sich umzuhören und jemanden für euch aufzutreiben."

Ansteller lassen sich leichter bekämpfen, wenn sie es auf Ihren Ehepartner abgesehen haben. In Peters Abwesenheit hätte Sandra Ihrer Mutter sagen können: "Ich schaff´ es anscheinend nicht mehr, Peter zum Ausspannen zu bewegen - für ihn zählt nur Arbeit, Arbeit, Arbeit. Ich weiß, daß eure Heizung nachgesehen werden muß. Aber ich versuch´ ihn schon die ganze Zeit dazu zu bringen, daß er ausspannt. Könntet ihr dieses Jahr nicht jemand anders anstellen? Übrigens, sag´ Peter nichts davon. Er wär´ sauer, wenn er den Eindruck bekäm´, ich würd´ ihm da ´was wegnehmen, was er doch gerne macht. Du weißt doch, wie sehr er euch zwei mag."

Die Antreiber
„Was heißt, du willst nicht Arzt werden? Natürlich wirst du Arzt."

Alle Eltern glauben, daß ihre Kinder eines Tages besser aussehen, schlauer, erfolgreicher und glücklicher werden, als sie selber es waren. (Welchen Grund hätte man denn sonst, Kinder zu bekommen?) Als Sie noch im Mutterleib ruhten, stand für Ihre Eltern bereits fest: Eines Tages sind Sie Präsident, Nobelpreisträger oder der erste, der es schon auf der Mittelstufe zum Millionär bringt.

Irgendwann zwischen dem Trotzalter und den ersten Rechenkünsten nehmen die meisten Eltern dann Abschied von solchen Wunschträumen - nicht aber die Antreiber. Sie warten weiter darauf, daß Sie in die Regierung einziehen oder die Fahrkarte nach Stockholm bekommen.

Typologie der Antreiber

Drei zu Herzen gehende Typen von Antreibern lassen sich unterscheiden:

Die *sozialen Aufsteiger* wollen durch Sie ihre gesellschaftliche Stellung aufwerten - wenigstens bei den Nachbarn. Sind Sie Schauspieler (mit Engagement), Autor (gedruckt), Fußball-Profi oder Rock-Star, vergrößert das *ihren* Ruhm. Sind Sie Arzt, Rechtsanwalt oder Präsident von IBM, dann zollt man *ihnen* mehr Respekt. Sind Sie reich, macht sie das überglücklich.

Zumindest erwarten sie, daß ihr Kind besser ist als die Kinder ihrer Freunde. Wenn Sie - sagen die Psychologen - erfolgreicher sind, dann waren sie die besseren Eltern.

Die *Bannerträger* erwarten, daß Sie eine bestimmte Tradition fortführen. Sie beginnen ihre Sätze mit „In dieser Familie" und schließen sie mit der Wendung „wurden bisher alle Rechtsanwalt", „hatten alle ein Uni-Diplom" oder „ist es üblich, den Kindern Klavierunterricht zu geben". Sie sollen sich in diese Familientradition einreihen.

Die *Träumer* wollen, daß Sie ein bestimmtes Ziel erreichen, und zwar das, welches sie selber nicht erreicht haben. Wenn es nach ihnen geht, werden Sie Schauspieler oder Präsident einer der 500 größten Firmen. Träumer sind dann besonders aufdringlich, wenn sie glauben, daß sie wegen der Kinder ihre eigenen Träume nicht verwirklichen konnten. Sie haben diesen Traum zerstört, Sie können ihn wieder lebendig werden lassen.

„Wir tun das doch nur für dich"

Antreiber wollen Sie - und sich selbst - davon überzeugen, daß alles, was sie tun, nur Ihrem Wohle dient. Vor allem Mütter hält man für selbstlose Wesen: ganz Liebe, Hingabe, Aufopferung und nur am Glück der Kinder interessiert.

Schön und gut. Aber in Wirklichkeit meint „zu deinem Wohl" oft zu *ihrem* eigenen Wohl.

Die Eltern des 27-jährigen Davids wiesen ihren Sohn ständig darauf hin, wie wenig er doch als Zeitungsreporter verdiene. „Wenn man bedenkt, wieviel Stunden du dafür opferst, zahlen sie dir verdammt wenig. Sie nutzen dich aus", sagten seine Eltern dann. „Macht es dir gar nichts aus, so wenig zu verdienen und in so einem schäbigen Einzimmer-Appartement zu hausen?" Seinen Eltern machte es sehr viel aus.
Obwohl David gern bei der Zeitung arbeitete, ging ihm das ständige Nörgeln wegen seines Gehalts mit der Zeit an die Nieren. Als eines Tages sein Chef herumbrüllte, daß gleich Redaktionsschluß sei, sprang David auf, sagte: „Für diese beschissene Arbeit zahlen Sie mir zu wenig" und ging.
Zur Freude der Eltern nahm David eine Stelle als Versicherungsvertreter an. Er verdient jetzt das Doppelte, kann sich ein hübsches Haus und einen Wagen leisten, und seine Eltern sind entzückt. Aber jeden Morgen findet David nur mit Mühe aus dem Bett, weil er diesen Beruf haßt.

Sybille, eine Programm-Analytikerin, verlobte sich mit einem Englischprofessor einer kleinen Universität. Sie war so glücklich wie schon lange nicht mehr, aber als sie ihrer Mutter am Telefon die gute Nachricht mitteilte, war die einzige Antwort - Schweigen.
„Was ist, Mami? Bist du nicht mit mir glücklich?"
„Natürlich, Liebes", antwortete die Mutter mit Trauer in der Stimme. „Es ist nur, ich hab´ halt gehofft, du heiratest ´mal einen deiner Chefs, einen, der 70 oder 80 000 Mark im Jahr heimbringt."

Falls man Sie drängt, anspornt, Ihnen Tips gibt oder Sie regelrecht auffordert, so zu handeln, wie die Eltern das wollen, dann sollten Sie schlicht fragen: „Wem soll das nützen, euch oder mir? Wem nützt das wirklich, euch oder mir?" Wundern Sie sich nicht über die Antwort: „Nun, Liebes, dir natürlich. Wir wollen doch nur dein Bestes."
„Aber wenn ich euch nachgebe und dann unglücklich bin", könnten

Sie antworten, „wie kann das zu meinem Besten sein?"
„Weil du nicht den Überblick hast. Du begreifst nicht, wie sehr du später einmal davon profitieren wirst. Du hast nicht unseren Weitblick. Also damals, auf der Oberschule -."
„Bin ich noch auf der Oberschule?"
„Nein, aber das ist vergleichbar", werden sie sagen.
„Überhaupt nicht. Damals war ich 16. Jetzt bin ich alt genug und weiß, was ich tue."

Wovor haben Sie Angst?

Jeder, der älter als 21 ist und sagt: „Ich würde ja gern dies oder jenes machen, aber meine Eltern würden das nie verkraften", ist ein Feigling. Entweder hat er Angst vor seinen Eltern, oder er hat Angst, seine eigenen Wünsche zu verwirklichen. Und deshalb schiebt er die Wünsche der Eltern vor. Seien Sie Ihren Eltern gegenüber aufrichtig, sagen Sie ihnen die Wahrheit.

> Der Antreiber: Mit dieser Beförderung hast du eine gute Chance, Vizepräsident zu werden.
> Sie: Ich weiß, aber ich bin entschlossen, sie abzulehnen. Ich bin schon jetzt kaum noch zuhause. Wenn ich befördert werde, bin ich noch mehr unterwegs.
> Der Antreiber (entgeistert): Das kannst du doch nicht machen!
> Sie: Und ob ich das kann. Schließlich geht´s um *meine* Karriere.
> Der Antreiber: Das wird dir noch leid tun. Wenn du diese Aufstiegschance ausschlägst, wirst du es in der Firma nicht weit bringen.
> Sie: Mir ist das Risiko klar, und ich weiß es zu schätzen, daß du dir Sorgen machst. Aber ich hab´ lang darüber nachgedacht. Für mich ist es das einzig Richtige, das Angebot abzulehnen.

Antreiber werden sich dieses in ihren Augen bizarre Verhalten zu erklären versuchen. Sie werden sagen: „Du bist einfach zu müde" oder: „Die Kinder belasten dich". Und sie werden Ihnen folgenden Rat geben: „Spann´ doch einfach mal ein paar Tage aus, dann fühlst du dich gleich besser."

Betrachten Sie es als das, was es in Wahrheit ist: eine Beleidigung Ihrer Fähigkeit, eine Situation zu analysieren und die richtige Entscheidung zu treffen. Machen Sie das Ihren Eltern ohne Umschweife klar. Entschuldigen Sie sich nicht, und ändern Sie auch nicht Ihre Meinung. Sagen Sie ihnen, daß Sie so leben werden, wie *Sie* es für richtig halten.

Sie gegen die Freunde der Eltern

Und lassen Sie sich auch nicht von solchen Eltern beschimpfen, denen es vor allem wichtig ist, was ihre Freunde wohl denken.

Margit machte in ihrer Firma schnell Karriere und wurde schließlich Verkaufsdirektorin. Ihre Eltern daheim waren sehr stolz und prahlten gegenüber ihren Freunden, wie erfolgreich Margit doch sei - zumal keines von den Kindern ihrer Freunde auch nur annähernd so erfolgreich war.

Aber die großartige Beförderung war nicht von Dauer. Margits aggressiver Führungsstil, mit dem sie bislang Erfolg gehabt hatte, kam bei den Verkäufern nicht gut an - die meisten waren schon seit Jahren in der Firma, und sie waren deutlich älter als Margit. Nach sechs Monaten hatte sie wieder ihre alte Stelle. Die Eltern waren nicht nur enttäuscht, sie waren peinlich berührt. „Wir haben all unseren Freunden von deiner Beförderung erzählt", sagten sie bestürzt, „was sollen wir denn jetzt sagen?"

Nach einigem Nachdenken fiel ihnen folgende geniale Lösung ein: „Wenn jemand fragt, sagen wir einfach, daß du immer noch Verkaufsdirektorin bist. Dann brauchen wir nicht zu erklären, warum es nicht geklappt hat. Niemand hier in der Gegend wird den Unterschied merken."

Margit verdient mehr Respekt, und sie hat ein Recht auf bessere Behandlung.

Die Hilflosen

„Ich weiß nicht, was ich tun soll. Kümmer´ dich doch mir zuliebe drum, ja?"

Die Hilflosen fühlen sich schutz- und hilflos den übermächtigen Anforderungen des Lebens ausgeliefert. Deshalb wollen sie, daß ihr Kind, Sie, sie rettet. In der Wildnis ertönt ihr Ruf: „Ich kann nicht", „Ich weiß nicht wie", „Ich hab´ Angst" und „Kannst du das nicht für mich erledigen, bitte?"

Selten sind das Herkules-Aufgaben. Selten sagt einer der Eltern: „Ich bin unterwegs ins Krankenhaus, um die Ergebnisse meiner Gewebeuntersuchung zu holen. Der Doktor sagt, es sieht nicht gut aus. Es wär´ mir sehr lieb, du wärst dabei, wenn ich die Ergebnisse bekomme."

Nein, es sind Aufgaben wie die folgenden:
- „Ich kann mein Konto nicht ausgleichen."
- „Ich weiß nicht, wie man eine Zapfsäule bedient."

• „Ich hab´ Angst, die E-Werke wegen dieser Rechnung über 965 Mark anzurufen. Vielleicht hab´ ich ´was Unrechtes getan."

Nur ungern machen die Hilflosen selber etwas oder lernen dazu. Sie sind nur dann glücklich, wenn Sie sich um sie kümmern.

Bei den Hilflosen handelt es sich gewöhnlich um Mütter. Oft sind sie verwitwet oder geschieden. Aber Väter können genauso schlimm sein. Ein Mann, der zu Lebzeiten seiner Frau sein Haus durch Anbau um 3 Zimmer vergrößerte, ist nach ihrem Tod oft nicht in der Lage, eine Waschmaschine richtig zu füllen. Die Hilflosen wollen vor allem Zuwendung, und die bekommen sie durch ihr hilfloses Verhalten ... manchmal wissen sie sich wirklich nicht zu helfen.

Weil Elisabeths geschiedene Mutter nicht mehr an Vergangenes erinnert werden wollte, richtete sie ihr Schlafzimmer neu her. Eines Nachmittags rief sie Elisabeth an. „Ich bin gerade im Einkaufszentrum gewesen und habe neue Vorhänge, Bettücher und Bettüberwürfe für´s Schlafzimmer gekauft", sagte sie. „Könntest du vielleicht rüberkommen und mir helfen, die Sachen ins Haus zu tragen?"
„Sind sie im Wagen?" fragte Elisabeth verwirrt.
„Ja, du kannst dir nicht vorstellen, wie schwer diese Überwürfe sind."
„Wie hast du sie dann in den Wagen bekommen?"
„Ich hab´ sie natürlich getragen. Daher weiß ich ja, wie schwer sie sind."
„Mutter, wenn du sie schon zum Wagen getragen hast, warum dann nicht ins Haus?"
„Weil", antwortete ihre Mutter entrüstet, „zwei Sets bodenlange Vorhänge, zwei Sets Leintücher und zwei Bettüberwürfe sicher über 100 Pfund wiegen."
„Aber du mußt doch nicht alles auf einmal schleppen, oder? Weshalb nicht eins nach dem andern?" schlug Elisabeth vor.
„Nimm erst einen Set Kissenbezüge, dann den nächsten - und so weiter bis zu den Überwürfen."
„Sag´ doch gleich offen heraus, daß du mir nicht helfen willst", sagte ihre Mutter empört.

Wenn Ihre zehnjährige Tochter den Geschirrspüler nicht bedienen kann, macht Ihnen das nichts aus. Aber wenn Ihre 60-jährige Mutter das nicht schafft, fahren Sie aus der Haut.

Sie erwarten nicht, daß Ihr Sohn, wenn er noch in die dritte Klasse geht, weiß, wie man einen Knopf annäht oder eine Büchse Ravioli heißmacht, aber wenn es Ihr 65 Jahre alter Vater ist?

Sie wußten, daß man, als Sie älter wurden, von *Ihnen* Selbständigkeit erwartete, aber Sie erwarten das auch von den Eltern.

Als habe man mehr Kinder

Behandeln Sie einen solchen Rückfall in kindliches Verhalten so, wie Sie das bei Ihren eigenen Kindern machen - es sei denn, er ist auf Krankheit oder ein Gebrechen zurückzuführen.

> Mami: Ich kann den Wagen nicht in die Werkstatt bringen. Ich weiß nicht, was ich dort sagen soll.
> Sie (sehr geduldig): Was glaubst du denn, was du dort sagen sollst?
> Mami (bekümmert): Ich weiß nicht.
> Sie: Sag´ doch einfach, daß der Auspuff komische Geräusche von sich gibt.
> Mami (ein Dutzend fettverschmierter, finster blickender Barbaren vor Augen): Aber sie wollen doch sicher wissen, was kaputt ist.
> Sie: Nein. Ihre Aufgabe ist es, *dir* zu sagen, was kaputt ist.
> Mami: Aber ich hab´ noch nie den Wagen zur Reparatur gebracht. Sicher berechnen sie zuviel, verkaufen mir unnötige Ersatzteile. Sicher lassen sie mich den ganzen Tag in einem dreckigen Warteraum hocken.
> Sie: Mutter, ich versteh´ ebenfalls nichts von Autos. Wenn du also niemanden findest, der es für dich macht, mußt du halt selber hingehen und dein Glück versuchen. Glaub´ mir, beim ersten Mal ist es immer am schwersten.

Auch Ihre Eltern sind Erwachsene

Wenn die Eltern Sie um Hilfe bitten, denken Sie daran: Sie sind *nicht* verpflichtet, sich um sie zu kümmern. In Wirklichkeit sind sie nämlich recht selbständig.

> Hans´ verwitwete Mutter hatte mehrere Jahre in einem Haushaltswarengeschäft gearbeitet, ehe sie sich schließlich entschloß, ein eigenes Geschäft aufzumachen. Obwohl sie dabei nicht reich wurde, lief der Laden doch so gut, daß er die Unkosten deckte und sogar einen kleinen Gewinn abwarf. Die Pension ihres verstorbenen Mannes reichte gut zur Befriedigung ihrer persönlichen Bedürfnisse. Eines Tages rief sie Hans an.

„Wenn ich nicht die Miete für meine Wohnung zahlen müßte", sagte sie, „könnte ich mir ein besseres Warenangebot zulegen, etwas Werbung treiben und wirklich 'was aus dem Laden machen. Im übrigen, seit dein Vater von uns gegangen ist, fühl' ich mich sehr einsam. Ich kann dir nicht sagen, wie ich das Alleinsein satt habe. Und mit meiner Gesundheit scheint es auch bergab zu gehen. Ich hab' Angst, daß ich einen Schlaganfall bekomme oder stürze und mir das Bein breche; man würde mich sicher erst nach Tagen finden."
Hans, der sonst ein heller Kopf war, überredete seine Frau, die Mutter aufzunehmen. Um Probleme zu vermeiden, setzten sich die drei zusammen und legten schriftlich fest, welchen Teil des Hauses Mutter benutzen konnte, für welche Mahlzeiten und Putzarbeiten sie zuständig war, wie oft sie auf die Kinder aufpassen sollte, usw.
Einen Tag nach ihrem Einzug warf Mami ihren Durchschlag mit den Regeln in den Abfalleimer. Sie weigerte sich nicht nur, ihren Teil der Putzarbeit zu verrichten, sie weigerte sich sogar, ihr eigenes Zimmer zu putzen - sie sei nicht gesund, behauptete sie. Hans' Frau gegenüber beklagte sie sich, daß Hans zu den Kindern zu streng sei und deren Entfaltungsdrang hemme. Hans gegenüber beklagte sie sich, daß seine Frau sie nicht leiden könne und grob zu ihr sei, sobald er das Haus verlassen habe. Den Kindern sagte sie, die Eltern seien gemein und selbstsüchtig, weil sie ihnen nicht die gewünschten Kleider und Spielsachen kaufen würden.
Nicht einmal drei Monate später war Hans' Mutter wieder in ihrer eigenen Wohnung, und man sprach nicht mehr miteinander.

Es ist ein Gesetz der Natur, daß Hilflose umso hilfloser werden, je mehr man ihnen hilft. Wenn Sie sie nicht daran hindern, dann belegen sie Sie mit all Ihren guten Absichten völlig mit Beschlag, daß für andere nichts mehr übrigbleibt.

Ihre Eltern sind keine Kinder mehr. Sie sind erwachsen. Behandeln Sie sie also wie Erwachsene - auch wenn es ihnen nicht gefällt.

Machen Sie Ihre Eltern nicht hilflos

Wenn es etwas gibt, das schlimmer ist als hilflose Eltern, dann sind das erwachsene Kinder, die ihre Eltern hilflos machen, obwohl die sehr wohl selbst für sich sorgen könnten.

Kümmert sich denn wirklich kein Mensch um diese alten Leutchen, wenn Sie es nicht tun? Das mag schon stimmen, falls die Eltern senil, bettlägrig oder geistig verwirrt sind. Falls dies aber nicht zutrifft, dann handelt es sich bei Ihnen möglicherweise um einen Anfall falsch verstandener Nächstenliebe. Daß eine 65-jährige Frau in die Küche geht, um etwas zu holen, und dann nicht mehr weiß, was es war, heißt noch lange nicht, daß sie ins Heim muß (wäre das der Fall, müßten wir alle eingesperrt werden). Wenn Sie Ihrem 70-jährigen Vater etwas sagen, was er zwei Sunden später vergessen hat, dann hat er es zwei Stunden länger behalten als Ihr 14-jähriger Sohn. Weder Ihr Vater noch Ihr Sohn leiden an der Alzheimerschen Krankheit - sie haben nur einfach nicht aufgepaßt.

Wenn Ihr Vater das erste Mal fragt: „Was hast du gesagt?", sollten Sie nicht gleich mit ihm zum nächsten Laden für Hörgeräte gehen. Quälen Sie Ihre Mutter nicht ständig mit der Bemerkung, daß sie sich doch einen Pullover anziehen soll, damit sie sich keine Lungenentzündung holt. Hören Sie endlich auf zu glauben, daß die alten Leutchen dem Untergang geweiht sind, wenn Sie sich nicht um sie kümmern.

Kürzlich veröffentlichte ein für mehrere überregionale Zeitungen schreibender Journalist den Brief einer Frau, die schrieb, daß das Haus ihrer Eltern mit Trödel vollgestopft sei. Sie wollte nun wissen, was sie dagegen unternehmen solle. Nichts wies darauf hin, daß der Trödel ein grundsätzliches oder feuerpolizeiliches Risiko darstellte; es war einfach Zeug, das die Eltern in vielen Jahren angehäuft hatten und von dem sie sich nicht trennen mochten.

Der Journalist riet der Tochter, alles aus dem Haus zu räumen, einen Flohmarkt zu organisieren und so die Sachen loszuwerden. Sie sollte das Ganze zugunsten einer Wohlfahrtsorganisation veranstalten und am Abend den unverkauften Trödel einsammeln, damit die Eltern nicht in Versuchung - oder imstande - waren, das Zeug wieder im Haus zu verstauen.

Das ist, gelinde gesagt, ein seltsamer Rat. Ich fragte mich, wie dieser Journalist sich wohl fühlen würde, wenn eines Tages *seine* Kinder in sein Haus eindringen, seinen ganzen Trödel verkaufen und den Rest wegschaffen würden. Wetten, daß er sich zu Tode ärgern würde?

Weder Ihre Eltern noch Sie selber wollen wie hilflose Kinder behandelt werden. In den vergangenen 60 oder 70 Jahren sind sie ganz gut allein zurechtgekommen, vielen Dank; sie brauchen Sie nicht, um ihr Leben zu meistern - selbst wenn Sie sie gern unter Kontrolle hätten. Machen Sie es sich also nicht so schwer, kümmern Sie sich um Ihre eigenen Angelegenheiten.

Die Kumpelhaften
„Du bist mein bester Freund."

Den Kumpelhaften erscheint - wie den Ängstlichen und den Hilflosen -

ihr Leben leer: zu wenige Freunde, Hobbies, Arbeit oder Liebe. Aber sie sind davon überzeugt, daß Sie ihnen aus ihrem Tief heraushelfen. Jeden Tag rufen sie an. Einmal pro Woche wollen sie mit Ihnen essen oder einkaufen gehen. Sie möchten mit Ihnen in Urlaub fahren und, wann immer es möglich ist, bei Ihnen sein.

Eine Frau formulierte es so: „Meine Mutter will, daß wir Freunde sind."

Weshalb können wir nicht Freunde sein?

Seien wir ehrlich. Wären Paps und Mami einfach zwei von den Leuten, mit denen Sie arbeiten, dieselbe Kirche besuchen oder die im selben Viertel wohnen, würden Sie wahrscheinlich nicht auf Freundschaft aus sein. Sie würden freundlich mit ihnen plaudern, wenn sie Ihnen zufällig begegnen würden. Es ist schwierig, mit Menschen befreundet zu sein, die 20, 30 oder 40 Jahre älter sind und einfach ganz andere Interessen und Einstellungen haben.

Jetzt machen Sie all das, was sie vor Jahren getan haben - heiraten, Kinder großziehen, Karriere machen -, und Ihre Eltern erliegen nur zu gern der Versuchung, den Ratgeber zu spielen. Sie müssen Sie einfach in den Genuß jahrelanger Erfahrung kommen lassen. Und das bei jeder sich bietenden Gelegenheit.

Hören Sie auf, Ihre Eltern zu gängeln

Wenn Sie zulassen, daß Ihre Eltern Ihre besten Freunde sind, dann halten Sie sie davon ab, ein normales Leben zu führen. Wenn Sie ihre Leere füllen, haben die Eltern keinen Anreiz mehr, Freundschaft mit Gleichaltrigen zu schließen, eine neue Ehe einzugehen, eine ehrenamtliche Tätigkeit zu übernehmen, einen Beruf zu ergreifen oder einem Verein beizutreten.

Bei Ihnen müssen sie sich nicht gut anziehen, das Haus putzen oder höflich sein. Sie wissen, daß Sie sie nicht abweisen werden - denn ständig erinnern sie Sie daran, daß Sie ja ihr Kind und ihnen auf ewig verbunden sind. Auf diese Weise helfen Sie ihnen nicht; Sie nehmen ihnen nur die Luft zum Atmen.

Wie man sich löst

Sie sollten Ihren Eltern nicht etwas vormachen und dann einfach das Weite suchen. Das ist nicht fair und verletzt ihre Gefühle. Seien Sie einfach aufrichtig zu ihnen:

„Ihr seid zu sehr von mir abhängig. Führt doch ein eigenes Leben mit eigenen Freunden. Ihr habt es nicht nötig, euch mit jemandem abzugeben, der 25 Jahre jünger ist, selbst wenn ich dieser Jemand bin. Wir wollen den Umgang auf einmal pro Woche beschränken" - oder einmal im Monat oder einmal am Tag oder je nach Bedarf.

Zunächst einmal werden sie jammern. Sie werden sagen, daß Sie sie im Stich lassen, sie nicht lieben (ja sogar hassen), es an Achtung fehlen lassen, nicht wissen, wie sehr sie Sie lieben, vielleicht gar etwas im Schilde führen, von dem sie nichts wissen sollen.
Sagen Sie ihnen, daß nichts von alledem stimmt. „Euer Leben dreht sich nur um mich, das ist nicht gut. Marianne drängt euch schon lang, in ihrem Bürgerverein mitzuarbeiten, macht doch mit! Was ist mit der Gruppe von der Kirche, die ihr immer besucht habt? Oder wie wär´s mit einem Heimwerkerkurs? Ihr könntet dann die Reparaturen im Haus selber machen?"
Ihre Eltern haben sicher 1001 Entschuldigungen parat, weshalb das alles nichts taugt, aber Sie sollten nicht lockerlassen:
„Einmal pro Woche, Leute - oder auch weniger - bis ihr endlich aufhört, mir die ganze Last eures gesellschaftlichen Umgangs aufzubürden."

Falls die Eltern die Kumpelrolle noch nicht verinnerlicht haben, sollten Sie sorgsam darauf achten, ob sie Anstalten machen, in die Rolle des besten Freundes zu schlüpfen.

Doris, eine Fernsehmoderatorin, war mit einem weiter weg stationierten Armeeangehörigen verlobt. Die Hochzeit sollte in ihrer Heimatstadt stattfinden. Weil das ziemlich viel Aufwand erforderte und Doris einen vollen Terminkalender hatte, plante ihre Mutter das Ganze mit Hilfe einer Firma, die sich auf das Ausrichten von Hochzeiten spezialisiert hatte. Doris und ihre Mutter konferierten in der Regel einmal am Tag miteinander (dreimal am Tag, wenn sie sich stritten, ob Doris einen Schleier tragen sollte).
Als sie einmal ausnahmsweise zwei Tage hintereinander nicht telefonierte, rief Doris´ Mutter gleich danach an: „Seit *zwei Tagen* hör´ ich nichts mehr von dir. Ist bei dir alles in Ordnung?"
Da Doris klug war, möglichen Ärger schon im Ansatz zu erkennen, sagte sie: „Es ist dir doch wohl klar, Mami, daß diese vielen Anrufe aufhören müssen! Nach der Hochzeit wird das nicht mehr möglich sein. Ich lieb´ dich, aber ich hab´ dann einen Ehemann und den Beruf. Wir zwei werden also wieder höchstens alle paar Wochen

miteinander telefonieren können."

Haben Sie die Eltern aufgebaut?

Manche erwachsenen Kinder (Sie natürlich nicht) können sich einfach nicht abnabeln; wenn es ihnen schlecht geht, klammern sie sich an die Eltern - und das gibt diesen die Macht, sich als Kumpel aufzuspielen.

Als Connies Ehemann eine weiter entfernte Stelle antrat, lebte sie zum ersten Mal fern von ihrer Heimatstadt. Sie hatte Heimweh. Sie vermißte ihre Freunde; sie vermißte ihre Familie. Sie hatte Schwierigkeiten, eine Stelle zu finden und Bekanntschaften zu schließen. Um ihre Einsamkeit zu bekämpfen, fing sie an, mit ihrer Mutter zu telefonieren. Fast jeden Tag rief sie an, und jede Woche schrieb sie. Sie lud die Mutter zu Besuchen ein, die stets einen Monat dauerten, und fuhr zudem so oft als möglich zu Besuch heim.

Sie kam ohne die Mutter nicht mehr aus. Die neue Stelle hielt jedoch nicht, was sie versprochen hatte, und 18 Monate später kehrten Connie und ihr Mann in ihre Heimatstadt zurück. Connie fand eine neue Stelle und schloß sich wieder ihrem alten Freundeskreis an. Und schon bald beklagte sie sich: „Ich kann meine Mutter nicht davon abbringen, ständig anzurufen und vorbeizukommen. Sie läßt mich einfach nicht in Ruhe. Ich hab´ versucht, es ihr klar zu machen, aber sie reagiert einfach nicht darauf."

Anderthalb Jahre lang war die Mutter der Mittelpunkt in Connies Leben. Sie wurde gebraucht. Sie war Connies beste Freundin. Kein Wunder, daß sie nicht reagiert.

Falls Sie sich in einer ähnlichen Situation befinden, sollten Sie sich äußerst behutsam loslösen. Sie haben die Bescherung mitverschuldet.

5
Die Manipulierer

Manipulierer sind Meister der psychologischen Kriegsführung. Sie sollen nach ihrer Pfeife tanzen, und dafür ist ihnen kein Trick zu billig, wenn er nur hilft. Ihre bevorzugte Waffe ist das Schuldgefühl - eine schreckliche Sache, denn wie wir alle wissen, ist Schuld die mächtigste Waffe, die es überhaupt gibt.

Oberflächlich betrachtet, kann jeder Elterntyp - die Ratgeber, die Hilflosen, die Antreiber - ein Manipulierer sein -, aber wenn man den Firnis abkratzt, kommt ein mächtiger Gegner zum Vorschein, ein Gegner, der einem dazu bringt, daß man auf die Knie geht und um Gnade winselt - und das mit so einfachen Sätzen wie „Das wird deine Mutter noch umbringen" oder „Wie kannst du mich nur so behandeln, wo ich mir die Finger für dich blutig geschuftet habe".

Wer ist hier Herr im Haus?

Manipulierer haben Ihre Beziehung zu ihnen in der Hand. Sie bestimmen, wann Sie sie besuchen, wie lang Sie bleiben, wann Sie anrufen, wie Sie mit ihnen reden, was Sie ihnen sagen und wie Sie sie behandeln.

Falls Sie sich nicht sicher sind, ob Sie betroffen sind, sollten Sie die folgenden Fragen beantworten:
• Rufen Sie die Eltern an, wenn *Sie* mit ihnen reden wollen oder wenn die *Eltern* den Anruf wünschen?
• Wählen Sie aus, was Sie ihnen mitteilen, aus Angst, daß ihnen das, was Sie gerade machen, nicht gefällt?
• Geben Sie lächelnd nach, während Sie sie insgeheim zum Teufel wünschen?

Falls Sie jede dieser Fragen bejahen, dann haben Ihre Eltern das Sagen.

„Aber es ist doch einfacher, nachzugeben", werden Sie sagen. „Wenn ich nachgebe, muß ich mir nicht das Gebrüll meines Vaters anhören oder das schmollende Gesicht meiner Mutter ertragen oder erleben, daß sie einfach aufhängen, oder sie geben mir hörbar zu verstehen, daß ich mich nicht genug um sie kümmere."

Natürlich ist das einfacher. Ihre Eltern wissen das sehr wohl, glauben Sie nicht? Sie wissen es nicht nur, sie bauen sogar darauf. Jahrelang haben sie Ihnen eingetrichtert, daß es einfacher sei und daß für Sie das Glück der Eltern oberste Priorität habe.

Ihr ganzes Leben lang hat man Ihnen gesagt:
- „Sei ein liebes Mädchen (ein lieber Junge), sei leise, wenn Paps ein Nickerchen macht."
- „Wenn du mich wirklich lieb hättest, würdest du nicht dauernd widersprechen."
- „Ich kann dir nicht sagen, wie glücklich wir sind, daß du nicht länger so verrückt bist, Musiker werden zu wollen."

Ihre Eltern haben Sie in der besten Pawlowschen Tradition konditioniert. Sie sagten: „Wenn du machst, was wir wollen, sind wir glücklich. Mach´ uns glücklich, und du wirst belohnt. Du bekommst dein Eis, darfst ins Kino, kannst unseren Wagen benutzen." Je glücklicher sie waren, desto reibungsloser ging alles.

Falls Sie so dumm waren, sie zu verärgern und unglücklich zu machen, fuhren sie großes Geschütz auf - Tränen, Geschrei, Sarkasmus, Erpressung, Schuldgefühle, oder was sie sonst noch einsetzten, um Sie gefügig zu machen - und erstickten so die Revolte.

Heute, Jahre danach, fahren sie immer noch großes Geschütz auf. Und es wirkt immer noch.

Aber die meisten von Ihnen bemerken das nicht. Sie wollen nicht zugeben, daß die Eltern schon vor langer Zeit die Beziehung unter ihre Kontrolle gebracht und sie nie mehr abgegeben haben. Sie erkennen nicht, daß Ihre Eltern zufrieden lächeln, während Sie die Zähne zusammenbeißen. Weil sie sich durchgesetzt haben. Wieder einmal.

Wie man mit Manipulierern fertig wird

Manipulierer sind raffiniert, verschlagen. Sie hatten viele Jahre Zeit, ihre Technik zu perfektionieren. Und ihr größter Erfolg besteht darin, daß Sie nicht wissen, was mit Ihnen geschieht.

Es gibt nur ein Gegenmittel: Zerreißen Sie das trügerische Lügengespinst und erkennen Sie ihre wahre Gestalt. Machen Sie sich klar, daß Ihre Eltern Sie manipulieren, wie es ihnen in den Kram paßt.

Wie ein Zaubertrick seine Wirkung verliert, wenn man erst einmal weiß, wie es gemacht wird, so verliert das Sich-schuldig-Fühlen seine Wirkung, wenn Sie erkennen, daß es *absichtlich* als Waffe benutzt wird.

Zeigen Sie Ihren Eltern ab sofort die kalte Schulter, wenn sie Sie manipulieren wollen. Sie können an sie appellieren, sich lustig machen, aber Sie sollten nicht klein beigeben.

Es gibt sieben tückische Spielarten des Manipulierers: die Fehlerlosen, die Scheinheiligen, die Märtyrer, die Andeuter, die Aufrechner, die Verzweifelten und die Todesschwangeren.

Die Fehlerlosen
„Ich hätte meine Eltern nie so behandelt."

Die Fehlerlosen sind stets im Recht. Sie machen keinen Fehler und haben niemals Schlechtes im Sinn.

Die Tochter einer solchen fehlerlosen Mutter erzählte mir:
„Mein Vater sagte mir ständig, was für eine gute Frau meine Mutter doch sei. Die Freunde meiner Mutter betonten wiederholt, daß meine Mutter eine prächtige Person sei. Sogar meine Mutter sagte mir, wie großartig sie sei. Natürlich war eine so gute, prächtige, großartige Frau wie meine Mutter unfähig, etwas Schlechtes zu tun. Wenn es daher zwischen uns Probleme gab, nahm ich - und alle anderen - stets an, daß *ich* schuld daran war. Während meiner Kindheit stand da auf der einen Seite meine Mutter, dieses wunderbare Wesen, und auf der anderen ich, ihr mißratener Sprößling. Ich hatte keine Chancen."

Weil ihr rechtes Bein sich taub anfühlte und prickelte, wurde Claudias Mutter zur Untersuchung ins Krankenhaus eingewiesen. Sie sagte Claudia nichts davon und ließ auch während ihres dortigen Aufenthalts nichts von sich hören. Erst kurz vor der Entlassung rief sie Claudia an: „Ich stör´ dich nur ungern, aber jemand müßte mich heimfahren. Meine Freundin Marianne hat mich hergebracht, aber im Augenblick besucht sie ihre Tochter. Könntest du mich abholen?"
„Natürlich, Mami, wo bist du?"
„Im Städtischen Krankenhaus. Meld´ dich bitte erst bei der Rezeption. Der Arzt läßt mich erst gehen, wenn sichergestellt ist, daß mich jemand abholt."
Natürlich löste Claudias Mutter bei der Tochter die erhoffte Reaktion aus: ein nicht enden wollendes verzweifeltes und hysterisches „Warum hast du mir nichts gesagt?"

Die Botschaft der Fehlerlosen lautet: „Ich bin ein besserer Mensch als du." Sie fordern Sie heraus, so fehlerlos wie sie zu werden, und zwar dadurch, daß Sie zu *ihnen* so gut sind wie sie ihrer Überzeugung nach zu Ihnen. Solch tugendhaften, selbstlosen Wesen gegenüber bleibt Ihnen nur ein Gefühl ständiger Unterlegenheit. Wie können Sie jemals so viel überwältigende Hochherzigkeit vergelten? Wie können Sie jemals ihre hohen Ideale und moralischen Maßstäbe zu den Ihren machen?

Die Fehlerlosen horten sogar Schuld zum späteren Gebrauch. Sie sitzen in der Klemme. Fehlerlose kann man nicht kritisieren. Man kann sie nicht anbrüllen, ihre Entscheidungen in Frage stellen oder ihre Forderungen ablehnen. Und die Eltern wissen das. Es ist das perfekte Mittel, Sie an die Leine zu legen. Bei einem Konflikt sind Ihre Eltern immer im Recht und Sie stets im Unrecht.

„Du könntest mich ja so glücklich machen, wenn du nur wolltest"
Viele von Ihnen haben diese ganze Propaganda willig geschluckt. Sie glauben, daß Probleme und Unstimmigkeiten allein auf Ihr Konto gehen.

„Meine Eltern sind nette alte Leute, die es gut meinen. Wenn ich ein besserer Mensch wär´, kämen wir glänzend miteinander aus", sagen Sie. Sie geben sich selbst die Schuld, daß Sie eine schlechte Tochter, ein schlechter Sohn sind: „Ich fühl´ mich einfach schrecklich, daß ich die Eltern nur einmal im Monat anruf´." „Ich enttäusch´ meine Eltern, weil ich noch nicht verheiratet bin." „Es ist gemein, daß ich vor ihrem Besuch Angst hab´."

Es ist erstaunlich, wie oft erwachsene Kinder ihre grauhaarigen alten Eltern in Schutz nehmen, indem sie sagen: „Sie meinen es doch gut", „Sie wollen doch nur das Beste für mich" oder „Sie sind halt schon alt; sie können nicht anders".

Weshalb entschuldigen Sie sich überhaupt für das Verhalten der Eltern? Wie kamen Sie überhaupt zu dem Schluß, daß die Eltern so edel sind und für nichts zur Rechenschaft gezogen werden dürfen?

Sie haben diese glänzende Schlußfolgerung nicht selbst gezogen. Das taten Ihre Eltern. Ihre Eltern überzeugten Sie davon, daß ihre Absichten über jeden Tadel erhoben waren, daß sie alles nur für Sie taten, nur dabei an Sie dachten. Das hämmerten sie in Ihr Bewußtsein wie in Ihr Unterbewußtsein:
- „Wir haben nie nur an uns gedacht."
- „Wir haben das alles nur für dich getan."
- „Wir tun das nur zu deinem Besten."
- „Uns schmerzt das mehr als dich."
- „Niemand liebt dich so sehr wie wir."

Wenn Sie sagen: „Meine Eltern tun ihr Bestes", dann sind nicht Sie es, der da spricht, sondern Ihre Eltern. Machen Sie sich nichts vor. Sie sind einer Gehirnwäsche unterzogen worden.

Ich vergesse meine Mami nicht

Die Fehlerlosen sind besonders edel, wenn es darum geht, wie gut sie doch ihre eigenen Eltern behandelt haben. Voller Verachtung sagt Ihr Vater: „Wir haben meine Eltern jeden Monat besucht. Aber jetzt können wir schon von Glück reden, wenn du zweimal im Jahr auftauchst." Ihre Mutter sagt: „Nachdem ich aus dem Haus war, hab´ ich ihnen jede Woche geschrieben, bis zu ihrem Tod. Warum kannst du das nicht auch?"

Da uns die Erinnerung gern einen Streich spielt, sollten Sie die Eltern in die Realität zurückholen, indem Sie so naiv wie möglich fragen: „Wart ihr darüber glücklich? War es nicht manchmal lästig?" Und als letzten Trumpf: „Ich soll mich also euch gegenüber so fühlen, wie ihr euch gegenüber euren Eltern gefühlt habt?"

Die unfehlbaren Eltern

Selbst wenn Ihre Eltern Sie ganz unverfroren manipulieren, so haben sie Sie doch völlig davon überzeugt, daß ihnen allein Ihr Wohl am Herzen liegt - also nehmen Sie sie in Schutz. Und also müssen *Sie* es ausbaden: Vielleicht war es ja wirklich Ihre Schuld, daß es nicht geklappt hat.

Vielleicht sagt Ihre Mutter besorgt: „Ich weiß nicht, vielleicht haben wir ´was falsch gemacht. Vielleicht hätten wir dich auf diese Uni außerhalb unseres Bundeslandes gehen lassen sollen, wie du es dir so sehnlich gewünscht hast." Obwohl sie weiß, daß sie Sie niemals außer Landes gelassen hätte, denn es wär´ ihr unerträglich gewesen, Sie so weit fort zu wissen. Aber das will sie nicht zugeben. Sie will, daß Sie antworten: „Es ist schon recht so, Mami. Daß ich hier an der Uni blieb, war am Ende das Beste für mich." Sie sollen bestätigen, daß sie eine selbstlose, gute Mutter war.

Und das tun Sie auch. Sie sagen ihr nicht die Wahrheit. Sie sagen nicht: „Daß ich hierblieb, war das Schlimmste, was mir je passiert ist. Deshalb bin ich in den letzten Jahren so unglücklich gewesen. Ich hab´ diese Uni gehaßt; sie vermittelt Abschlüsse, die kein künftiger Arbeitgeber schätzt. Und zudem hatte ich ausgerechnet hier diese schlimme Liebesaffäre mit Hans, die mir für den Rest meines Lebens solche Beziehungen verleidet hat. Wie konntet ihr mir nur so ´was antun?"

Wenn Sie das zu Ihrer Mutter sagen würden, bekäme sie einen Schlaganfall. Also schonen Sie die Eltern. Sie akzeptieren deren Bild von der Realität und machen sich selber Vorwürfe: „Sie haben es doch nur gut gemeint. Hätte ich mir mehr Mühe gegeben, dann wären die Jahre hier an der Uni gut verlaufen."

Sagen Sie sich doch stattdessen: „Die Eltern haben ganz und gar unrecht." Oder: „Wollen sie mich etwa auf den Arm nehmen? Sie tun das doch nicht für mich, sondern für sich." Oder: „Meine Eltern haben nicht die leiseste Ahnung, wie man gewisse Dinge anpackt."

Sie sollten nicht länger zögern, es ihnen zu sagen.

Die Scheinheiligen
„Mir macht das natürlich nichts aus, aber deinen Vater (deine Mutter) wird es umbringen."

Die Scheinheiligen spielen sich selber nicht als Heilige auf, sondern machen den *anderen* Elternteil zum Heiligen. Wenn ihnen Ihr Verhalten mißfällt, verweisen sie auf ihren Partner (oder manchmal auf Ihren, auf Ihre Kinder, Ihre Großeltern oder einen Ihrer engen Freunde) und sagen: „Mir macht´s ja nichts aus, aber ihnen." So heißt es zum Beispiel: „Dein Vater wird sich fürchterlich aufregen" oder „Deine Mutter wird niemals darüber hinwegkommen".

Sie sollen ein Opfer bringen, Ihr Verhalten ändern, um diesem wundervollen, sich aufopfernden, empfindsamen Partner zu gefallen - weil sie nicht den Schneid haben, Ihnen ihre eigenen Gefühle mitzuteilen.

Scheinheilige versuchen oft ihr Tun mit den Worten zu verbergen: „Sag´ deinem Vater (oder wer sonst den Schwarzen Peter bekommt) nichts davon. Es wär´ ihm nicht recht, wenn er wüßte, daß ich ´was zu dir gesagt hab´."

Nehmen Sie das nicht hin. Gehen Sie schnurstracks zu dem Betroffenen und schenken Sie ihm reinen Wein ein - am besten, wenn der Scheinheilige dabei ist. Zwingen Sie sie dann, sich darüber klar zu werden, was jeder wirklich denkt.

Der Märtyrer
„Mach dir um uns keine Sorgen ... Irgendwie werden wir mit dieser Tragödie fertig werden, daß du am Sonntag nicht zum Essen kommst."

Die 32-jährige Cornelia erzählte:
„Ich hab´ nur zwei Wochen Ferien. Also gibt es jedes Jahr Streit mit den Eltern. Ich möchte *Urlaub* machen, z.B. in Südfrankreich oder Italien, aber meine Eltern wollen, daß ich in der Zeit bei ihnen zuhause bin.

Jedes Jahr, wenn ich ihnen beizubringen versuche, daß ich nicht heimkomme, sagt meine Mutter: „Liebes, mach´ dir um uns keine Sorgen. Du warst zwar schon seit Monaten nicht mehr bei uns, aber du hast gewiß ein paar schöne, entspannende Tage mit deinen Freunden irgendwo in einem Badeort verdient. Mein Gott, ich versteh´ durchaus, warum du keine Lust hast, die Ferien mit zwei verkalkten alten Leutchen wie deinem Vater und mir zu verbringen. Natürlich sind wir enttäuscht, aber wir kommen schon zurecht."
Ich fühl´ mich dann derart schuldig, daß ich schließlich stets bei ihnen bin, statt mit meinen Freunden auf Tour zu gehen."

Wie man die Botschaften von Märtyrern übersetzt

Märtyrer übermitteln zwei unterschiedliche Botschaften: Die eine äußern sie, und die andere meinen sie in Wirklichkeit.

Ihre Ohren hören: „Ich würd´ gern ´mal das neue China-Restaurant ausprobieren", aber Ihr Verstand registriert: „Du weißt doch, daß ich chinesisches Essen hasse. Warum also schlägst du dieses Lokal vor?"

Es genügt eine leichte Veränderung der Stimme, eine übertriebene Dosis Wohlwollen oder ein irgendwie falsches Lächeln - und schon haben Sie das Gefühl, etwas falsch gemacht zu haben.

Was Mami äußerte:	Was Mami in Wirklichkeit meinte:
Liebes, mach´ dir um uns keine Sorgen.	Mach´ dir wegen des Urlaubs keine Sorgen; mach´ dir lieber Sorgen, daß du unsere Gefühle verletzt.
Du warst zwar schon seit Monaten nicht mehr bei uns,	Schau in deinem Terminkalender nach. Wir haben dich zuletzt vor 4 Monaten, 12 Tagen, 6 Stunden und 23 Minuten gesehen. Jeden Monat sitzen wir hier, aber du läßt dich nicht blicken, rufst nicht an, und schreiben tust du auch nicht. Aber was kümmert´s dich!
aber du hast gewiß ein paar schöne, entspannende Tage ... verdient.	Natürlich bis du der Einzige, der schwer arbeiten muß. Wir tun gar nichts. Was haben *wir* verdient?

mit deinen Freunden	Du bist so unreif und oberflächlich, daß deine Freunde dir mehr bedeuten als die Eltern.
irgendwo in einem Badeort.	Wie schön, daß manche Leute sich ein teures Hotel leisten können. Bei unserem Einkommen sind wir schon froh, wenn wir einmal im Monat zum Essen in den „Roten Hummer" gehen können.
Mein Gott, ich versteh´ durchaus, warum du keine Lust hast, die Ferien mit zwei verkalkten alten Leutchen wie deinem Vater und mir zu verbringen.	Es wird dir noch leid tun, wenn diese zwei verkalkten alten Leutchen tot umfallen, während du an irgendeinem Strand liegst.
Natürlich sind wir enttäuscht,	Enttäuscht? Wir sind am Boden zerstört.
aber wir kommen schon zurecht.	Wir werden uns umbringen.

Mit Märtyrern wird man nur fertig, wenn man die unterschwellige Botschaft ignoriert und sie beim Wort nimmt. Wenn Ihre Eltern nicht erwachsen und aufrichtig genug sind, Ihnen zu sagen, was sie wirklich wollen, dann haben sie es nicht verdient, daß man ihren Wunsch erfüllt.

Wenn Ihre Eltern sagen: „Mach´ dir um uns keine Sorgen", dann erwidern Sie am besten: „Fein. Ich wußte doch, daß ihr mich versteht. Danke, daß ihr so prima Eltern seid."

Wenn sie sich später beklagen, dann sollten Sie ganz unschuldig antworten: „Aber ihr habt doch gesagt, daß ich mir keine Sorgen machen soll. Ich hab´ gedacht, daß ihr das auch so meint."

Märtyrer setzen Schuldgefühle ein, weil sie damit Erfolg haben. Stellen Sie das ab.

Die Andeuter
„Das gehört zwar nicht zum Thema, aber hast du je daran gedacht, daß ...?"

Andeuter gehen etwas direkter vor als Märtyrer. Sie geben subtile Hinweise; sie lassen nebenbei eine Bemerkung fallen; sie lassen etwas durchblicken. Zum Beispiel:

- Wenn ein Vater den Verlobten seines Kindes nicht mag, aber es nicht zugeben will, sagt er: „Habt ihr schon den Hochzeitstermin festgesetzt? Nicht? Ich glaube, es ist klug, daß du die Sache nicht überstürzt. Du hast noch *jahrelang* dafür Zeit."
- Mitten in einem Gespräch über Berufliches spielt eine Mutter auf den fälligen Besuch an: „Ich hör' mit Bedauern, daß du mit Arbeit so überlastet bist. Wenn du schon so viel um den Kopf hast, solltest du nicht erst lang *überlegen*, ob du uns besuchen sollst. Komm einfach, wann immer du kannst."
- Eine Mutter, die sich Sorgen macht, daß Sie vielleicht mit jemandem zusammenziehen, mit dem Sie nicht nach Recht und Gesetz offiziell und zweifelsfrei verheiratet sind, sagt: „Zu meiner Zeit war so 'was nicht üblich. Natürlich ist mir klar, daß sich die Zeiten geändert haben."

Andeuter bauen darauf, daß Sie sich nicht zur Wehr setzen. Aber man kann ihnen nur Einhalt gebieten, wenn man sich wehrt.

Wenn Paps sagt, er sei froh, daß Sie sich mit dem Heiraten Zeit lassen, dann sollten Sie ihn zur Rede stellen:

Sie: Willst du etwa nicht, daß ich heirate?
Paps: Das hab' ich nicht gesagt. Ich fand's nur einfach gut, daß du dich nicht sofort entschieden hast.
Sie: Ich weiß, aber es klang, als hättest du es *gern*, daß ich noch warte. Macht es dir Probleme, daß ich heiraten will?

Wenn Mami so ganz nebenbei auf den Besuch anspielt, sollten Sie das nicht einfach überhören.

Sie: Soll das ein Wink sein, Mami?
Mami (unschuldig): Natürlich nicht. Ich hab' nur gemeint ... weißt du ... mach dir um uns keine Sorgen.
Sie (verwirrt): Aber wir haben doch gar nicht davon geredet, daß ich euch besuch' - oder mir um euch Sorgen mach', oder? Wir haben

über meine Arbeit gesprochen.

Machen Sie ihnen klar, daß sie nicht so raffiniert sind, wie sie glauben. Das verdirbt ihnen den Spaß.

Die Aufrechner
„Du solltest sehen, was deine Schwester mir gekauft hat."

Aufrechner wollen, wie alle Manipulierer, mehr - mehr Aufmerksamkeit, mehr Zuwendung, mehr Geschenke oder mehr Kooperation - und um das zu erreichen, setzen sie alles daran, Sie zu einem Wettkampf mit Ihren Geschwistern zu verleiten. Mir großem Behagen zählen sie die vielen prächtigen und oftmals teuren Dinge auf, die Ihre Geschwister ihnen zukommen ließen - und weisen zugleich offen oder verdeckt darauf hin, daß daneben Ihre Anstrengungen verblassen.

„Zum Ehejubiläum von Paps und mir", berichtete Yvonnes Mutter freudig erregt, „hat dein Bruder uns in ein piekfeines Restaurant geführt. Er mietete eine Limousine, die uns abgeholt hat, und kaufte mir ein Bukett zum Anstecken - es war einfach himmlisch."
„Ach ja, Liebes", ihre Stimme senkte sich, „ vielen Dank für deine nette Karte. Es war ja so lieb, daß du an uns gedacht hast."
Man konnte Yvonnes Zähneknirschen fast zwei Straßen weit hören.

Einige Aufrechner sind noch direkter: „Deine Schwester ruft uns jeden Tag an. Wie kommt´s, daß wir von dir nur einmal im Monat ´was hören?"
Das ist Manipulation in Vollendung. Die Botschaft der Aufrechner lautet, daß Sie sie nicht genug lieben, es sei denn, Sie investieren so viel Zeit, Mühe oder Geld für sie wie Ihre hehren Brüder und Schwestern.
Lassen Sie sich deswegen keine grauen Haare wachsen. Greifen Sie nicht zur Brieftasche, um die Schuld loszuwerden, gratulieren Sie ihnen vielmehr lauthals.
Sagen Sie aufrichtig: „Hans ist doch ein Prachtkerl, stimmt´s? Das muß ihn ein Vermögen gekostet haben."
Wenn Hans sich unbedingt ruinieren will, um sich bei den Eltern einzuschmeicheln, so ist das seine Sache. *Aber glauben Sie nicht, daß auch Sie dazu verpflichtet seien.* Ihre Eltern sollten Sie, wie es sich für gesittete Leute gehört, dazu anhalten, *weniger* Geld für sie auszugeben, nicht mehr.
Was Aufmerksamkeit und Zuwendung angehen, sollten Sie ihnen

sagen: „Ich hab´ nicht die Zeit, euch täglich anzurufen, aber das heißt nicht, daß ich nicht an euch denke", oder: „Ihr wißt, ich zeig´ nicht gern meine Gefühle, aber das heißt nicht, daß ich euch nicht lieb hab´."

Geben Sie ihnen ein wenig von der Bestätigung, nach der sie sich sehnen, und lassen Sie es dann dabei bewenden. Wenn Sie Ihre extravaganten Geschwister zu übertrumpfen versuchen, spielen Sie ein Spiel mit, das Sie nicht gewinnen können.

Die Verzweifelten
„Jetzt hast du mich aber ganz aus der Fassung gebracht."

Wenn Sie etwas tun, das den Verzweifelten nicht gefällt, heulen sie, schmollen, ziehen eine Schnute, betteln, flehen, werden sarkastisch, brüllen, schreien, knallen die Türen, weigern sich, mit Ihnen zu reden oder stürzen aus dem Zimmer. Sie tun alles außer einem: sich wie Erwachsene hinzusetzen und das Problem vernünftig zu klären.

Wenn Sie sagen: „Ich komm´ Weihnachten nicht heim", fragen sie nicht höflich besorgt: „Oh, gibt´s Probleme?". Sie schreien: „Wie kannst du uns nur so was antun! Du *weißt doch*, daß uns die Feiertage sehr wichtig sind. Wenn du nicht dabei bist, ist alles aus. Dann können wir uns Weihnachten ebensogut schenken."

Sie schaffen es, daß Sie sich schuldig fühlen und sich dabei ertappen, wie Sie Unsinn plappern: „Hab´ ich etwa gesagt, daß ich an Weihnachten *nicht* komm´? Nein, nein. Ich hab´ selbstverständlich gemeint, daß ich komm´. Ihr habt mich falsch verstanden. Ich komm´ nicht nur an Weihnachten, sondern auch an Neujahr, zum Fußball-Endspiel, am Valentinstag, am Erntedank-Fest, zum Nikolaus, an Ostern, zum Weltspartag ..."

Wappnen Sie sich. Denken Sie daran: Die Verzweifelten richten ihre Schimpfkanonaden mit Bedacht so aus, daß Sie nach ihrer Pfeife tanzen. Dieses Schauspiel reservieren Sie ausschließlich für ihre Kinder. Ihren Freunden gegenüber erlauben sie sich so etwas nicht; nur gegenüber Ihnen. Es mag durchaus sein, daß ihre Fassungslosigkeit echt ist, aber genauso echt und entschlossen sind sie darauf aus, Sie umzustimmen.

Lassen Sie sich nicht auf einen Streit ein. Ihre Eltern sind in der Lage, die Emotionen derart anzuheizen, daß Sie sie nicht mehr unter Kontrolle halten können. Ziehen Sie sich einfach zurück. Sagen Sie: „Tut mir leid, daß euch das so aufregt. Ich ruf´ später an, nachdem ihr Gelegenheit hattet, euch zu beruhigen. Dann reden wir noch ´mal darüber." Dann sollten Sie gehen. (Falls Sie schlechte Nachrichten zu überbringen haben, sollten Sie darauf achten, daß Ort und Zeit Ihnen den Rückzug erlauben, ohne daß es zum Streit kommt). Das ist nicht gefühllos; Sie weigern sich lediglich, ihr Spiel mitzumachen.

Die Todesschwangeren
"Wir werden nicht mehr lange da sein, und wenn wir nicht mehr da sind ..."

Der Gedanke an den möglichen Tod der Eltern ist so entsetzlich, daß die meisten von uns ihn nicht ertragen.

Aber die Todesschwangeren *wollen*, daß Sie daran denken, denn das vermag das wichtigste aller Schuldgefühle auszulösen: Daß Ihre Eltern sterben und Ihnen klar wird, daß Sie sie in ihren letzten kostbaren Lebensjahren nicht glücklich gemacht haben. Oder schlimmer noch: Die Eltern regen sich derart auf, daß sie auf der Stelle tot umfallen. Sie würden sich das nie verzeihen.

Die Todesschwangeren vermitteln eine zweifache Botschaft:
1. „Sei lieb zu mir, denn ich bin alt und kann jeden Tag sterben."
2. „Wenn du gemein zu mir bist, kann es passieren, daß ich auf der Stelle tot umfalle."

Ich weiß, es mag makaber klingen, aber der Tod ist unausweichlich. Früher oder später (hoffentlich später) werden die Eltern sterben. Da sie aber schon so lang leben, ist es nicht wahrscheinlich, daß sie schon morgen sterben.

Geschieht es aber dennoch, dann ist das nicht Ihre Schuld (es sei denn, Sie würden die Eltern aus lauter Verzweiflung unter einen Zug stoßen). Egal, was Ihre Eltern auch sagen, es steht nicht in Ihrer Macht, sie zu töten, nur weil Sie am Sonntag nicht zum Essen zu ihnen kommen. Mit der Bemerkung: „Ich hab´ jetzt keine Zeit, mit euch zu reden", lösen Sie weder einen Schlaganfall noch ein Herzversagen aus. Und sie werden auch nicht ihr Leben aushauchen, nur weil Sie nicht zulassen, daß sie am Sonntagmorgen um 7 Uhr anrufen.

Wenn sie wirklich vor Wut außer sich geraten und sterben, ist ihr Tod reiner Zufall. Wenn sie außer sich geraten, weil Sie sich eine normale Beziehung wie unter Erwachsenen wünschen, dann ist ihre eigene Unvernunft schuld daran, daß sie außer sich gerieten, und auch in diesem Fall war ihr Tod reiner Zufall.

Denken Sie daran, daß die ständigen Hinweise auf ihr fortgeschrittenes Alter und die angeschlagene Gesundheit ihnen dazu dienen, Sie unter Kontrolle zu halten. *Sie sollen* Angst haben.

Eine Frau erzählte mir:
„Meine Mutter besteht darauf, daß wir uns am Ende eines Besuches gegenseitig versichern: „Ich lieb´ dich". Sollte einer von uns vor der nächsten Begegnung sterben, dann werden unsere letzten Worte den Charakter eines Liebesvermächtnisses haben. Das ärgert mich wirklich, weil ich sie mehrmals in der Woche sehe. Aber ich hab´ Angst, es nicht zu tun - es könnte ja sein, daß sie inzwischen wirklich gestorben ist."

Wie man mit fast Toten umgeht

Wir reden hier nicht von Eltern, die schwer krank sind oder größere gesundheitliche Probleme haben; sie verdienen besondere Rücksichtnahme. Gemeint sind vielmehr die Simulanten und Hypochonder.

Mit diesen Heuchlern wird man am besten fertig, wenn man ihre Symptome - verzeihen Sie mir das Wortspiel - toternst nimmt.

Wenn Ihre Mutter sagt: „Ich glaub´, ich werd´ ohnmächtig", sollten Sie sie nicht zur Couch führen, ihr einen Eisbeutel auflegen und sie bitten, den Arzt zu konsultieren - und sich dabei ständig entschuldigen, daß Sie sie derart aufgeregt haben. Genau das erwartet sie nämlich. Kontern Sie den Bluff, indem Sie ihren Arzt anrufen. Wenn es bereits außerhalb der Dienstzeit ist, lassen Sie den Anruf durch den automatischen Anrufbeantworter registrieren. Falls Ihre Mutter keinen Hausarzt hat, rufen Sie die Ambulanz des nächsten Krankenhauses an und fragen, ob Sie sie vorbeibringen können.

Die Todesschwangeren wollen Zuwendung, keine Arztrechnungen. Das Spiel macht keinen Spaß mehr, wenn es sie ein Vermögen kostet.

Bleiben Sie gelassen

Wenn Eltern, die keine Krankheitssymptome haben, sie einfach nur daran erinnern möchten, daß ihre Tage gezählt sind, sollten Sie nicht die erwarteten Gefühle zeigen. Wenn Sie Angst zeigen, wissen Ihre Eltern, daß Sie in die Falle gegangen sind.

Heulen Sie sich, wenn es nicht anders geht, daheim im stillen Kämmerchen die Augen aus, weil ihr Tod nahe scheint, aber wenn Sie sie sehen, sollten Sie nur sagen: „Ihr seid schon so lang auf der Welt - ich bin sicher, ihr werdet´s noch ´ne ganze Zeit lang machen." Und dann sollten Sie das Thema wechseln.

6
Die Heuler-und-Stöhner, die Fiesen-und-Miesen und die Schinder

Eltern mit einer negativen Einstellung halten sich nicht an die Devise: „Wenn du nichts Gutes sagen kannst, sag' am besten gar nichts." Würden Sie es tun, müßten sie sich zum Schweigen verpflichten. Nein, ihr Wahlspruch lautet: „Das Leben ist beschissen, und danach stirbst du".

Kein freundlicher Sonnenstrahl dringt in das trübsinnige Dasein solcher Eltern, weil niemand - z.B. Sie, Gott oder die Regierung - es ihnen rechtmachen kann. Und diese Eltern haben nichts Eiligeres zu tun, als Ihnen das beizubringen.

Es ist deprimierend, wenn man mit den Heulern-und-Stöhnern, den Fiesen-und-Miesen und den Schindern zu tun hat. Ihre düstere Sicht der Welt wirkt demoralisierend, ihre persönlichen Angriffe schüchtern ein, und ihr Mangel an Lebensfreude höhlt einem aus. Damals, in der schlechten alten Zeit, als Sie noch ein Kind waren, gab es kein Entrinnen vor diesen Unheilbeschwörern. Sie mußten sich ihre Tiraden anhören, ihre angewiderten Seufzer aushalten und ihre ständig miese Stimmung ertragen.

Aber zum Glück ist die schlechte alte Zeit vorbei. Vielleicht haben Sie es noch nicht gemerkt, aber Sie müssen sich negativ eingestellte Eltern nicht mehr gefallen lassen. Jetzt können Sie ihnen entrinnen.

Wie man mit negativ eingestellten Eltern fertig wird

Die Regeln für den Umgang mit negativ eingestellten Eltern sind einfach:

1. Bitten Sie sie, keine Trübsal zu blasen. Wenn sie es nicht bleiben lassen, sollten Sie gehen.
2. Lassen Sie nicht zu, daß man Sie einschüchtert, deprimiert oder aufregt. Machen Sie sich klar, daß ihre Probleme nicht die Ihren sind.
3. Verschwenden Sie keine Zeit mit dem Versuch, negativ eingestellten Eltern eine positive Einstellung beizubringen. Dafür ist es zu spät.

Natürlich ist das leichter gesagt als getan, aber ich werde Ihnen zeigen, wie man diese drei einfachen Regeln anwendet, und zwar im Umgang mit den sieben negativ eingestellten Elterntypen: den Nörglern, Griesgrämigen, Schwarzsehern, Beleidigern, Beleidigten, Tyrannen und Schindern.

Die Nörgler
„Hast du gesehen, was das Benzin, die Zahncreme, die Brötchen und das Kino jetzt kosten?"

Jeder beklagt sich hie und da, aber Nörgler haben an allem etwas auszusetzen. In ihren Augen kündet jede Wolke noch Schlimmeres an, und nur drei Dinge sind auf dieser Welt gewiß: der Tod, die Steuern und die Tatsache, daß ihre Probleme auf ewig unlösbar sind.

> Eines Tages rief Renate ihre Mutter an und lud sie ein, mit ihr zum Essen auszugehen.
> „Ich kann nicht", antwortete ihre Mutter, „ich hab´ nichts anzuziehen."
> „Das sagst du immer", meinte Renate. „Warum kaufst du dir nicht einfach ´mal was zum Anziehen?"
> „Weil alles so teuer ist."
> „Es ist Januar, Mami. Du bekommst jetzt alle Wintersachen billiger."
> „Ich kauf´ mir erst dann ´was, wenn ich 15 Pfund abgenommen hab´. Es ist sinnlos, jetzt ´was zum Anziehen zu kaufen, das man später ändern lassen muß."
> Renate zählte schweigend bis zehn, ehe sie fragte: „Wie lang redest du schon davon, daß du 15 Pfund abnehmen willst, Mami?"
> „Ich weiß nicht. Wahrscheinlich schon länger."
> „Wie wär´s mit vier Jahren?"
> „Nun, ich geh´ sowieso nirgendwo hin als einmal im Monat mit dir zum Essen. Dafür lohnt es sich nicht, was Neues zum Anziehen zu kaufen", sagte ihre Mutter.
> „Es muß nicht sein, daß du das Haus nur verläßt, wenn du mit mir essen gehst, weißt du. Die Leute von der Bibliothek möchten, daß du drei Tage in der Woche dort arbeitest. Warum machst du´s nicht?"
> „Das kann ich nicht", antwortete ihre Mutter, „ich hab´ nichts anzuziehen."

Für Nörgler ist jede Situation hoffnungslos, und jede Änderung macht das Ganze nur noch schlimmer.
Ende der siebziger Jahre, in einer Zeit hoher Zinsen und Inflations-

raten, bekam ein pensionierter Vater jedes Mal einen Tobsuchtsanfall, wenn jemand die Endsummen-Taste einer Registrierkasse drückte. „Bei dem Preisanstieg kann ich sicher nicht von meiner Pension leben", meuterte er.

Sieben Jahre später, als Mitte der achtziger Jahre die Zinsen und die Inflation einen Tiefstand erreicht hatten, tobte er noch immer. „Wenn die Zinsen weiter so runtergehen", murrte er, „werd´ ich nie von meinen Ersparnissen leben können."

Einige Nörgler meckern sogar, wenn es kein Problem gibt.

Als Geschenk zum 35. Hochzeitstag führte Martin seine Eltern zum Essen aus. Kaum hatten sie Platz genommen, da fing Martins Vater schon zu nörgeln an. „Jedes Mal, wenn ich hier herkomme, werd´ ich wütend", sagte er, „weil ich weiß, daß sie mir zuviel berechnen werden."
Martin traute seinen Ohren kaum. „Du brauchst überhaupt nicht wütend zu werden, Paps, es sei denn, du hättest dich entschlossen, für dein eigenes Jubiläumsessen selbst aufzukommen. Ich enttäusch´ dich nur ungern, aber heute abend werden sie *mir* zuviel berechnen."

Ein Nörgler-Verzeichnis

Nörgler unterscheiden sich etwas in ihrer Reaktion auf die traurige Tatsache, daß nichts auf der Welt in Ordnung ist.

Miesepeter regen sich über alles auf. Sie fassen alles als persönliche Beleidigung auf, z.B. streunende Hunde, die Fahrweise anderer Leute und das Wetter - um nur einiges zu nennen.

Pessimisten sind der festen Überzeugung, daß alles nicht nur schlimm ist, sondern noch schlimmer wird. Sie sind immer aufs Schlimmste gefaßt. („Du meinst, daß es heute heiß ist? Der Wetterbericht sagt, daß uns die schlimmste Hitzewelle des Jahrhunderts bevorsteht."), und sie sind enttäuscht, wenn es nicht eintrifft.

Nostalgiker erinnern sich zurück an die Zeit, als alles besser war. Die Preise waren niedriger, die Erzeugnisse von besserer Qualität, die Menschen netter. „In meiner Jugend mußte man nachts noch nicht die Türen abschließen", sagen sie zerknirscht. „Ich weiß nicht, wie das alles so kommen konnte."

Defätisten halten jede Hoffnung für unnütze Zeitverschwendung. Es gibt keine Lösung, nichts wird je besser, und man muß einfach lernen, mit diesem beschissenen Leben zurechtzukommen. Ihr Lieblingsspruch lautet: „Was hast du denn erwartet?"

Was, ich soll das lösen?

Wenn andere Ihnen ihre Probleme aufhalsen, ist es ganz natürlich, auf die eine oder andere Weise zu reagieren: (1) ihnen einen Rat zu geben oder (2) den Versuch zu unternehmen, das Problem für sie zu lösen. Wenn diese Leute Ihre Eltern sind, fühlen Sie sich doppelt verantwortlich. Sie sind in Schwierigkeiten, sie sind alt, sie sind unglücklich, und Sie sollen Abhilfe schaffen.

Aber die Nörgler wollen keinen Rat, und sie wollen keine Lösungen. Sie wollen nur Ihre Sympathie. Sie wollen, daß Sie ihr Bild von der Welt bestätigen: „Ja, ihr habt recht, das Leben ist beschissen." (Falls Sie auch der Ansicht sind, daß das Leben beschissen ist, kommen Sie mit Ihren Eltern wahrscheinlich prima zurecht - zumindest in diesem Punkt - und können die folgenden Seiten überschlagen.)

Nörgler *lieben* es, sich zu beklagen. Sie machen das schon seit Jahren. Es ist kein sehr vergnügliches Leben, aber es ist *ihres*, und es wird Ihnen niemals gelingen, sie davon abzubringen. Sie können nur eins tun: sie davon abhalten, sich *Ihnen* gegenüber zu beklagen.

Wie man aus der Nörgelecke rauskommt

Für manche Eltern ist Nörgeln zur Gewohnheit geworden, und sie machen das in einem fort, ohne zu erkennen, wie oft sie das tun. Deshalb sollten Sie sich zunächst auf eine indirekte und freundliche Weise zur Wehr setzen.

Machen Sie deutlich, wie oft sie sich beklagen. Fragen Sie leichthin: „Ermüdet es euch nicht, ständig an allem herumzunörgeln?" (Wie Sie sich vielleicht aus der Einleitung zu diesem Buch erinnern, half diese Frage bei meinem Vater ganz gut.)

Versuchen Sie es mit ein wenig Humor. Sagen Sie mit einem Lachen: „Leute, ich werd´ ja richtig trübsinnig hier bei euch. Können wir das Thema wechseln, oder soll ich einfach von einem Hochhaus springen?"

Übertreiben Sie ihr Gejammer in der Hoffnung, daß sie den Wink verstehen. Sagen Sie: „Du hast recht, Paps, mit all den Verbrechen in Frankfurt, es ist wahrscheinlich nur noch eine Frage der Zeit, bis diese Welle von Verbrechen auch Freiburg erreicht. Der alte Mann von gegenüber scheint mir ziemlich gefährlich zu sein. Hast du keine Angst, daß er eines Tages rüberkommt, dich mit dem Spazierstock niederschlägt und deine ganzen Habseligkeiten mitgehen läßt?"

Wenn Sie diese Schelte humorvoll vorbringen, kommen Sie ungestraft davon.

Wenn Sie das nächste Mal wieder ihr Klagelied anstimmen, sollten Sie sie erneut aufziehen: „Oh, Paps haut wieder auf den Putz. Wir benachrichtigen besser die Polizei, falls er auf die Idee kommt, sein Gewehr rauszuholen und den Bürgermeister abzuknallen."

Wenn Sie einen Nörgler zum Lachen bringen, haben Sie die Schlacht schon halb gewonnen.

Die direkte Methode

Wenn diese subtilere Methode versagt, dann sollten Sie versuchen, die Nörgler mit den folgenden beiden Fragen in die Wirklichkeit zurückzuholen:

„Kann man irgend etwas dagegen tun?" Zwingen Sie sie, mit ja oder nein zu antworten.

Wenn ja, dann sollten Sie ihnen auf diplomatische Weise nahelegen, es zu tun oder den Mund zu halten. Falls sie etwas zur Lösung des Problems tun können, warum tun sie es dann nicht?

Wenn nein, dann sollten Sie ihnen sagen: „Ich versteh´ ja, daß es dich beschäftigt, aber du gibst gleichzeitig zu, daß du nichts machen kannst. Mach´ also das Beste draus oder vergiß das Ganze."

Manche Nörgler weichen dieser Frage aus, indem sie sagen: „Vielleicht könnte ich ´was tun, aber das ist die Sache nicht wert. Wahrscheinlich würde es doch nichts ändern." In diesem Fall sollten Sie antworten: „Wenn du es nicht auf einen Versuch ankommen läßt, warum beklagst du dich dann noch?"

„Was sollte man deiner Meinung nach tun?" Es ist klar, daß Ihre Eltern bei globalen Problemen wie der Kriminalität oder Staatsverschuldung hilflos sind - deshalb sind ja solche Probleme bei Nörglern überaus beliebt.

Aber wenn Sie die Frage stellen, was getan werden *sollte*, können Sie sie dazu bringen, nicht mehr problemorientiert, sondern lösungsorientiert zu denken. Wer weiß, vielleicht führt das zu einer lebhaften Diskussion über die Frage, ob öffentliche Hinrichtungen das Problem der Kriminalität - oder gar der Staatsverschuldung - lösen.

Verabschieden Sie sich

Wenn weder die subtile noch die direkte Methode den Nörgler zum Schweigen bringt, sollten Sie von der Bühne gehen. Sagen Sie: „Das wird mir zu viel. Ich glaub´, ich besorg´ mir ´nen Milchshake. Will jemand mit?" Dann sollten Sie gehen.

Falls Sie der Anlaß für Klagen sind

Manche Nörgler glauben, daß nicht nur die Welt eine Last ist, sondern auch *Sie*. Ihr Lieblingsspruch lautet: „Du und dein ganzes Treiben machen mich elend."

Sagen Sie ihnen, daß sie damit aufhören sollen, daß sie´s ein für alle Mal lassen sollen, sonst kommen Sie nicht mehr vorbei und verderben ihnen den Tag.

> Der Nörgler: Du läßt dich überhaupt nicht mehr bei mir blicken.
> Sie: Ja, weil du dich, wenn ich da bin, immer nur beklagst, daß ich mich überhaupt nicht mehr blicken lasse. Ich hab´ deine ständigen Klagen satt. Hör´ auf damit. Sofort.

Eltern, die darauf bestehen, daß Sie an ihrem Unglück schuld sind, handeln herzlos und unverantwortlich. Vielleicht sind Sie nicht vollkommen, aber *sie* entscheiden, ob sie das stört oder nicht. Wenn Sie ein Saukerl sind, dann haben sie das Recht, Sie abzuweisen. Sie haben aber *kein* Recht, endlos über Sie zu jammern.

Wenn Sie kein Saukerl sind, haben sie wirklich kein Recht, Ihnen das Leben schwer zu machen. Und sie verdienen, daß man ihnen klipp und klar sagt, sie sollen sich zum Teufel scheren.

Die Griesgrämigen
„Wie´s ist? Ich sag´ dir, wie´s ist - schrecklich."

Nach Meinung von Abraham Lincoln sind die meisten Menschen genau so glücklich, wie sie es sein möchten, und griesgrämige Eltern möchten sich elend fühlen. Alles macht sie unglücklich.

> Stefans Mutter war ständig schlechter Laune. Sie freute sich, wenn Stefan sie besuchte, aber das war nicht von Dauer. Das Essen schmeckte ihr nicht, weil der Braten nicht ganz nach Wunsch geraten war, sie hatte mit einer ihrer Freundinnen Ärger, der Trockner hatte ihren Lieblingspullover ruiniert, und schlafen konnte sie auch nicht.
> Für Stefan war jeder Besuch eine Belastung, daher versuchte er seine Mutter auf verschiedene Weise aufzuheitern. Für jedes Problem versuchte er eine Lösung zu finden. Er plante Aktivitäten, um sie auf andere Gedanken zu bringen. Aber nichts half, und wenn er

dann wieder abfuhr, fühlte er sich so deprimiert wie seine Mutter.

Nichts half, weil nichts helfen *kann*. Stefans Mutter hatte beschlossen, unglücklich zu sein; ein Entschluß, den sie wahrscheinlich schon vor Jahren gefaßt hatte. Gleichgültig, was Stefan auch unternimmt, er wird sie davon nicht abbringen können.
Sie sind weder dafür verantwortlich, noch liegt es in Ihrer Macht, Ihre Eltern glücklich zu machen. Es ist ihr *Entschluß*, die ganze Zeit traurig oder miesepetrig oder ängstlich zu sein. Daran können Sie nichts ändern. Wenn sie sich so fühlen wollen, sollten Sie sie nicht daran zu hindern versuchen.
Falls es aber Ihr Gewissen erleichtert, sollten Sie mit ihnen offen darüber reden: „Ihr seid die ganze Zeit unglücklich. Und dadurch macht ihr alle übrigen unglücklich. Stört es euch denn nicht, daß ihr so seid? Braucht ihr Hilfe? Allerdings werden wir auf keinen Fall mit euch zusammen Trübsal blasen. Falls ihr das wollt, müßt ihr's allein machen."

Erwarten Sie keinen langfristigen Erfolg. Die Griesgrämigen werden sich entschuldigen, daß alles sie deprimiert, sie werden kurze Zeit besserer Laune sein und dann wieder in Trübsinn verfallen. Viele von diesen Eltern benötigen ärztliche Behandlung (sie sind, medizinisch gesehen, depressiv), aber nur wenige sind darauf erpicht.

Marianne machte ihrem Vater klar, daß seine Schwermut ihm bereits zur Gewohnheit geworden war. „Weshalb gehst du nicht zu jemandem?", sagte sie so sanft wie möglich. „Du bist depressiv, und Depression ist heilbar." Ihr Vater lachte: „Da müßte ich schon verrückt sein, um zum Psychiater zu gehen", sagte er und erkannte nicht die tragische Ironie seiner Antwort. „Das sind doch alles Quacksalber."

Wenn Ihre Eltern keine Hilfe wollen, dann ist das nicht länger Ihr Problem. Wenn Sie akzeptieren können, daß Sie nicht für das Glück Ihrer Eltern verantwortlich sind, werden die Griesgrämigen erträglicher. Man mag sie bedauern, aber man braucht sich nicht länger mit ihnen zu belasten. Sie können sagen: „Ach, ich bin traurig, daß ihr so unglücklich seid", und es dabei belassen.

Die Schwarzseher
„Ich weiß, du bist jetzt glücklich, aber überleg' mal, was alles schiefgehen könnte."

Schwarzseher fühlen sich nicht nur selber elend, sie wollen auch, daß *Sie* sich so fühlen. Sie können einem alles vermiesen.

Sie: Große Neuigkeit - Man hat mir eine Stelle bei IBM angeboten.
Der Schwarzseher: Hast du nicht gelesen? Die Computer-Industrie steckt in einem Tief. Die werden dich wahrscheinlich feuern, bevor du noch dein Namensschild an der Tür anbringen kannst.
Sie: Gestern abend hatte ich ein phantastisches Essen im Goldenen Anker.
Der Schwarzseher: Es ist kein übles Lokal, wenn man bereit ist, derart horrende Preise fürs Essen zu bezahlen.
Sie: Ich bin bei der Endziehung der Lotterie dabei. 5,6 Millionen Mark sind jetzt im Topf.
Der Schwarzseher: Du gewinnst sicher nicht, und wenn doch, bekommt die Steuer eh das meiste.

Wie bei so vielen Elterntypen ist auch bei Schwarzsehern jede Argumentation sinnlos.

Sie: Ich weiß, daß die Computer-Industrie einige Probleme hat, aber bei Global Computer steigt der Umsatz stetig.
Der Schwarzseher: Bis jetzt ja.
Sie: Aber sie haben ein brandneues Gerät, das den Markt revolutionieren wird.
Der Schwarzseher: Das hat Ford auch gesagt, als er den Edsel auf den Markt brachte.
Sie: Aber für mich ist das ein Aufstieg. Ich werde die Personalabteilung leiten.
Der Schwarzseher: Die sind immer zuerst dran, wenn 'ne Firma Leute entlassen muß. Im übrigen ist noch keiner Präsident der Firma geworden, der in der Personalabteilung gearbeitet hat. Das ist ein Job ohne Aufstiegschancen.

Der Clou jeder Party

Schwarzseher sind Spitze bei Beerdigungen, Hausbränden und größeren Verkehrsunfällen, aber ansonsten sind sie so unterhaltsam wie Limburger Käse. Nichts, mag es auch noch so gut sein, findet uneingeschränkte Begeisterung oder Zustimmung. Statt zehn Prozent mehr Lohn müßten Sie eigentlich 15 Prozent bekommen. Ihr neues Haus müßte eigentlich in einer besseren Wohngegend liegen. Ihre neugeborene Tochter müßte eigentlich ein Junge sein.

Ist das nicht traurig? Schwarzseher hassen es derart, andere glücklich zu sehen, daß sie es nicht ertragen können, wenn ihre eigenen Kinder glücklich sind. Sie halten sich für Realisten, sind aber in Wirklichkeit Spielverderber.

Lassen Sie sie wissen, daß sie durchschaut sind: daß Sie ihnen in ihrem Elend Gesellschaft leisten sollen. Machen Sie ihnen aber klar, daß sie da an den Falschen geraten sind:

„Ihr könnt´s nicht sehen, daß ich glücklich bin, stimmt´s? Euer Realismus ist in Wahrheit blanker Pessimismus. Wißt ihr was? Ich glaub´, ich such´ mir einen Optimisten, der meine gute Laune, meine guten Neuigkeiten oder meinen Erfolg mit mir teilt."

Die Beleidiger
„Wenn du nur ein bißchen Grips im Kopf hättest, was du nicht hast ..."

Erkläre mir das bitte ´mal jemand: Warum werden einige von Ihnen von den Eltern (ganz zu schweigen von anderen Familienmitgliedern) schlechter behandelt als von einem völlig fremden Menschen, mit dem Sie nichts zu schaffen haben? Das begreife ich nicht.

Ihre Eltern lieben Sie doch wohl, oder? Warum sagt dann Ihr Vater Dinge zu Ihnen, für die er sich im Geschäft eine gebrochene Nase einhandeln würde? Warum macht Ihre Mutter Bemerkungen, die in ihrem Bridge-Klub zum offenen Aufstand führen würden?

Beleidiger werfen die Regeln des Anstandes über Bord, wenn sie mit den eigenen Kindern zu tun haben. Als Christine im März während eines Besuchs bei den Eltern von einem plötzlichen Kälteeinbruch überrascht wurde, hatte sie keinen Wintermantel dabei. Ihre Mutter sagte: „Du kannst meinen Mantel haben; ich muß heut nicht mehr fort" - obwohl sie 10cm und 2 Kleidergrößen kleiner war als die etwas stämmige Christine. „Mami", lachte Christine, „ich käm´ nie in deinen Mantel rein." Ihr Vater warf ihr einen angewiderten Blick zu und meinte: „Wenn du 20 Pfund weniger drauf hättest, würd´s klappen."

„Ich bin besser als du"

Ihre Eltern benutzen die Beleidigungen, um sich Ihnen überlegen zu fühlen. Sie möchten Sie noch unter ihr Niveau herunterholen. Ein Vater sagte über seinen Sohn: „Ich hab´ ihn großgezogen und ihm all mein Wissen beigebracht. Was kann er denn *mir* schon beibringen?"

Natürlich funktioniert der beleidigende Hinweis auf den Altersunterschied, egal, wie alt Sie sind. Das reicht von dem Hinweis „Du bist erst

14 - was weißt du denn schon?" bis zu der Bemerkung „Du bist erst 47; du hast keine Ahnung von den Problemen, die man in meinem Alter hat".

Bringen Sie sie nicht um

Manche Psychologen sind der Auffassung, daß Ihre Eltern die Macht haben, aus Ihnen eine zweite Mutter Teresa oder einen zweiten Würger von London zu machen. Nun, in beiden Fällen helfen ihre Ratschläge wenig. Ihrer Meinung nach sollen Sie sich die Beleidiger als kleine Kinder vorstellen, die von ihren eigenen Eltern nicht genug Liebe bekamen. Und Sie sollen sich klarmachen, daß sie vor vielen Jahren schlecht behandelt worden sind. Dadurch sollen angeblich die beleidigenden Eltern weniger einschüchternd und aggressiv wirken.

Ich bin kein Psychologe, aber mein Laienverstand sagt mir, daß Sie, wenn Ihr Vater oder Ihre Mutter Sie beleidigt, Ihnen so freundlich wie möglich mitteilen sollten, sie sollen sich doch zum Teufel scheren.

Im Ernst. Sie müssen sich von niemandem Beleidigungen gefallen lassen, erst recht nicht von Ihren Eltern. Falls die schwache Chance besteht, daß die Eltern sich Hinweisen gegenüber völlig taub stellen, sollten Sie es zunächst einmal mit folgender Bemerkung versuchen: „Ihr habt das doch sicher nicht so gemeint. Ich laß´ mich wieder blicken, wenn ihr in besserer Stimmung seid."

Dann sollten Sie sich zurückziehen. Stehen Sie auf und verlassen Sie den Raum. Warten Sie nicht auf eine Antwort; gehen Sie einfach.

Wenn sie Sie mit der Bemerkung zurückhalten wollen: „Hau´ nicht einfach ab, wenn ich mit dir rede", sollten Sie auf der Stelle stehenbleiben und sie mit so wenig Bosheit und so viel Neugier wie möglich fragen: „Weshalb soll ich bleiben und mich von euch beleidigen lassen?"

Dann warten Sie stehend auf ihre Reaktion. Laufen Sie nicht weg. Verhalten Sie sich, als wollten Sie ehrlich ihre Meinung hören (was vielleicht ja auch zutrifft).

Was auch immer Sie tun, lassen Sie nicht zu, daß das Ganze in einem gegenseitigen Sich-Anbrüllen endet. Durch Gebrüll wird eine Beziehung nicht besser, sondern schlechter. Wenn Sie wollen, daß Ihre Eltern *Sie* mit Respekt behandeln, dann sollten Sie sie ebenfalls mit Respekt behandeln - ganz gleich, wie schlecht sie sich verhalten. Aber wenn es kritisch wird, sollten Sie nicht länger mitmachen.

Was ist daran so komisch?

Es ist nicht sehr komisch, wenn die Eltern Sie beleidigen, aber es macht die Sache leichter, wenn Sie darüber lachen können. Ein Sohn erzählte mir:

> „Wenn mein Vater glaubt, daß du 'was Dummes gesagt hast, fixiert er dich mit einem Blick, als wolle er sagen: „Du machst wohl Witze", schiebt seine Brille hoch und murmelt: „Schon möglich", als müsse er den Dorftrottel bei Laune halten. Dann denkt er an was anderes oder beginnt die Zeitung zu lesen, als sei man nicht mehr anwesend.
> Bei so was würd' ich ihm dann am liebsten an die Gurgel gehen. Eines Tages dann sagte ich etwas zu meiner Frau, das, nun ja, vielleicht etwas weit hergeholt und dumm war, und sie schaute mich an, schob ihre Brille hoch und seufzte: „Schon möglich". Das war eine derart perfekte Imitation meines Vaters, daß ich lachen mußte. Wir machen uns jetzt immer einen Spaß daraus. Und wenn mein Vater das jetzt macht, ist es nicht länger bedrückend, sondern komisch."

Vermutlich lieben sie Sie, aber ...

Nicht alle Eltern haben ihre Kinder gern. Oh, sie lieben Sie - sie müssen es, denn schließlich sind Sie ihr Kind - aber auf Sie als Person sind sie möglicherweise nicht sonderlich erpicht. Ein betont männlicher Vater sieht es vielleicht nicht gern, wenn sein Sohn ein Bücherwurm ist. Eine Mutter vom Typ Hausmütterchen fühlt sich vielleicht etwas unbehaglich, wenn ihre Tochter eine energische Geschäftsfrau ist. Ein Elternteil oder beide haben vielleicht das Gefühl, daß durch Ihre Geburt ihr Leben in eine ungewollte Sackgasse geraten ist.

Vielleicht werden sie durch Sie an einen Bruder oder eine Tante erinnert, die sie nicht mögen. Vielleicht lehnen sie auch Ihre Freunde, Ihre Arbeitseinstellung oder Ihre Lebensweise ab. Und diese Enttäuschung und Ablehnung zeigt sich dann als grobes, unfreundliches Verhalten.

Wenn das so ist, haben Sie nur eine Wahl: Beschränken Sie die Besuche bei ihnen auf ein (für Sie noch) erträgliches Minimum, und verbringen Sie stattdessen Ihre Zeit mit Leuten, die Sie wirklich gern haben.

Versuchen Sie nicht mit aller Gewalt die Zuneigung von Menschen zu gewinnen, die dazu nicht fähig sind.

Die Beleidigten
„Ich weiß, ich hatte dir nichts von meinem Aufenthalt im Krankenhaus erzählt, aber das ist kein Grund, mich nicht zu besuchen."

Die Beleidigten sind das genaue Gegenteil der Beleidiger. Sie legen es darauf an, daß *Sie* sie beleidigen. Sie benutzen Geburtstage, Jahrestage, staatliche und religiöse Feiertage, die Post oder was ihnen sonst noch unterkommt, damit Sie sich schuldig fühlen, weil Sie sie so schlecht behandeln.

Um zu zeigen, wie das geht, wollen wir annehmen, daß Sie Daten schlecht behalten. Eigentlich sollten Sie sich an Geburtstage und Jahrestage erinnern, aber es klappt nicht - und das ist der Traum jedes Beleidigten. Sie denken gar nicht daran, Ihnen auf die Sprünge zu helfen. Sie erinnern Sie nicht daran. Sie rufen nicht an und sagen: „Übermorgen hat Vater Geburtstag" oder: „Nächste Woche hat deine Mutter Geburtstag".

Nein, sie sagen kein Wort. Einen Monat lang starren sie auf den Kalender, sehen zu, wie die Tage vergehen, und warten darauf, daß Sie - ihr kaltherziger, gefühlloser Sprößling - Mutters Geburtstag ohne Notiz, ohne Reaktion, ohne Feier (zumindest von Ihrer Seite) übergehen und ihr auf diese Weise das Herz brechen und für die nächsten 12 Monate jedes auch noch so bescheidene Glück rauben.

Und natürlich klingelt dann einen Tag nach Mutters Geburtstag in aller Frühe das Telefon, und Sie hören Ihren Vater sagen: „Hättest du nicht deine Mutter an ihrem Geburtstag anrufen können? Diese Heilige, die dir die Windeln gewechselt und ihr Taschengeld gespart hat, damit du auf die Uni gehen konntest, die sich in all den Jahren für dich die Finger blutig geschuftet hat? Und du hast einfach *Mutters* Geburtstag vergessen? Wie? Nein, du kannst jetzt nicht mit ihr reden. Sie ist ganz durcheinander."

Jetzt heißt es zu Kreuze kriechen

Alle Beleidigten haben nur ein Ziel: Sie sollen sie auf Knien um Vergebung bitten. Falls Sie, welche Ungeheuerlichkeit, den Muttertag vergessen, sind Sie dazu verdammt, stundenlang um Vergebung zu bitten und einen Großteil Ihres nächsten Monatsgehalts zur Wiedergutmachung zu verwenden.

Für Ihre Mutter ist das von Vorteil, sie bekommt nämlich zehnmal so viel Zuwendung, Komplimente, Geschenke, Süßigkeiten und Blumen, als wenn Sie sich gleich an den Muttertag erinnert hätten. Und sie fühlt sich edel und erhaben und wird in den Augen ihrer Freundinnen zur Märtyrerin („Du glaubst, daß du Probleme hast? Meine Tochter hat den Muttertag vergessen.").

Erfinderisch im Sammeln von Beleidigungen

Zwischen den Geburtstagen, Jahrestagen und wichtigen Feiertagen müssen sich die Beleidigten mit dem begnügen, was sie bekommen können.

Besuche. Die Beleidigten laden Sie gern zu sich ein: „Warum kommst du nicht einfach am Samstag vorbei? Komm, wann du willst." „Wenn's geht, ja", sagen Sie zögernd, „Hans hat nämlich Handball-Training und Susie Klavierunterricht. Wahrscheinlich hab´ ich keine Zeit, ich werd´s aber versuchen."
Die meisten Leute verstehen durchaus, daß „Ich werd´s versuchen" so viel heißt wie „Wahrscheinlich nicht". Ganz anders die Beleidigten. Sie rufen am Sonntagnachmittag an und sagen: „Hast du nicht gesagt, daß du gestern um 3 Uhr hier sein wolltest? Was ist passiert?"
Vorsicht, wenn Sie den Besuch aufs Tapet bringen. „Es könnte sein, daß wir nächstes Wochenende zu euch fahren". „Könnte sein", für alle anderen heißt das *vielleicht* - vielleicht ja, vielleicht nein. Für die Beleidigten ist es ein Versprechen. Wenn Sie absagen, ruinieren Sie ihre Pläne. Sie haben mit Ihnen gerechnet; sie haben alle Lieblingsspeisen der Kinder auf Vorrat gekauft. Nun, es kam ihnen keinen Augenblick lang in den Sinn, daß Sie vielleicht *nicht* kommen.

Bemerkungen - beiläufig oder gezielt. Für Beleidigte kann alles zu einer Beleidigung werden - sogar die Art, wie Sie guten Morgen sagen.

Sie: Hallo, Paps, ich hab´ ganz vergessen, dich zu fragen, wie die Untersuchung beim Arzt verlief. Alles in Ordnung?
Paps: Ich hab´ mich schon gewundert, wann du endlich danach fragen wirst - die Untersuchung war schon vor zwei Wochen. Es ist schon ergreifend, wie du um meine Gesundheit besorgt bist.

Sie: Mami, es sieht so aus, als hättest du dieses Jahr Schwierigkeiten mit den Geranien, sie gedeihen wohl nicht so recht.
Mami: Ich kann mich doch nicht um alles hier kümmern. Nicht genug, daß ich den ganzen Tag koch´ und putz´, damit alles im Haus tipptopp ist, wenn du aufkreuzt und was zu essen haben willst. Soll ich mich da auch noch um Blumen kümmern?

Aufträge. Die Beleidigten sind, bewußt oder unbewußt, darauf aus, Sie in Bedrängnis zu bringen. Sie geben Ihnen Aufträge, ohne zu fragen, ob Sie damit einverstanden sind, und sind wütend, wenn Sie der gestellten Aufgabe nicht gerecht werden.

Ihre Mutter schickt Ihnen Fotos und Zeitungsausschnitte und bittet Sie, das Ganze dem Bruder zu schicken, wenn Sie damit fertig sind. Die Fotos und Ausschnitte enden in irgendeiner Schublade, während Ihre Mutter jede Woche anruft und wissen will, warum Ihr Bruder sie noch nicht bekommen hat. Natürlich schicken Sie sie niemals ab, und Sie bitten Ihre Mutter, nichts mehr zu schicken, aber einen Monat später kommt ein weiteres Paket mit der Post, das die gleichen Instruktionen enthält: „Schick´ das deinem Bruder, wenn du damit fertig bist."

Wie man die Beleidigten davon abbringt, Beleidigungen zu sammeln

Durchkreuzen Sie die Pläne der Beleidigten auf die folgende Weise:

Holen Sie Hilfe. Sie haben nur die Wahl, die Geburtstage, Jahrestage und Feiertage nicht zu vergessen. Daß Sie Ihr schlechtes Gedächtnis oder einen vollen Terminkalender ins Feld führen, hilft Ihnen nicht aus der Klemme. Geben Sie daher jemandem, egal wem - Ihrer Frau, einem der Kinder, dem Nachbarn von nebenan oder einem Arbeitskollegen - den Auftrag, sich über den Geburtstag und den Hochzeitstag der Eltern und über alle wichtigen Festtage auf dem laufenden zu halten. Dieser ordnungsgemäß bestellte Vertreter soll eine Glückwunschkarte besorgen, sie Ihnen unter die Nase halten, damit Sie unterschreiben, und den Umschlag mit der Anschrift versehen. Dann soll er eine Briefmarke aufkleben und den Brief einwerfen. (Vorsicht: Lassen Sie die Anschrift nicht von jemandem schreiben, dessen Handschrift die Eltern nicht kennen. Das macht sie fuchsteufelswild: „Du mußtest jemanden *anheuern*, der dich daran erinnern soll, daß wir noch am Leben sind?")

Und der, den Sie angeheuert haben, soll Ihnen, wie abgesprochen, so lang auf den Pelz rücken, bis Sie für diese geheiligten Termine einen Besuch bei den Eltern verabredet haben - oder sie wenigstens anrufen.

Machen Sie keine vagen Versprechungen. Sie sollten, wenn es nicht gerade um Festtage geht, Schwierigkeiten vermeiden. Deuten Sie also auf keinen Fall gegenüber den Eltern an, daß Sie *vielleicht* am nächsten Donnerstag zu Besuch kommen oder bei ihrer Neujahrsparty reinschauen oder mit ihnen ins Kino gehen. Weihen Sie die Eltern in Ihre Pläne erst ein, wenn Ihr Entschluß unumstößlich ist, wenn Sie die Fahrkarten bereits gekauft oder den Wagen vollgetankt und das Gepäck im Kofferraum verstaut haben.

Wenn sie Sie einladen, sollten Sie ablehnen, es sei denn, Ihr Kommen ist hundertprozentig sicher. Sagen Sie schnell und bestimmt nein. Reagieren Sie nicht unentschlossen. Denken Sie daran, für die Beleidigten ist ein Vielleicht so gut wie ja. Wenn Sie zögern, haben Sie bereits verloren.

Machen Sie sich auf einen Hinterhalt gefaßt. Die Beleidigten machen beiläufige Bemerkungen, die Ihnen später noch schwer zu schaffen machen. Am Montag sagen sie, daß ihr Wagen repariert werden muß und daß sie ihn am Freitag wahrscheinlich in die Werkstatt bringen. Am Donnerstagabend rufen sie an und wollen, daß Sie sie am nächsten Morgen um 7 Uhr abholen. „Aber das geht nicht", protestieren Sie. „Ich hab´ um 7 eine Verabredung zum Frühstück." Entrüstet antwortet der Beleidigte: „Ich hab´ dir doch gesagt, daß ich den Wagen am Freitagmorgen in die Werkstatt bringen muß. Ich hab´ gedacht, du siehst ein, daß ich jemand brauch´, der mich abholt."

Fragen Sie also in jedem Fall: „Wollt ihr, daß ich euch helfe?" Sie können immer noch nein sagen, aber zumindest liegen so die Fakten auf dem Tisch.

Natürlich ignorieren die Beleidigten jede Ihrer beiläufigen Bemerkungen, wenn sie dadurch im Vorteil sind. Wenn Ihre Mutter das Essen für Ihren nächsten Besuch plant, „vergißt" sie bequemerweise, daß Sie ihr gegenüber erwähnt haben, Sie seien auf Diät. Wenn Sie sich dann weigern, ihr spezielles Nudelgericht mit der dicken Cremesoße zu essen, ist sie beleidigt.

Ergreifen Sie vorbeugende Maßnahmen. Ersticken Sie Probleme im Keim. Sie sollten bereits Wochen vor dem Tag des geplanten Besuchs immer wieder Ihre Mutter am Telefon vorwarnen, daß Sie auf Diät sind und es nicht zulassen, daß man Sie während des Besuchs wie üblich wie eine Gans mästet. Und wenn Sie schon als dämliche Frankiermaschine fungieren, dann sollten Sie Ihrer Mutter sagen, daß sie besser einen adressierten und frankierten Umschlag beilegt, wenn sie will, daß Sie die Sachen Ihrem Bruder schicken - sonst bekommt er sie nicht. Oder noch besser: Bestehen Sie darauf, daß der Bruder den Kram *zuerst* bekommt, und der soll ihn dann Ihnen schicken.

Lassen Sie sich nicht aus der Ruhe bringen. Vorbeugende Maßnahmen sind keine Garantie, daß Sie in Zukunft keine Schokoladentorte oder Päckchen mit Zeitungsausschnitten mehr bekommen. Vielleicht ignorieren die Eltern Ihre Bitten und bieten Ihnen 16 Sorten Nachtisch an oder versuchen Sie auch weiterhin als Zweigstelle der Post einzusetzen. Wenn sie das tun, verhalten sie sich Ihnen gegenüber feindselig und aggressiv. Sie wollen damit sagen: „Was ich will, zählt. Was du willst, ist mir egal."

Sie brauchen nur zu sagen: „Tut mir leid, ich hab´ versucht, euch zu warnen. Wenn ihr mich nicht ernst nehmt, ist das euer Problem, nicht meins."

Es gibt keine ideale Methode, die Beleidigten völlig abzublocken, denn sie sind so erstaunlich erfindungsreich - und empfindlich. Aus unerfindlichen Gründen fühlen sie sich mit Wonne schlecht, und Sie sollen sich dafür verantwortlich fühlen. Aber wer mag schon Leute, die wollen, daß man sich elend fühlt.

Tun Sie Ihr Bestes, entschuldigen Sie sich, falls Sie ihre Gefühle verletzt haben. Und dann sollten Sie deswegen keine Minute länger ein schlechtes Gewissen haben.

Die Tyrannen
„Wag ja nicht, so was in diesem Haus zu tun!"

Tyrannen (in der Regel sind es Väter) führen das Kommando und bellen Befehle. Sie sagen Ihnen, was wann und wie zu tun ist. Sie schüchtern Sie mit ihrer Redeweise, ihrer Lautstärke oder beidem ein, aber die Botschaft ist immer die gleiche: „Tu, was ich von dir verlang´, sonst wird es dir nochmal leid tun."

Falls Sie einem Tyrannen in die Quere kommen, ist das Ihr Risiko. Natürlich würden die meisten nicht mal im Traum daran denken, ihm in die Quere zu kommen. „Wenn mein Vater dir sagt, wie etwas gemacht wird", sagte ein Sohn, „dann springst du am besten gleich, sonst ...."

Die Frage ist nur: was „sonst"? Sonst setzt es eine Tracht Prügel? Oder Paps bekommt einen Wutanfall? Oder er schickt Sie auf Ihr Zimmer? Wovor haben Sie Angst?

Warum fürchten Sie sich immer noch vor den Eltern?

Sie zehren immer noch von früheren Erfahrungen, die weit zurückliegen. Als Sie 1,20m groß und 50 Pfund schwer waren, war es ganz schön beängstigend, wenn ein 1,80m großer, 180 Pfund schwerer Mann auf Sie wütend war. Als kleines Kind waren Sie überzeugt, daß es um Ihr Leben ging.

Sicher, Paps hatte Sie gern, aber was war, wenn er Amok lief und Sie umbrachte? Ganz wie Bill Cosby, der zu seinen Kindern sagte: „Ich hab´ euch das Leben geschenkt, ich kann´s euch auch wieder nehmen." Und Sie wußten, daß es stimmte.

Daher war es besser, kein Risiko einzugehen; besser, sich zusammenzureißen und zu gehorchen und alles daran zusetzen, daß man mit 21 noch am Leben war.

Aber gestern ist gestern und heut ist heut, und Ihr Unterbewußtsein muß endlich begreifen, daß Sie als Erwachsener Ihrem Paps und Ihrer Mami alles sagen können - so lange es in einem vertretbaren Rahmen bleibt -, ohne daß man Sie physisch verstümmelt oder psychisch erniedrigt.

Ihr alter Paps wird nicht ausholen und Ihnen die Zähne einschlagen, und Mami wird nicht ihr Bündel schnüren und verschwinden. Sie sollten endlich diese alte Angst ablegen, die Sie daran hindert, etwas zu sagen oder zu tun, was Ihre Eltern aufregen könnte.

Halten Sie einen Augenblick inne, und fragen Sie sich, was wirklich passieren würde, wenn Sie sagen: „Hört auf zu brüllen." Oder: „Ihr braucht mich nicht zu behandeln, als wär ich erst 10." Oder: „Ihr habt ja keine Ahnung, wovon ihr redet." Davon ginge doch wohl die Welt nicht unter, oder?

Dienen Sie nicht länger in Vaters Armee

Sie sind zu alt, um von Ihrem lieben alten Paps „auf Vordermann gebracht zu werden". Sagen Sie ihm also, daß er damit aufhören soll. Sagen Sie es ihm freundlich, aber bestimmt, oder machen Sie es gar ohne Worte wie Sebastian.

Sebastian half seinen Eltern beim Umzug in ein anderes Haus. Das brauchte seine Zeit, da seine Mutter sich ständig in Erinnerungen verlor und darüber das Packen vergaß. Als sie auf die Schachtel mit Urlaubssouvernirs stieß, belegte sie Sebastian eine halbe Stunde lang mit Beschlag.

In der Zwischenzeit stand Sebastians Vater kochend vor Wut hinter´m Haus und wartete darauf, daß Sebastian ihm half, den Rasenmäher auf dem LKW zu verstauen. Schließlich brüllte er: „Sebastian, komm sofort runter!"

Sebastian wurde sauer. Er ging zur Garage, aber statt sich zu entschuldigen und den Geschäftigen zu mimen, marschierte er schnurstracks zu seinem Vater, starrte ihm mitten ins Gesicht und sagte mit ruhiger, aber unnachgiebiger Stimme: „Was willst du,

Paps? Warum brüllst du so?"
Einen Augenblick lang war Sebastians Vater sprachlos, so sehr hatte ihn diese Herausforderung verblüfft. Dann rappelte *er* sich auf: „Naja, ich will nur den Rasenmäher auf den LKW schaffen. Sag´ mal, hab´ ich, hm, schon gesagt, daß mir deine Hilfe willkommen wäre?"

Tyrannen hassen es, wenn man ihnen die Stirn bietet, aber noch mehr hassen sie Schwächlinge. Sie verlangen Respekt, aber insgeheim wollen sie sehen, ob Sie Mumm haben.
Am besten sollte jeder genau so handeln. Seien Sie höflich, aber lassen Sie sich nicht einschüchtern. Packen Sie Ihren Vater nicht beim Kragen und knurren: „Hör´ mal, Alter, mäßig´ dich im Ton, sonst kannst du die Möbel allein schleppen!" Schrecken Sie aber nicht zurück, schlucken Sie nicht, was Paps Ihnen einbrockt.

Barbara, verheiratet und Mutter von zwei halbwüchsigen Töchtern, erzählte: „Ich war 37, als ich mich meinem Vater zum ersten Mal widersetzte. Als Paps endlos quasselte, wie schrecklich heutzutage die Halbwüchsigen seien, konnt´ ich´s nicht mehr aushalten. Meine Kinder sind in Ordnung, und das gilt auch für ihre Freunde. Ich hatte es einfach satt, daß mein Vater seine Ansichten aus den Horrorgeschichten bezog, die er täglich in der Zeitung liest. Ich fiel ihm also ins Wort: „Du weißt nicht, wovon du redest, Paps."
Mitten im Satz hielt er inne und fragte zögernd: „Was?" - als traue er seinen Ohren nicht. Also sagte ich: „Du hast unrecht. Du hast schlicht und ergreifend unrecht, und ich hab´ nicht die Absicht, dir noch länger zuzuhören."
Es entstand eine lange Pause, dann sagte er: „Oh" - und wechselte das Thema. Ich glaub´, ich war genauso geschockt wie er. Seltsamerweise kommen wir seitdem besser miteinander aus. Ich glaub´, er hat verstanden, daß ich nicht einfach nur sein Fußabstreifer bin, für den er mich bisher gehalten hatte."

Die Schinder
„Was ich sage, wird gemacht, oder aber..."

Die Schinder gehen noch einen Schritt weiter; sie schüchtern Sie nicht nur ein, sie bedrohen Sie tatsächlich.

• „Wenn du deinen Vater und seine Frau zu deiner Hochzeit einlädst", sagte eine geschiedene Mutter zu ihrem Sohn, „dann komm´

ich garantiert nicht."
- „Ich dulde nicht, daß meine Tochter in Sünde lebt", sagte ein Vater. „Entweder du heiratest, oder du nimmst dir 'ne eigene Wohnung - oder du bist in unserem Haus nicht mehr willkommen."
- „Wenn du diesen Versager heiratest, reden wir nicht mehr mit dir."

Schinder interessiert nicht, was Sie wollen, was für Sie am besten ist oder Sie glücklich machen würde. Für sie zählen nur die eigenen Wünsche. Und notfalls sind sie, um ihren Willen durchzusetzen, sogar bereit, Sie zu enterben.

Lassen Sie sich mit Erpressern auf keinen Handel ein

Es gibt nur einen einzigen Weg, auf Drohungen der Eltern zu reagieren: Lassen Sie sich nicht bluffen. Die richtige Antwort auf die drei oben dargelegten Situationen lautet also jeweils:

- „Es tut mir leid, daß du deshalb unglücklich bist, aber ich werde trotzdem meinen Vater und dessen neue Frau zu meiner Hochzeit einladen. Ich hoffe, daß ihr dennoch kommt. Falls aber nicht, hab' ich Verständnis dafür."
- „Ich weiß, daß es euch aufregt, wenn ich mit jemandem zusammenlebe, aber ich bin jetzt erwachsen und hab' ein Recht darauf, so zu leben, wie es mir paßt. Wenn ihr deshalb mit mir nichts mehr zu tun haben wollt, ist das euer gutes Recht. Ich hoff' aber, daß ihr das nicht tut."
- „Ich hab' mir angehört, was ihr über meinen Verlobten zu sagen hattet, und ich versteh' durchaus, daß ihr euch Sorgen macht. Aber ich bin dennoch zur Heirat entschlossen. Nicht ich, sondern ihr habt es in der Hand, ob wir auch in Zukunft noch miteinander reden."

Schinder sind darauf aus, die Entscheidung über den Erfolg ihrer Drohung Ihnen aufzubürden. Lassen Sie sich darauf nicht ein. Weisen Sie ein solches Ansinnen zurück. Entscheiden Sie selbst, wie Sie die Situation meistern wollen, und machen Sie ihnen dann klar, daß *sie* am Zug sind.

Da Drohungen allzuleicht zu jahrelangen Familienfehden führen können, sollten Sie ruhig („Es tut mir leid, daß ihr so denkt") und verständnisvoll („Ich kann schon verstehen, weshalb ihr euch so aufregt") reagieren. Und geben Sie ihnen auch stets die Chance, das Gesicht zu wahren („Ich hoff' wirklich, daß ihr das, mir zuliebe, nicht tut"). Aber Sie sollten nicht nachgeben. Wenn ein Schinder erst einmal erkannt hat, daß Drohungen zum Erfolg führen, wird er Ihnen immer wieder ein Ultimatum stellen.

Wenn Drohungen Wirklichkeit werden

Sollten Ihre Eltern sich tatsächlich dazu entschließen, nie mehr mit Ihnen zu reden, dann hören Sie genau hin, was sie Ihnen damit sagen wollen. Sie teilen Ihnen auf diese Weise mit, daß es ihnen wichtiger ist, den eigenen Willen durchzusetzen, als eine Beziehung zu Ihnen zu haben.

Denken Sie also erst einmal nach, ehe Sie sich darüber aufregen, daß Ihre Eltern Sie nicht mehr lieben. *Es geht ihnen nicht so sehr um Sie, sondern darum, ihren eigenen Willen durchzusetzen*. Sie wollen Herr der Situation bleiben, auch wenn dabei die Beziehung in die Brüche geht. Nicht sehr schmeichelhaft, was?

Vielleicht sind Sie ihnen nicht so wichtig, wie Sie glauben - oder wie sie behaupten. Wenn Sie die Situation erst einmal aus dieser Perspektive betrachtet haben, dann sollte es Ihnen eigentlich leichter fallen, damit fertig zu werden. Gehen Sie in zwei Schritten wie folgt an die Sache heran:

Bemühen Sie sich, den Riß nach Möglichkeit zu kitten. Sagen Sie den Eltern, es täte Ihnen leid, daß sie so erregt seien, aber das sei den Bruch der Beziehung nicht wert. Entschuldigen Sie sich *auf keinen Fall* für Ihr Tun, und geben Sie nicht klein bei. Aber verlangen Sie auch von ihnen keine Entschuldigung. Schindern fällt es nicht leicht, sich zu entschuldigen.

Machen Sie wenigstens drei Versuche, den Riß zu kitten. Aber verlegen Sie sich nicht aufs Bitten. Nehmen Sie dem Problem gegenüber eine Haltung ein, die an die Vernunft appelliert.

Warten Sie, bis die Eltern von sich aus kommen. Falls die Eltern stur bleiben, sollten Sie es aufgeben. Wenn sie in der Lage sind, wieder mit Ihnen zu sprechen, werden sie es schon tun. Schicken Sie weiterhin zum Geburtstag oder zu den Festtagen Glückwunschkarten und Geschenke (als sei alles im Lot). So zeigen Sie ihnen, wie kleinlich sie sind - und geben ihnen einen Anlaß, wieder mit Ihnen zu reden.

Aber ansonsten sollten Sie sich keine Sorgen machen. Es ist wahrscheinlich ganz angenehm, mal ein paar Monate nicht mit den Eltern zu reden. Und nur so können Sie ihnen beibringen, daß Sie sich von ihnen nicht schikanieren lassen.

7
Die Gleichgültigen, Zerstreuten und Vergeßlichen

In Ihrem Elternhaus ist das Abendessen fast vorüber. Ihre Mutter kratzt die letzten Krümel des Biskuitkuchens zusammen und stopft sie Ihnen in den Mund. Tapfer schlürfen Sie den kochendheißen Kaffee, der so stark ist, daß man ihn als Ofenreiniger verwenden könnte. Sie schauen Ihrer Mutter zu, die rastlos zwischen Küche und Eßzimmer hin- und hereilt, Teller abräumt, Essen wegträgt, Kaffee eingießt und dabei unentwegt redet und redet. Aber sie spricht nicht mit Ihnen; sie redet nur einfach drauflos.

Ihr Vater, der während des Essens mit einem Ohr und Auge am Fernseher hing, steht auf und begibt sich wortlos zum Fernsehen ins Wohnzimmer: Kein „Es hat gut geschmeckt" für Mutter, kein „Freut mich, daß du da bist, Kind", kein „Entschuldigt mich bitte".

Ihre Mutter ist nicht zu bremsen - weder beim Reden noch beim Gehen. Selbst wenn Sie, wie Ihr Vater, aufstehen und hinausgehen würden, ihr Monolog fände kein Ende. Sie nimmt Ihnen die Kaffeetasse weg, wischt den Tisch ab, sagt: „Bleib sitzen, bleib sitzen", und verzieht sich in die Küche, um das Geschirr zu spülen.

Sie sitzen im leeren Eßzimmer und haben das Gefühl, daß Ihre Anwesenheit den Eltern noch nicht ganz zu Bewußtsein gekommen ist. Es ist nicht klar, was sie wirklich beschäftigt. Vielleicht ist es eine Episode aus der „Dallas"-Serie, vielleicht, was die Nachbarn gerade machen, vielleicht sind es auch kosmische Strahlen aus dem Weltraum. Schwer zu sagen, was es sein könnte. Aber was es auch immer sein mag, ihre Gedanken gelten nicht Ihnen.

Schweigend warten Sie. Vielleicht kommen sie ja wieder. Vielleicht wird ihnen bewußt, welche Mühe es Sie gekostet hat, damit Sie zum Essen hier sein konnten. Vielleicht kommt ja jemand und klärt Sie auf. Vielleicht sagt er zu Ihnen: Sie *glauben* nur, daß Sie zum Essen bei den Eltern seien. In Wirklichkeit essen Sie nur in der elterlichen Sphäre.

Wie man mit Eltern, die den Kontakt verloren haben, zurechtkommt

Die Gleichgültigen, Zerstreuten und Vergeßlichen gehören zu jener Spezies von Eltern, deren Kontakt zur Wirklichkeit brüchig geworden ist. Sie leben in ihrer eigenen kleinen Welt und gehen ihren eigenen unwichtigen Geschäften nach. Sie haben die automatische Steuerung eingeschaltet - mit unbekanntem Ziel.

Diese Eltern haben eines gemeinsam: Man kommt nicht an sie ran. Es ist, als wäre man unsichtbar - was frustrierend sein kann, wenn man aus irgendeinem Grund versucht, ihre Aufmerksamkeit zu gewinnen. Diese Eltern sind meist keineswegs bösartig oder tückisch oder auf Manipulation aus; sie sind ganz einfach vertrottelt. Aber vertrottelte Eltern sind immerhin glückliche Eltern - es gibt, wie wir im vorigen Kapitel gesehen haben, Schlimmeres.

Wenn man mit solchen Leuten zurechtkommen will, braucht man sehr viel Geduld und Verständnis. Es muß ihnen überlassen bleiben, was sie mit ihrem Leben machen, wie wir Autoren, die in den 60er Jahren groß geworden sind, gern sagen, und das gilt gleichermaßen auch für Sie. Sie müssen akzeptieren, daß Sie Ihre Eltern nicht zurechtbiegen, sie nicht dazu bringen können, mit dem Planeten Erde wieder Kontakt aufzunehmen und für etwas, das sie lieber ignorieren, Interesse zu zeigen - selbst wenn es um Sie geht.

Reden wir also darüber, wie man es anstellt, damit die folgenden Elterntypen Sie nicht in die Gummizelle bringen: die Schwätzer, Wiederholer, Unordentlichen, Ordnungsfanatiker, Ichbezogenen und Verdränger.

Die Schwätzer
„Dein Onkel Richard hat 'ne neue Stelle. Hast du gewußt, daß Sabines Tochter in den Ferien auch daheim ist? Wie gefällt dir unser neuer Sessel? Ich mußte in acht Läden rennen, ehe ich einen auftrieb, der in der Farbe zum Teppich paßt. Natürlich ist der Teppich schon 15 Jahre alt, aber ..."

Mit Leuten, die schon lang verheiratet sind, passiert etwas Seltsames. Wenn sie 25 sind, führt der Ehemann das Wort, und seine Frau ist zu schüchtern, etwas zu sagen. Wenn sie 65 sind, gibt die Ehefrau 5000 Wörter pro Minute von sich, und ihr Mann brummelt nur einmal in drei Wochen etwas vor sich hin.

Ihre Mutter muß ein weites Feld abdecken, um dieser 5000-Wörter-pro-Minute-Norm zu genügen.

In qualvoller Ausführlichkeit erzählt sie Ihnen, was mit den Leuten passiert ist, mit denen Sie zur Grundschule, Mittelschule und Oberschule gingen. Sie redet aber keineswegs von denen, über die Sie gerne etwas hören würden, z.B. Ihren Partner vom Schulball, das Mathegenie, in das Sie verknallt waren, oder Ihre beste Freundin von damals.

Nein, sie redet über Kinder, mit denen Sie nichts zu tun hatten und an die Sie sich heute nicht mehr erinnern.

Harald Schuster z.B. - „Seine Mutter hat mir gesagt, er sei auf der Oberschule in deinem Englischkurs gewesen", sagt Ihre Mutter entrüstet, „was heißt das, du erinnerst dich nicht an ihn?" - handelt jetzt mit Gebrauchtwagen. Und jemand, der in Ihrem Gesundheitskurs war - oder vielleicht war sie auch im Kurs davor - Ihrer Mutter fällt einfach der Name nicht ein - ist schon zum 5. Mal schwanger.

Dann beschreibt sie mit betäubender Langatmigkeit den neuen Supermarkt: Sie haben alle möglichen Nahrungsmittel im Faß und Gartenmöbel, und überhaupt ist es zum Staunen; du mußt es dir unbedingt anschauen, bevor du fährst. Du mußt allerdings die Lebensmittel selber verpacken, deshalb weigert sich natürlich dein Vater, dort einzukaufen. „Bei den Preisen", zitiert sie ihn, „ist es verdammt viel verlangt, wenn ich die Sachen auch noch selber verpacken soll."

Wenn Sie mit ihr im Wagen unterwegs sind, liest sie Ihnen vor: Straßenschilder, Reklametafeln, die Namen der Geschäfte und alle Autoaufkleber. Sie erzählt Ihnen, wer in jedem Haus, an dem Sie vorbeikommen, lebt, welchen Beruf und wie viele Kinder die Bewohner haben und wie sie und ihre Kinder sich wahrscheinlich verhalten, sollten Sie ihnen während Ihres Aufenthalts zufällig im neuen Supermarkt über den Weg laufen.

Wenn Ihre Augen glasig werden, Ihnen der Kinnladen runterfällt und Speichel übers Kinn rinnt, möchte sie mit Ihnen über Ihr müdes Aussehen reden und stellt langatmige Vermutungen über die Ursachen Ihrer Müdigkeit an - wobei sie sich selber natürlich davon ausnimmt.

Es gibt kein Entkommen

Jeder Versuch, Mami auf wichtigere oder interessantere Gesprächsthemen zu bringen, ist zum Scheitern verurteilt. Wenn Sie das Gespräch auf die jüngste Flugzeugentführung im Mittleren Osten lenken, sagt sie lediglich: „Ist das nicht schrecklich?"

Aber das Entführungsthema erinnert sie an ihre Freundin Margarete, die ihr erzählt habe, wie schrecklich sich doch heutzutage die Oberschüler im Bus benehmen würden - „Glaub´ mir, der Busfahrer muß das Gefühl haben, daß er es ist, den man entführt! Weißt du, Margaretes Tochter ist Lehrerin - deshalb weiß sie, was im Bus abläuft - und hat einmal in der Woche Aufsicht im Speisesaal, und sie sagt, diese Kinder sind Terroristen. Schlicht und einfach Terroristen."

Ein Gespräch ist das nicht

Bei Schwätzern muß man wissen, woran man mit ihnen ist. Die meisten glauben zu Unrecht, daß sie
1. an einem Gespräch teilnehmen,
2. zuhören sollen,
3. antworten sollen.

Nichts davon stimmt. Geschwätz ist ebensowenig ein Gespräch wie Pfeifen oder Nägelkauen. Es ist lediglich ein Tick. Sie brauchen nicht darauf zu reagieren. Sie müssen kein Interesse zeigen, nicht nicken und Fragen stellen, die deutlich machen, daß Sie zuhören, und Sie müssen auch keine der anderen höflichen Gesten verwenden, die man Ihnen für den Fall, daß jemand mit Ihnen spricht, beigebracht hat.

Sie können das Radio einschalten, fernsehen oder sich empfehlen und die Waschmaschine beladen. Das macht den Schwätzern nichts aus. Sie sind wie kleine Kinder. Kleine Kinder reden ohne Unterlaß über alles und jedes, und so lang Sie im Zimmer sind, sind sie zufrieden. Sie haken nicht bei jedem Wort ein („Fein, Susie. Und dann ist was genau passiert, als du mit Gabi und Annie die Straße heruntergerollert bist?"); Sie lassen sie einfach reden.

Behandeln Sie erwachsene Schwätzer ebenso. Lächeln Sie ihnen einfach alle 60 bis 90 Sekunden zu, und sie sind glücklich.

Zu mehreren ist man sicherer

Sollten Sie das hirnlose Geschwätz wirklich nicht mehr aushalten, gibt es ein paar Möglichkeiten, sich etwas Erleichterung zu verschaffen.

Halten Sie sich in Gesellschaft anderer auf. In Gesellschaft finden Sie leicht jemanden, mit dem Sie ein (echtes) Gespräch führen oder dem Sie den Schwätzer überlassen können.
Begeben Sie sich mit dem Schwätzer an Orte, wo es förmlich zugeht. Ein nettes Restaurant kann durchaus hilfreich sein, da Schwätzer (wie andere auch) in einer kultivierten Umgebung stärker auf ihr Verhalten achten. Vermeiden Sie aber Orte, an denen es zu steif zugeht, sonst werden sie nervös und plappern erst recht drauflos.
Flucht. Gehen Sie einkaufen, ruhen Sie sich ein wenig aus oder machen Sie einen Spaziergang. Lassen Sie sie eine Zeitlang allein, in der Hoffnung, daß sie bei Ihrer Rückkehr eine andere Beschäftigung gefunden haben und Sie mit ihrem Geschwätz verschonen.
Bitten Sie um eine Auszeit. Manchmal hilft es, wenn man sie bittet,

kurz zu treten: „Mami, du bist so aufgedreht. Komm, wir setzen uns jetzt erst mal ein paar Minuten ganz still hin, ja?"

Die Wiederholer
„Hab´ ich dir schon mal erzählt, daß ...?"

Ein weiterer Konkurrent im olympischen Redewettbewerb ist der Wiederholer. Wiederholer versammeln ein paar Zuhörer um sich und erzählen ihnen Geschichten - nicht unbedingt langweilige oder alberne Geschichten, sondern einfach nur die, die sie schon so oft zum Besten gegeben haben.

Wenn sie mit dem Satz anfangen: „Das erinnert mich an damals, als wir kurz vor unserem Urlaubsort eine Autopanne hatten", stürzen die Leute schreiend aus dem Zimmer.

Bei diesem Elterntyp scheinen Väter den Müttern etwas überlegen zu sein, aber ansonsten liefern beide die übliche Wiederholungssendung - so daß man sogar den Text lippensynchron mitsprechen kann:

Paps: Ich kann´s einfach nicht fassen, daß du für so einen Wagen 18000 Mark bezahlt hast. Gott, ich hab´ meinen ersten Wagen ...
Sie: für nur 3000 Mark gekauft, funkelnagelneu, direkt vom Händler.
Ihre Frau: Es war ein VW - in einem unvergleichlichen Blau.
Ihre Kinder: Und die Quittung dafür hast du noch oben im Schreibtisch.
Paps (verwirrt): Hab´ ich euch die Geschichte schon ´mal erzählt?

Ihre Eltern erzählen immer wieder die gleichen Geschichten, und zwar aus den folgenden Gründen:
1. Sie denken gern an die Vergangenheit und reden gern darüber: über die gute alte Zeit, als sie noch jünger, stärker, aktiver waren, besser aussahen, und alles billiger war.
2. Seit Ihrem letzten Besuch hat sich nichts Neues auf der Kriechspur ihres Lebens ereignet.
3. Sie wollen Sie unterhalten, aber die Zahl ihrer unterhaltsamen Geschichten ist begrenzt.

Sie sollten das im Kopf behalten und etwas Toleranz üben. Die Wiederholer wollen ein nettes Gespräch mit Ihnen führen - leider ist aber ihre Redekunst etwas unterentwickelt. Sicher haben Sie sich auch schon einmal wiederholt - obwohl ein Freund von mir sagt, daß es mehr Spaß macht, eine Geschichte zweimal zu *erzählen*, als sie zweimal *zuhören*.

Falls Sie es jedoch wirklich nicht mehr aushalten, bis Ihr Vater mit der bekannten Geschichte-von-den-5-Litern-Farbe-die-er-dem-Händler-abschwatzte fertig ist, können Sie, mit etwas Geschick, den Wiederholer abblocken, ohne seine oder ihre Gefühle zu verletzen.

Bevor Paps sich in allen Einzelheiten darüber ausläßt, wie der Angestellte nicht nur einmal, nein, zweimal die Farbe falsch mischte und deshalb nicht nur einmal, sondern zweimal ins Geschäft fahren mußte - sollten Sie einwerfen: „War das nicht damals, als sie dir die 5 Liter Farbe geschenkt haben?" Geben Sie Ihrer Stimme einen fragenden Unterton, als sei es durchaus *möglich*, daß Sie diese Geschichte schon gehört haben - wenn auch nur einmal und vor langer Zeit.

Da Sie ihm so den Wind aus den Segeln nehmen - Paps war ganz darauf eingestellt, Ihnen diese faszinierende Geschichte zu erzählen - sollten Sie reagieren, wie Ihr Vater es nach einer „großartigen Geschichte" erwartet: „Junge, wie du mit dem Angestellten fertig geworden bist, einfach Klasse!" Variieren Sie dann *sachte* das Thema: „Mami hat mir gesagt, daß du das Wohnzimmer nicht mehr streichen, sondern tapezieren willst." Springen Sie nicht gleich vom Streichen zu Peter, der unbedingt eine neue Zahnspange braucht, sonst glaubt Ihr Vater, daß Sie sich nicht für die ihm lieb gewordene Geschichte interessieren.

Kommen Sie ihnen zuvor

Nicht alle Wiederholer sind Geschichtenerzähler; manche haben nur einfach das Bedürfnis, Sie zum x-ten Mal mit derselben Information oder Belehrung zu versorgen. Eine Tochter erzählte mir:

„Meine Eltern haben nichts dagegen, daß wir während des Sommers in der Regel drei oder vier Wochenenden in ihrer Hütte oben in den Bergen verbringen. Jedes Mal, wenn wir den Schlüssel abholen, bekomme ich von meinem Vater zu hören: Falls ich den Schlüssel auf der Hinfahrt (wie der aus dem Auto fallen soll, ist mir schleierhaft) oder droben verlieren sollte, fände ich ein Paar Ersatzschlüssel zwischen dem 4. und 5. Scheit in der linken unteren Reihe des Holzstoßes. Dann erinnert er mich daran, daß das Vorhängeschloß an der Tür klemmt und ich es ganz kräftig nach unten ziehen muß, damit es aufgeht.
Das sagt er mir mehrmals, bevor wir losfahren, und wenn wir die Auffahrt verlassen, brüllt er uns noch nach: „Der Ersatzschlüssel ist in dem Holzstoß zwischen dem 4. und 5. Scheit", - während wir uns die Ohren zuhalten."

Fairerweise muß man sagen, daß die Eltern das zum Teil deshalb machen, weil Sie all die Jahre immer mit „Ja doch" antworteten und dabei „Ich hör´ dir überhaupt nicht zu" meinten. Und zum Teil tun sie es auch deswegen, weil sie Ihnen nicht zuhören und sich nicht mehr erinnern, ob sie schon einmal davon geredet haben.

Sie können solch wiederholte Ratschläge vermeiden, indem Sie als erstes darauf zu sprechen kommen. Sobald Sie Ihren Vater sehen, sollten Sie sagen: „Also, Paps, mal sehen, ob ich alles richtig behalten habe. Der Ersatzschlüssel liegt zwischen dem 4. und 5. Scheit in der linken unteren Reihe des Holzstoßes, stimmt´s?"

Wenn er dennoch als erstes darauf zu sprechen kommt, sollten Sie ihn gleich zu Beginn unterbrechen: „Langsam. Red´ nicht weiter. Mal sehen, ob ich alles richtig behalten habe: Der Ersatzschlüssel liegt ..."

Ziehen Sie Ihren Vater ein wenig auf, daß er so wenig von Ihrem Gedächtnis hält. Vielleicht begreift er dann, daß Ihr Gedächtnis nicht ganz so lückenhaft ist, wie er glaubt.

Die Unordentlichen
„Mal sehen. Vor ´ner Minute war´s noch hier. Oder etwa nicht? Ich bin nicht sicher."

Ich habe mal eine Glückwunschkarte gesehen, auf der stand: „Das Leben ist nicht leicht für die, die keine Ordnung halten können."

Nun, auch diejenigen, die mit solchen Leuten zu tun haben, sind nicht auf Rosen gebettet. Es ist nicht sehr amüsant, wenn Ihre Mutter - die es nie geschafft hat, einen Einkaufszettel zu schreiben, mit dem Sie oder sonst jemand etwas anfangen kann - zum 4. Mal am Tag sagt: „Ach, Liebes, ich hab´ was beim Einkaufen vergessen. Sei ein Engel und hol´s schnell für mich, ja?"

Es macht auch keinen Spaß, wenn Ihr Vater 15 Minuten lang nach dem Schraubenzieher sucht, während Ihr zweijähriger Sohn sich die Lunge aus dem Hals schreit, weil er sich im Bad eingeschlossen hat.

Sie sind hoffnungslos. Nur ein Detektiv könnte ihre Autoschlüssel finden. Ihr batteriebetriebenes Messerschleifgerät ist nie benutzt worden, weil sie die dazugehörigen Batterien nie besorgt haben. Sie haben den einzigen Waschautomaten und Trockner in der Stadt, die nicht gleichzeitig benutzt werden können, weil eine Sicherung durchbrannte, als Sie noch auf der Oberschule waren.

Geben Sie es auf

Sie können die Unordentlichen nicht ändern. Sie können sich lediglich

vor ihnen schützen.
1. Kaufen Sie den Eltern nichts, was man zusammenbauen und warten muß und das mehr als eine drittklassige Ausbildung braucht, damit man es benutzen kann, oder das, wie oben gezeigt, Batterien braucht.
2. Wenn Sie das Haus Ihrer Eltern betreten, sollten Sie das mit derselben Erwartung tun, mit der Sie ein Haus betreten, das schon seit 30 Jahren nicht mehr bewohnt ist. Dann sind Sie nicht enttäuscht, wenn nicht genug Essen, Klopapier, Bettlaken oder heißes Wasser vorhanden sind.
3. Zu Ihrer eigenen Sicherheit sollten Sie alle Geräte der Eltern vor Gebrauch einem gründlichen Funktionstest unterziehen - vor allem ihren Wagen. Bevor Sie sich ans Steuer setzen oder auch schon, wenn Sie einfach nur mitfahren, sollten Sie fragen: Hat er genug Benzin, Öl, Wasser und ist genug Luft in den Reifen?
4. Machen Sie sich darauf gefaßt, daß alles schiefgeht. Und wenn das passiert, sollten Sie sich nicht darauf verlassen, daß für diesen Fall vorgesorgt ist oder Ihre Eltern Ihnen helfen.

Sie haben es nicht in der Hand

Akzeptieren Sie die Eltern, wie sie nun mal sind - lebensuntüchtig. Erwarten Sie nichts von ihnen, dann sind Sie auch hinterher nicht enttäuscht.

> Paul mahnte, warnte, ja er drohte sogar seinen Eltern, weil die Verandatreppe zum Garten an einer Seite fast völlig verfault war. Es war nur eine Frage der Zeit, bis eine Stufe nachgeben und jemand sich den Knöchel oder ein Bein oder Schlimmeres brechen würde.
> Seinen Eltern war die Gefahr durchaus bewußt. Jedes Mal, wenn jemand aus der Hintertür ging, sagten sie: „Sei vorsichtig mit der Treppe - die Stufen sind nicht sehr stabil". Wenn aber Paul sich darüber beschwerte, bekam er nur eine ausweichende Antwort: „Ja, wir müßten wirklich was unternehmen." Aber sie taten nichts.

Falls Paul nicht etwa selber die Treppe repariert, bleibt ihm, wie allen frustrierten Kindern unordentlicher Eltern, nur eins übrig: den Mund zu halten.
Mit Nörgeln bringt man die Unordentlichen nicht dazu, etwas zu tun - auch wenn das Problem noch so bedrohlich ist. Egal, ob es darum geht, eine verfaulte Treppe zu reparieren oder wegen der Schmerzen in der Brust den Arzt aufzusuchen, die Unordentlichen machen das erst, wenn sie Lust und Zeit dazu haben - was in der Regel eher später als

früher, ja vielleicht nie der Fall ist.

Da Ihre Eltern ein Recht auf ihr eigenes Leben haben, bleibt Ihnen nur, sie sich selbst zu überlassen. Es mag grausam klingen, aber es ist ihr Recht, die Treppe runterzufallen oder einem Herzanfall zu erliegen - Sie haben das nicht in der Hand.

Ihnen bleibt nur die - vage - Hoffnung, daß es Ihnen gelingt, wenn schon nicht an ihr eigenes, so doch wenigstens an das Mitgefühl für ihren Partner zu appellieren:

„Paps, wenn du die Stufen nicht richtest, bringst du *Mami* in Gefahr. Wenn sie runterfällt, bricht sie sich das Hüftgelenk - oder Schlimmeres. Sie wird Wochen oder Monate im Krankenhaus liegen - d.h. wenn sie sich bei einem solchen Sturz nicht sogar den Tod holt."

Oder:

„Mami, du glaubst nicht, daß diese Brustschmerzen was Ernstes sind, aber Paps ist wirklich in Sorge. *Er* bekommt noch einen Herzanfall, wenn du nicht schleunigst zum Arzt gehst."

Die Ordnungsfanatiker
„Wir bringen das hier in Nullkommanix auf Vordermann."

Noch unangenehmer als die Unordentlichen sind die Ordnungsfanatiker. Sie sind entschlossen, Sie, Ihre Familie, Ihr Haus, Ihren Hof und Ihre ganze Nachbarschaft auf Vordermann zu bringen, und sei es das Letzte, was sie je tun.

„Mein Vater ist ein selbsternannter Wartungsmonteur", erzählt Barbara. „Kaum war er beim letzten Besuch eine Stunde da, als er schon in die Garage eilte, die Heckenschere rausholte und anfing, die Hecken rund ums Haus zu schneiden. Dann wollte er meine Hilfe: Brenda, komm´ doch mal her und schau, ob ich diese Zweige gerade schneide! Als ich rausging, sagte er, die Rasenbegrenzung müsse neu gesetzt werden, weil sie schief sei. Und unterdessen schnitt er die Hecken fertig. So ging das eine Woche lang. Ich konnt´s nicht erwarten, daß er endlich abreiste und ich mich etwas ausruhen konnte."

„Meine Eltern glauben, ich sei nicht in der Lage, mich richtig zu ernähren", erzählte Margit, eine alleinstehende Frau von 27 Jahren, die - in den Augen ihrer Eltern - noch nicht recht flügge geworden ist. „Wenn sie zu Besuch kommen, bringen sie tonnenweise ´was zu essen mit: frisches Obst, Konserven und fertige Gerichte, für deren Zubereitung meine Mutter Tage gebraucht hat. Mein Vater schmeißt alles raus, was ich nach seiner Meinung nicht essen sollte. Einmal zog er einen Pappkarton mit Yoghurt aus dem Kühlschrank und warf ihn mit der Bemerkung: „So´n Dreck sollte man nicht essen" in den Mülleimer."

Heimvorteil

Im Haus Ihrer Eltern können Sie wenig gegen die Ordnungsfanatiker ausrichten. Sie müssen nachgeben, wie Sie das schon als Kind taten, und den Teppich jedesmal saugen, wenn Sie ihn betreten, und sie müssen genau um 18:57 Uhr los, wenn Sie das Abendessen auf 19:30 Uhr bestellen wollen.

Aber in Ihrem eigenen Haus haben Sie das Recht, die Regeln selbst zu bestimmen.

Wenn es Sie stört, daß Ihre Mutter, kaum daß sie zur Tür hereinspaziert ist, mit dem Putzen anfängt oder Ihr Vater den Geschirrspüler überholt, sollten Sie das unterbinden.

Sie können sagen: „Ich weiß, ich bin im Haushalt oder Garten kein Genie, aber dennoch möchte ich nicht, daß Ihr euch einmischt oder mich deswegen schikaniert."

Das hält sie allerdings nicht automatisch davon ab, denn Ordnungsfanatiker sind hartnäckig. Wenn Sie es Ihrem Vater verbieten, die Garage auszuräumen, wird er „nur ein paar Sachen" für Sie wegschaffen. Und wenn er das auch nicht darf, stellt er sich in die Einfahrt, schüttelt den Kopf und sagt: „Den Wagen mußt du reinfahren. Ich würd´ das nie schaffen, ohne was zu rammen. Wahrscheinlich hast du auf beiden Seiten nur ein paar Zentimeter Spielraum. Aber keine Angst, ich sag´ nichts zu dem Durcheinander. Es ist deine Garage - du kannst damit machen, was du willst."

Na so was, danke, Paps!

Machen Sie sich darauf gefaßt, daß es Monate, wenn nicht Jahre dauert, ehe Ihr höfliches, aber ständiges Drängen den Ordnungsfanatiker endlich dazu bringt, Sie nicht mehr zu schikanieren.

Schwimmen Sie mit dem Strom

Man kann die Sache aber auch anders sehen: Der Ordnungsfanatiker liefert Ihnen kostenlose Arbeitskraft im Überfluß. Falls Ihre Mutter Spaß daran hat, mit Staubwedel und einer Flasche Allzweckreiniger aufzukreuzen, sollten Sie sie nach Herzenslust putzen lassen. Wenn Ihr

Vater scharf darauf ist, die Auffahrt mit dem Preßlufthammer aufzureißen und eine neue Fahrbahn anzulegen, soll er doch.

Das ist kein Eingeständnis, daß Sie nicht in der Lage seien, Ihr Haus in Ordnung zu halten. Keineswegs. Ihre Mutter würde auch in einem frisch geputzten Operationssaal („Ich weiß, er *sieht* sauber aus, aber ...") noch Schmutz aufspüren, und Ihr Vater hätte auch an der perfektesten Golfanlage etwas auszusetzen. („Meiner Meinung nach stehen am 9. Grün zu viele Bäume.")

Ihre Eltern wollen Sie nicht beleidigen; sie handeln lediglich wie unter einem Zwang. Lassen Sie ihnen also ihren Willen. Dann sind sie glücklich und lassen Sie in Ruhe (es sei denn, Sie lassen sich einspannen), und vielleicht springt dabei sogar eine neue Auffahrt heraus.

Die Ichbezogenen
„Nett, daß man dich befördert hat, aber haben wir dir schon erzählt, was wir in diesem Sommer machen?"

Die Ichbezogenen haben nur ein Gesprächsthema: sich selbst. Dreht sich das Gespräch länger als 30 Sekunden um etwas anderes, werden sie unruhig. Wenn Sie von sich oder den Kindern oder dem Sauren Regen oder Ihrem Sportklub reden, hören sie nach kurzer Zeit nicht mehr zu. Sie seufzen, schauen sich im Zimmer um und hoffen, daß jemand auftaucht und sie wieder zum Mittelpunkt des Gesprächs macht.

Wenn Sie die verdeckten Hinweise - die besagen: „Ich halt' das nicht länger aus, du sprichst ja gar nicht von mir" - nicht beachten, trommeln sie mit den Fingern auf die Tischplatte, schauen auf die Uhr, recken sich im Sessel, gähnen, entfernen ein eingebildetes Haar vom Ärmel, bis sie endlich die Geduld verlieren und einer von ihnen dazwischenfunkt: „Bevor du weitererzählst, hab' ich dir schon gesagt, was ich gestern gemacht hab'?"

Die Ichbezogenen sind Meister in der Kunst, ein Gespräch so hinzubiegen, daß es nur von ihnen handelt.

Sie: Hans geht in zwei Wochen zum ersten Mal in die Schule. Kaum zu fassen, daß er schon so alt ist.
Der Ichbezogene: Weißt du, ich hab' selbst schon daran gedacht, wieder zur Schule zu gehen. Die Volkshochschule bietet einen Schreibkurs an, den ich gern mitmachen würde. Ich wollte schon immer ein Buch schreiben. Ich könnte meine Lebensgeschichte aufschreiben - das gäb' ein tolles Buch. Das Problem ist nur: Ich hab' so viel erlebt, daß das Buch an die 800 Seiten stark sein müßte.

Oder:
Sie: Ich denk' dran, mir 'ne neue Stelle zu suchen. Ich hab' den Eindruck, daß die Firma meine Arbeit nicht genügend würdigt.
Der Ichbezogene: Wenn du schon davon redest – ich hab' gerade die jährliche Beurteilung in meiner Firma bekommen. Mein Chef, er ist jetzt Vizepräsident, hat mir gesagt, ich könnte die Beurteilung auch selber schreiben. Er sagte mir, ich würd' meine Arbeit so gut machen, daß er kaum die passenden Worte dafür fände. Er dachte, ich könnt' ihm etwas auf die Sprünge helfen.

Ruf uns nicht an, wir melden uns schon

Traurig, aber wahr: Ichbezogene Eltern interessieren sich nicht für Sie. Ich will damit nicht sagen, daß Sie ihnen gleichgültig sind. Im Gegenteil: Sie wollen wissen, ob Sie gesund und glücklich sind. Sie haben es nur einfach nicht gern, wenn Sie zuviel von ihrer Zeit in Anspruch nehmen.

Ichbezogene Eltern führen ihr eigenes Leben, von dem Sie ausgeschlossen sind. Kinder großzuziehen war für sie eine nette Erfahrung, aber jetzt ist das vorbei, und sie sind froh darüber. Mit ihren Freunden sprechen sie über Sie, oder sie kommen Sie in den Ferien besuchen, aber ansonsten haben sie weder das Bedürfnis noch den dringenden Wunsch, mit Ihnen ihre Zeit zu verbringen.

Wie wird man damit fertig?

Die Kinder ichbezogener Eltern vergeuden viel Zeit damit, die Aufmerksamkeit und Zustimmung ihrer Eltern zu erlangen. Sie wünschen sich Eltern, die sie, wie es sich gehört, hätscheln, aber stattdessen sehen sie sich zwei Menschen gegenüber, die so tun, als hätten sie nie Kinder gehabt.

Auch wenn Sie das vielleicht nur schwer begreifen: Ihre Eltern werden Ihnen die erhoffte Zuneigung nicht geben – jetzt nicht und wahrscheinlich auch in Zukunft nicht. Falls Sie jemanden brauchen, der Sie bemuttert, atemlos an Ihren Lippen hängt und bei jedem Problem, das Sie haben, Mitgefühl zeigt, müssen Sie sich anderswo umschauen – Sie können kein Interesse wecken, wo keines vorhanden ist.

Ihre Eltern haben sich für bestimmte Interessen entschieden – und Sie gehören nicht dazu.

Machen Sie sich also keine Vorwürfe, daß die Beziehung zu Ihren Eltern sich auf den jährlichen Austausch von Geburtstagsglückwünschen und Weihnachtsgeschenken beschränkt. Halten Sie lockeren Kontakt, wie sie das auch tun. Ansonsten sollten Sie zu Ihrem Partner, Ihren Kindern oder notfalls Ihrem Hund eine intensive, herzliche, liebevolle und tiefe Beziehung pflegen. Das ist viel befriedigender.

Die Verdränger

"Probleme? Was für Probleme? In dieser Familie gibt es keine Probleme."

Verdränger haben dasselbe Problem wie Übertreiber: Sie können es nicht ertragen, wenn etwas schiefgeht. Aber Verdränger gehen noch einen Schritt weiter. Sie geraten nicht aus dem Häuschen; sie verdrängen. Sie tun so, als existiere das Problem gar nicht. Sie haben ein sorgfältig entworfenes, wenn auch völlig verzerrtes Bild davon, wie wundervoll ihr Leben ist (oder sein sollte), und wehren sich mit Händen und Füßen, wenn jemand dieses Fantasiegebilde zu zerstören versucht.

Es gibt zwei Typen von Verdrängern: Der Typ 1 versucht Probleme wegzurationalisieren. Der Typ 2 weigert sich, sie überhaupt wahrzunehmen.

Verdränger vom Typ 1: die rosarote Brille

Verdränger dieses Typs versuchen Ihnen auszureden, daß Sie ein Problem haben.

> Sie: In meiner Ehe kriselt es.
> Typ 1: Das ist sicher nichts Ernstes. Ihr zwei seid immer so glücklich gewesen. Gebt euch etwas mehr Mühe, dann wird´s schon klappen.
> Oder:
> Sie: Mein Chef scheint von meiner Arbeit nicht gerade begeistert. Ich weiß einfach nicht, woran´s liegt.
> Typ 1: Ich sag´ dir, woran´s liegt. Dein Chef ist schuld. Er sollte dem lieben Gott jeden Tag vierhundertmal danken, daß du für ihn arbeitest. Einen besseren Mitarbeiter bekommt er nicht.

Es ist verblüffend, in welchem Maße die Verdränger Probleme leugnen.

Rosalie war eine ehrgeizige Schauspielerin. Ihre Unfähigkeit, eine Rolle zu bekommen, und der ständige Druck, gut aussehen zu

müssen, dem man in der Unterhaltungsindustrie ausgesetzt ist, zermürbte sie derart, daß sie an Bulimie erkrankte. Sie bekam Hilfe, und ihr Therapeut riet ihr, ihrer Mutter (die an ihrer psychischen Belastung Mitschuld trug) zu eröffnen, wie es um sie stand.
Rosalie kehrte in ihre Heimatstadt zurück, führte ihre Mutter zum Essen aus (an einen neutralen Ort also) und erklärte ihr, was für eine Krankheit sie hatte.
„Was ist daran so schlimm?", antwortete ihre Mutter. „Du mußt schlank bleiben, du bist Schauspielerin."
„Mami", sagte Rosalie ungläubig, „das ist eine *Krankheit*."
„In meinen Augen siehst du nicht krank aus."
„Das ist eine Neurose, ein psychisches Problem. Ich esse zu viel, und danach erbreche ich alles, weil ich mit meinen Problemen nicht fertig werde."
„Du hast keine psychischen Probleme. In unserer Familie hat es noch nie psychische Probleme gegeben. Du bist eine hübsche, begabte junge Frau, die eines Tages viel Erfolg haben wird, glaub´ mir. Du machst aus ´ner Mücke ´nen Elefanten."

Erst ein Gespräch mit dem Therapeuten überzeugte Rosalies Mutter, daß ihre Tochter wirklich ein Problem hatte. Und auch danach fragte sie Rosalie höchstens mal: „Fühlst du dich besser?" oder: „Brauchst du Geld für die Arztrechnungen?"

Verdränger vom Typ 2: Wie man Probleme in Luft auflöst

Verdränger vom Typ 2, in der Regel sind es Väter, müssen Probleme nicht wegrationalisieren, weil sie schon von vornherein nicht zuhören. Es interessiert sie nicht, daß Ihr Ehemann fremdgeht oder daß Ihre Verlobte drei Kinder hat und ihr Ex-Mann Drogenhändler ist.

„Wenn ich meinen zehnjährigen Sohn besuchen will, bekomme ich wegen der Besuchsrechte jedesmal mit meiner früheren Frau Streit", sagte Walter. „Sie setzt alles daran, den Besuch schwierig, unangenehm oder gar unmöglich zu machen. Mein Vater, ein Kavalier der alten Schule, findet das alles sehr unerquicklich. Zunächst einmal kann er nicht verstehen, wie ich jemand wie Astrid überhaupt heiraten konnte. Und von den Problemen, die ich mit ihr habe, will er erst recht nichts wissen.
Wenn ich das Thema anschneide, steht mein Vater auf und verläßt den Raum. Er sagt kein Wort; er geht einfach. Und er kommt erst zurück, wenn wir über etwas anderes reden."

„Verschone uns bitte mit deinen Problemen"

Wenn Sie sich viel Mühe geben, bringen Sie vielleicht einen Verdränger dazu, die Wahrheit zu ertragen. Aber zuvor sollten Sie sich erst einmal fragen, was Sie sich eigentlich erhoffen.

Erhoffen Sie sich emotionale Unterstützung? Vielleicht geben sie Ihnen Geld, leihen Ihnen den Wagen oder nehmen Sie für eine Nacht bei sich auf; erwarten Sie jedoch kein Mitleid.

Erhoffen Sie sich ein offenes Gespräch? Verdränger sind zu empfindlich; sie wollen von all dem schrecklichen Zeug nichts wissen. Das wäre ihren Träumen abträglich.

Erhoffen Sie sich Lösungen? Fehlanzeige. Sebst wenn Verdränger akzeptieren, daß es ein Problem gibt, werden die meisten von ihnen nichts unternehmen, sondern darauf hoffen, daß es sich von selbst in Luft auflöst.

Das geht uns beide an

Mit Verdrängern kann man nur über solche Probleme reden, die sie mitbetreffen. Natürlich nutzt es wenig, wenn man sagt: „Mami, Paps, es sieht so aus, als hätten wir Probleme miteinander. Vielleicht sollten wir ´mal darüber reden, woran´s liegt". Sie werden Ihnen nämlich antworten: „Lächerlich. Wir haben kein Problem miteinander. Unser einziges Problem besteht darin, daß du *glaubst,* wir hätten ein Problem."

Aber vielleicht möchten Sie es doch auf einen Versuch ankommen lassen.

Die Folgen des Generationsunterschieds

Unsere Generation glaubt daran, „daß man alles rauslassen soll" (wie man in den Sechziger Jahren sagte), daß man offen ist; seine wahren Gefühle äußert und anderen sagt, was man denkt.

Unsere Eltern wurden ganz anders erzogen. Gary Cooper und John Wayne - starke, wortkarge Typen - waren die Vorbilder unserer Väter. Ein Mann sprach mit seiner Frau nicht über Liebe, Schuld, Glück oder Schmerz. Er behielt das für sich und gab sich nach außen stark und sicher.

Unsere Mütter imitierten Schauspielerinnen wie Doris Day: Wenn man einen Mann gewinnen wollte, mußte man gut aussehen und das Dummchen spielen. Eine Frau sollte eine perfekte Hausfrau, eine Gefährtin und Mutter sein. Sie bekam Schreikrämpfe, wurde Alkoholikerin oder brauchte Beruhigungsmittel, um ihre Kinder beim Frühstück ertragen zu können. Falls sie so etwas tat, wurde es vor den Nachbarn geheimgehalten.

Die Gesellschaft erzog unsere Eltern zu Verdrängern. Der Schein war wichtiger als das Sein. Selbsterforschung und psychologische Analyse waren unbekannt. Dem andern zu sagen, was man wirklich dachte, war schlicht nicht üblich.

Es ist ein bißchen spät, jetzt noch diese Erziehung ändern zu wollen.

8
Der Besuch

Das Telefon läutet, es ist Ihre Mutter.

„Wir haben uns schon so lang nicht mehr gesehen, Liebes", sagt sie mit zuckersüßer Stimme, und Sie wissen sofort, daß sie etwas will. Sie zucken zusammen; Sie sind nicht erpicht auf das, was kommt. „Ich hab´ daran gedacht, nächsten Monat für ein paar Wochen zu euch zu kommen." Stumm vor Schreck verharren Sie am Telefon. Ein paar Wochen? Innerlich stöhnen Sie. Ein größerer zahnärztlicher Eingriff ist dagegen das reinste Vergnügen.

Aber was können Sie tun? Sie können nicht sagen: „Nein, Mami, komm´ nicht. Bitte, besuch´ mich nicht. Du hast immer gewollt, daß ich glücklich bin, aber ich kann nicht glücklich sein, wenn du hier bist und dann ständig meinen Beruf, meinen Haushalt, meine Kinder und mein langes Aufbleiben kritisierst."

Also spielen Sie das brave, gehorsame Kind. Sie reißen sich unter Aufbietung aller Kräfte zusammen, versuchen sich an die zahllosen Ratgeber-Seiten in den Zeitungen zu erinnern, die Sie gelesen haben und die Sie aufforderten, die Eltern zu ehren. Mit geheuchelter - und verkrampfter - Höflichkeit stammeln Sie also: „Ach, Mami, das wär´, hm, großartig."

Dann kommt Ihnen eine geniale Idee.

„Aber Mami, du kannst doch Paps nicht so lange allein lassen. Ohne dich wird der verrückt."

„Oh, mach´ dir um ihn keine Sorgen", antwortet sie und winkt ab, daß man auf ihn keine Rücksicht nehmen müsse.

„Der ist diesen Sommer so mit seiner Angelei beschäftigt, daß er sich schon seit Wochen nicht mehr um mich kümmert. Ich bin froh, ihn ´mal ´ne Zeitlang los zu sein. Außerdem erinnert er sich vielleicht, daß er tatsächlich eine Frau hat, wenn ich ihm mal nicht ständig alles abnehme."

Netter Versuch. Sie wollten sie mit einer fadenscheinigen Entschuldigung (zugegeben, es war die einzige, die Ihnen auf die Schnelle einfiel) von ihrem Vorhaben abbringen, aber ohne Erfolg. Und jetzt ist es zu spät, sich eine bessere Entschuldigung zurechtzulegen, eine, auf die sie keine Antwort wüßte, z.B.: „Mami, ich muß nächste Woche meine Wohnung räumen."

Sie sitzen in der Falle. Sie kommt zu Besuch, und das für *lange* Zeit. Am Ende dieses „ein paar Wochen dauernden" Besuchs liegen Sie sich mit Ihrem Partner in den Haaren, und die Kinder verkriechen sich ständig in ihren Zimmern. Kein Zweifel, selbst wenn Sie Ihre Mutter erst im Jenseits wiedersehen sollten, wär' das noch zu früh.

Das Gefühl, in der Falle zu sitzen

Und jetzt fühlen Sie sich schuldig. Sie lieben doch Ihre Mutter wirklich, aber diese Besuche treiben Sie zum Wahnsinn. Ein vernünftiger Ausweg scheint nicht in Sicht. Sie wissen, daß Sie ihre Gefühle verletzen, wenn Sie sagen, sie solle *nicht* oder nur für ein paar Tage kommen. Sie wird Ihnen vorwerfen, daß Sie sie nicht lieben, sie nicht sehen wollen, daß es für Sie Wichtigeres gibt, als sich mit einer alten Frau abzugeben. Oder aber sie läßt es auf eine Auseinandersetzung ankommen.

> Sie: Mami, wir hätten dich gern bei uns, aber ich hab' gerade diese neue Stelle angetreten, da bin ich fast jeden Abend bis spät im Büro, und Robert ist dreimal die Woche im Fußball-Training, und - nun ja, wir könnten uns einfach nicht so um dich kümmern, wie du's verdient hättest. Am Ende bist du die meiste Zeit allein. Vielleicht wär's ein anderes Mal günstiger ...
> Mami: Unsinn, Liebes, mir ist das gerade recht, ein wenig allein zu sein. Ich möchte einfach nur so dasitzen und mich entspannen. Ich erwarte nicht, daß man mich im Haus meines Kindes als Gast behandelt. Außerdem habe ich den Eindruck, als könntest du ein wenig Hilfe brauchen. Ich kann mich, während du bei der Arbeit bist, ums Haus kümmern und Robert vom Training abholen. Du wirst sehen, das ist ideal.
> Ideal vielleicht für dich, Mami, aber sicher nicht für mich.
>
> Sie: Nun ja, einverstanden, aber wir haben so viel um die Ohren, daß es besser wär', wenn du nur eine Woche bleibst. Im Augenblick geht es bei uns etwas hektisch zu, und -
> Mami: Ich soll von Lübeck nach München reisen und dann nur 'ne Woche bleiben? Das meinst du doch nicht ernst! Das wär' ja den Aufwand nicht wert. Kannst du dir überhaupt vorstellen, wie teuer so eine Fahrkarte ist? Ich hab' sie bereits gekauft, und es hat mich 'ne ganze Menge gekostet. Wenn *meine* Mutter zu Besuch kam, blieb sie immer *zwei Monate*.

Die Vorstellung, Ihre Mutter bliebe zwei Monate, verschlägt Ihnen vorübergehend (und vielleicht für immer) die Sprache. Sie sitzen erneut in der Klemme.

Wer ist schuld?

Wenn Sie dem bestürzt zustimmen, sollten Sie einen Augenblick innehalten und sich fragen, wer schuld daran ist, daß Sie so in der Klemme sitzen.

„Was soll das?", fragen Sie überrascht. „Meine Mutter liebt mich und möchte mich besuchen, um in der Wärme und dem Charme meines wundervollen Charakters zu baden, und wenn ich sie abweise, wird ihr das Herz brechen."

Ich verstehe. Deshalb also drängt sie sich Ihnen ungebeten auf und macht Ihnen wochenlang das Leben schwer?

Hören Sie auf, sich ´was vorzumachen. Es ist etwas völlig anderes, ob Ihrer Mutter wirklich das Herz bricht, oder ob sie *nur so tut*.

Natürlich möchte sie Sie sehen. Alle Eltern (zumindest fast alle) sehen ihre Kinder gern. Ihre Eltern möchten wissen, daß es Ihnen gut geht, daß Sie glücklich sind, daß sie Sie richtig erzogen haben und daß aus Ihnen trotz einiger Ecken und Kanten ein anständiger Mensch geworden ist. Aber daß sie am Boden zerstört wären, wenn aus diesem Besuch nichts wird? Ich glaube kaum.

Nein, dieser Besuch findet aus anderen Gründen statt. Ihre Mutter hat ja zugegeben, daß sie Ihren Vater eine Zeitlang allein lassen will, weil er sich nicht um sie kümmert und sie ihm deshalb eine Lektion erteilen will. Sie möchte Urlaub machen, damit sie „einfach so dasitzen und sich entspannen kann". Da sie diesen „Urlaub" allein antritt, möchte sie dorthin fahren, wo sie jemanden kennt. Und wo es am billigsten ist.

Vor allem aber wird dieser Besuch durch die Drei Gesetze des Elternbesuchs bestimmt. Sie gehören zu den dauerhaftesten, rigorosesten, unveränderlichsten Regeln der Eltern-Kind-Beziehung (das Alter der Eltern und Kinder spielt dabei keine Rolle) und sind den Eltern heilig.

Die Gesetze des Elternbesuchs

1. Eltern und ihre selbständig gewordenen Kinder *müssen* einander besuchen. Ob sie das gern tun oder nicht, ist unwichtig.
2. Kinder möchten ihre Eltern sehen. In der Tat gehen Ihre Eltern davon aus, daß Sie sie so oft wie nur möglich sehen möchten. Zumindest sind sie der Überzeugung, daß es nach allem, was sie für Sie getan haben, Ihre *Pflicht* ist, sie sehen zu wollen.

3. Die Dauer des elterlichen Besuchs muß sich danach richten, wie weit sie reisen und wieviel Geld sie aufbringen mußten, um zu Ihnen zu kommen. Wenn Sie nebenan wohnen, mag Ihre Mutter sich mit einem halbstündigen Besuch zufriedengeben. Wenn Sie jedoch in Hongkong leben, wird sie den größten Teil des Jahres bei Ihnen verbringen.

Selbst in unserer heutigen Zeit der schnellen und preisgünstigen Reiseverbindungen ist es für Ihre Eltern finanziell nicht vertretbar, moralisch falsch und psychologisch unmöglich, so weit zu reisen und dann nur ein Wochenende zu bleiben.

Denken Sie an den Generationsunterschied. Unsere Generation denkt sich nichts dabei, weite Fahrten über Land zu unternehmen, um jemand für ein paar Tage zu besuchen, sei es aus geschäftlichen Gründen, zum Vergnügen oder um Verwandte zu sehen (was etwas anderes als eine Vergnügungsreise ist). Das passiert jeden Tag.

Die Generation unserer Eltern hat da andere Vorstellungen. Sie erinnert sich noch an die Zeit, als Reisen über Land eine größere Expedition darstellten: teuer, zeitraubend, schmutzig, staubig und eine echte Belastung für die Familienkasse. Und so denken sie auch heute noch darüber.

Vielleicht haben Sie und Ihre Eltern sich schon nach den ersten zwei Stunden rein gar nichts mehr zu sagen, aber das hindert sie nicht daran, weitere zwei Wochen zu bleiben.

„Du bist doch nicht unser Freund, sondern unser Kind."

Ihre Eltern würden nicht im Traum daran denken, ihre Freunde anzurufen, ihren Besuch anzukündigen und ihnen mitzuteilen, daß sie drei Wochen bleiben möchten, weil
1. ihre Freunde erwachsen sind,
2. Erwachsene so nicht miteinander umgehen,
3. Ihre Eltern das wissen.

Ein Besuch unter Freunden wird anders verabredet:

Ihre Mutter (deutet an): Ich käm' ganz gern mal hier raus. Harry treibt mich mit seiner Angelei noch zum Wahnsinn. Der Mann weiß ja kaum noch, daß es mich gibt.
Die Freundin: Ich hab 'ne großartige Idee. Warum kommst du nicht einfach ein paar Tage zu uns?
Ihre Mutter (tut überrascht): Das ist wirklich eine gute Idee. Aber nein, ich möchte mich nicht aufdrängen. Ich wär' euch sicher im

Weg.
Die Freundin: Sei nicht albern - du wärst uns überhaupt nicht im Weg. Wir freuen uns auf dich.
Ihre Mutter: Einverstanden, aber nur für ein paar Tage. Ich weiß ja, wieviel du immer zu tun hast.
Die Freundin: Großartig. Komm´ doch gleich nächsten Freitag. Dann kannst du das Wochenende bei uns verbringen, ja?
Ihre Mutter: Ich reservier´ gleich einen Platz im Zug und ruf´ dich morgen wieder an.

Vielleicht fragen Sie sich, weshalb das nicht auch geht, wenn Ihre Mutter *Sie* anruft. Es geht aus mehreren Gründen nicht:
1. Sie sind mit Ihren Eltern nicht befreundet sondern ihr Kind.
2. Ihre Eltern halten es nicht für nötig, zu Ihnen höflich zu sein.
3. Sie laden die Eltern nicht von sich aus zu Besuch ein, sondern zwingen sie, sich selbst einzuladen.

Das ist keine Bitte, das ist ein Befehl

Ihre Mutter (falls sie wie die meisten Eltern ist) fragt Sie nicht um Erlaubnis, wenn sie zu Besuch kommen möchte; sie teilt Ihnen lediglich mit, daß sie kommt. Sie will nicht wahrhaben, daß Sie eine eigene Familie, ein eigenes Haus besitzen und ein eigenes Leben führen. Sie sind nicht die erwachsene Freundin, sondern ihr *Kind*. Sie gehören zu *ihrer* Familie. Wenn *sie* es für bequem oder wünschenswert hält, Sie zu besuchen, greift sie zum Hörer und kündigt ihr Kommen an.

Für viele Eltern ist Ihr Haus nur eine Erweiterung ihres eigenen Hauses - so wie Sie nur eine Erweiterung ihrer selbst sind. Als Sie noch Kind waren, hatte Ihre Mutter keine Hemmungen, in Ihr Zimmer zu gehen und Ihre schmutzige Wäsche zu holen oder die Spielsachen wegzuräumen. Sie wartete garantiert nicht auf eine Einladung. Und auch jetzt noch hat sie keine Hemmungen, Ihr „Zimmer" zu betreten - ohne Einladung -, obwohl dieses „Zimmer" ein 150qm großes Haus und 900 Kilometer von ihrem entfernt ist. Sie klopft lediglich an die Tür, damit Sie wissen, daß sie jetzt reinkommt.

Die richtige Antwort lautet: Ja, ja und nochmals ja

Vielleicht verbrämt sie ihre Ankündigung mit nichtssagenden Höflichkeitsfloskeln, z.B.: „Ich hab´ mir gedacht, daß ich euch, falls es recht ist, im Oktober ein paar Wochen besuche", oder: „Was haltet ihr davon, wenn ich euch im April besuche?" Aber das sind Höflichkeitsfloskeln, mehr nicht. Sie stellt Ihnen keine wirkliche Frage, die man mit ja oder nein beantworten kann.

Eltern, die eine Bitte mit „Hättest du was dagegen ..." einleiten, erwarten, daß ihre Bitte erfüllt wird -, was immer es auch sein mag. Ihre Mutter erwartet nicht, daß Sie nein sagen, wenn sie „fragt", ob sie zu Besuch kommen kann. Ihr Vater erwartet nicht, daß Sie nein sagen, wenn er Sie „fragt", ob Sie ihm eine Flasche Kakao im Laden an der Ecke holen könnten.

„Hättest du was dagegen ...?" ist keine Frage. Es ist ein höflicher Befehl. Wann immer Ihre Eltern sagen: „Hättest du was dagegen ...", erwarten sie von Ihnen als Anwort: „Prima", „Großartig", „Wundervoll", „Nur zu gern" oder „Was für ein großartiger Vorschlag".

Ihre Eltern bitten Sie nicht um Erlaubnis, wenn sie Sie besuchen wollen, *weil sie Sie auch sonst nie um etwas bitten und das auch früher nie getan haben.* Sie haben es nicht getan, als Sie fünf waren, und sie haben nicht die Absicht, jetzt noch damit anzufangen.

Nehmen Sie die Zügel in die Hand

Es wird Zeit, daß Sie den Eltern das Heft aus der Hand nehmen und Ihr Leben selbst bestimmen. Kein vernünftiger Grund spricht dafür, daß die Eltern für ein paar Wochen, Tage oder auch nur Stunden Ihr Leben in die Hand nehmen - oder es gar *ruinieren*.

Das Problem besteht darin, daß Sie aus blinder Gewohnheit so handeln. Als Kind sind Sie so lange konditioniert worden, daß Sie sich jetzt besser „fühlen", wenn Sie den Eltern ihren Willen lassen. Dieses Verhalten ist Ihnen zur zweiten Natur geworden.

Aber Sie sind jetzt erwachsen. Es ist lächerlich, sich mit 30 oder 40 von den Eltern kontrollieren zu lassen, und das nur, weil es Ihnen mit 5 oder 10 so beigebracht wurde.

Es ist lächerlich, weil Ihre Eltern keine wirkliche Macht mehr über Sie haben. Sie haben nur die Macht, die Sie ihnen überlassen. Falls Sie mir nicht glauben, sollten Sie sich fragen: „Was kann schlimmstenfalls passieren? Was passiert, wenn Sie Ihrer Mutter sagen, daß sie statt „einiger Wochen" nur eine Woche bleiben soll?

Bekommt Sie einen Wutanfall? Den hat sie auch früher schon bekommen. Sie wird - wie schon früher - auch dieses Mal darüber hinwegkommen.

Wird sie so wütend, daß sie den Entschluß faßt, Sie unglücklich zu machen? Stößt sie Ihnen Bescheid, schreibt sie Ihnen böse Briefe, ruft sie täglich an und beklagt sich, daß Sie sie so schlecht behandeln? Vielleicht. Aber sie wird diese Spielchen aufgeben, wenn sie merkt, daß ihr Terror Sie kalt läßt.

Bitten Sie nicht um Vergebung. Bleiben Sie gelassen und brüllen Sie nicht zurück. Bleiben Sie standhaft, aber höflich. (Klar, daß Sie sie sehen möchten, klar ist aber auch, daß Sie sie nicht so lang sehen möchten), und sie wird merken, daß ihr Jammern nichts nützt.

Wird sie nicht mehr mit Ihnen reden? Ich glaube kaum. Wenn Sie nicht zu Kreuze kriechen, wird es länger dauern, ehe sie nachgibt, aber am Ende wird sie es doch tun. Wenn nicht, dann haben Sie es mit jemanden zu tun, dem die eigenen Interessen wichtiger sind als die Beziehung zu Ihnen. Offen gesagt, verlieren Sie in diesem Fall nicht viel. Denken Sie stets daran: Die Welt geht nicht unter, wenn Sie die Dinge selbst in die Hand nehmen.

Es ist barer Unsinn, das eigene Glück, den Seelenfrieden und die Ausgeglichenheit Ihrer Familie zu opfern, damit die Eltern zufrieden sind. Tun Sie das nicht. Sie sind erwachsen, und Erwachsene nehmen ihr Leben selbst in die Hand. Sie überlassen das nicht anderen.

Handeln Sie, wie es *Ihnen* paßt. Machen Sie sich selber glücklich und kümmern Sie sich nicht um das, was die Eltern vielleicht dagegen einzuwenden haben.

Wie man sich durchsetzt (ohne den 3.Weltkrieg auszulösen)

Oh mein Gott, denken Sie. Wenn meine Mutter anruft und ankündigt, daß sie drei Wochen zu Besuch kommt, und ich ablehne, ist der Teufel los. Im Idealfall könnten Sie den Eltern klarmachen, daß ein dreiwöchiger Besuch der Beziehung nicht gerade bekömmlich wäre:

„Ich lieb´ euch sehr, und ich seh´ euch gern, aber diese langen Besuche sind für alle eine Belastung. Meinst du nicht auch? Wir fühlen uns eingeengt; das Haus ist schon zu eng, wenn wir keine Gäste haben. Und ich weiß, daß euch die Kinder auf die Nerven gehen. Warum kommt ihr nicht einfach nur drei Tage statt drei Wochen? Dann könnten wir euch einen schönen Aufenthalt bieten, und niemand würde sich unwohl fühlen."

Schön wär´s. Wenn Sie sich so mit Ihren Eltern verstehen würden, bräuchten Sie nicht dieses Buch zu lesen. In Wirklichkeit wird Mami so reagieren:

„Meine Besuche sind *euch* eine Last? Ihr fühlt euch *eingeengt,* wenn ich im Haus bin? Gut, macht euch in Zukunft keine Sorgen mehr, daß euch jemand zur Last fällt oder euch einengt; du und diese Schlampe, die du geheiratet hast, und meine armen, unglücklichen Enkel, die solch egoistische Eltern haben - schert euch meinetwegen doch zum ..."

Das Problem ist nur: Die tatsächliche Reaktion entspricht in der Regel nicht den Idealvorstellungen.

In Wirklichkeit ist es - wenigstens zu Beginn - vielleicht besser, wenn man mit dem Problem *umzugehen* lernt, statt es direkt anzugehen. Es ist besser, leichten aber stetigen Druck auf die Eltern auszuüben und sie „umzuschulen", weil das weniger Streit und weniger Streß verursacht. Ihre Eltern werden so nicht zu einer Reaktion gezwungen; sie werden lediglich ermuntert, mitzumachen und sich *Ihren* Wünschen zu fügen.

Zögern Sie nicht

Der Schlüssel zur Lösung des Besuchsproblems (und der meisten anderen Probleme) liegt darin, das Heft sofort in die Hand zu nehmen. Je schneller Sie die Verantwortung übernehmen, desto größer sind die Chancen, daß das Ergebnis Ihren Wünschen entspricht. Je länger Sie die Zügel den Eltern überlassen, desto schlimmer wird die Situation.

Erika hatte erst vor kurzem eine Beraterfirma gegründet und arbeitete zuhause, als ihre Mutter, die weit entfernt wohnte, sie anrief und „fragte", ob sie zu Besuch kommen könne. Zögernd stimmte Erika zu, schob es aber auf, über Zeitpunkt und Dauer zu reden, weil sie hoffte, daß ihre Mutter den Besuch wieder vergessen würde. Nach weniger als einer Woche erhielt sie von ihr einen Brief, in dem stand: „Ich werde nächsten Monat vom 7. bis 27. bei euch sein."
Erika konnte es nicht fassen. Sie hatte Probleme, ihre Firma in Gang zu bringen; ihr Ehemann war nicht glücklich darüber, daß ihre Kunden, die wußten, daß sie ihr Büro zuhause hatte, abends und am Wochenende anriefen; und da es Sommer war, waren ihre Kinder den ganzen Tag im Weg, und das nahm Zeit in Anspruch, die sie für ihre Arbeit gebraucht hätte. Und nun würde ihre Mutter sie zwei Wochen lang heimsuchen.
Das war eine zu große Belastung für sie. Erika beschloß, den Besuch abzusagen oder ihn zumindest beträchtlich einzuschränken.
Sie rief ihre Mutter an und versuchte ihr den Besuch auszureden. Sie sagte, daß sie viel zu tun und deshalb wenig Zeit für sie übrig habe, daß es sie große Mühe koste, ihre Firma in Gang zu bringen und

daß die Kinder eine Belastung seien. Natürlich hatte ihre Mutter auf alles eine Antwort: Sie komme schon allein zurecht; sie könne Erika den Haushalt abnehmen und auf die Kinder aufpassen. Das sei alles überhaupt kein Problem.
Schließlich sagte Erika voller Verzweiflung: „Mutter, ich denke, es ist einfach besser, wenn du nicht so lange bleibst."
„Schön", sagte ihre Mutter mit eisiger Stimme und legte auf.
Drei Tage später kam ein weiterer Brief von ihrer Mutter. Darin kündigte sie an, Erika solle nicht glauben, daß sie jemals wieder zu Besuch komme, da sie ja offensichtlich unerwünscht sei.
Erika rief sofort an, um sich zu entschuldigen, aber ihre Mutter weigerte sich, ans Telefon zu gehen. Also schrieb Erika einen Brief, in dem sie um ihren Besuch bat, bekam aber keine Antwort. Nach mehrmaligem Anruf gelang es Erika schließlich, ihre Mutter zu dem Besuch zu überreden - natürlich unter den ursprünglichen Bedingungen -, und so hatte sie nicht nur den Besuch auf dem Hals, sondern mußte die verletzten Gefühle ihrer Mutter besänftigen und sich anhören, wie sie sich die ganze Zeit über die Undankbarkeit ihrer Tochter beklagte.

Erikas Mutter war vielleicht aufdringlich, unsensibel, egoistisch und manipulativ, aber sie war nicht allein daran schuld. Erika hat das Problem selbst heraufbeschworen, weil sie sich völlig falsch verhalten hat. Sie nahm die Sache nicht selbst in die Hand, als sie noch Gelegenheit dazu hatte, und sie scheute davor zurück, sich stark zu machen, als ihre Mutter sie zu schikanieren begann.

Erika hat sich nicht an die Regeln zur Bewältigung eines Besuchs gehalten.

Die Regeln zur Bewältigung eines Besuchs

1. Äußern Sie *Ihre* Wünsche hinsichtlich des Zeitpunkts und der Dauer des Besuchs, ehe Sie die Idee, den Vorschlag oder auch nur die Andeutung eines solchen Besuchs akzeptieren.
2. Geben Sie stets unwiderlegbare und unbestreitbare Gründe an, weshalb *Sie* bestimmen, wie der Besuch abzulaufen hat.
3. Wenn Sie die Bedingungen des Besuchs aushandeln, sollten Sie stets fertige und detaillierte Vorschläge machen, die ein klares Ja oder Nein verlangen. Schütteln Sie die Jahrzehnte elterlicher Konditionierung ab, die Ihnen nahelegen, zu sagen: „Was wär´ euch denn am liebsten?"

Regel 1: Äußern Sie Ihre Wünsche

Wenn Ihre Mutter oder Ihr Vater sagt: „Wir möchten euch eventuell nächsten Monat besuchen", geben Sie am besten gleich die folgende Antwort:

„Super! Zwischen dem 20. und 24. wär's ideal für mich."
Falls ein Elternteil bereits etwas genauere Vorstellungen hat, etwa: „Wir werden dich nächsten Monat drei Wochen besuchen", sollten Sie antworten:
„Ich kann's nicht erwarten, euch zu sehen, aber das mit den drei Wochen krieg' ich nicht hin – jedenfalls nicht nächsten Monat."
Belassen Sie es nicht dabei, sonst wollen Ihre Eltern wissen: „Warum nicht?" Fügen Sie also gleich hinzu:
„Wenn ihr allerdings vom 20. bis zum 27. kommt, klappt's hervorragend. Mal sehen (tun Sie so, als müßten Sie Ihren Terminkalender zu Rate ziehen), ja, die Woche ab dem 20. wär' ideal. Ich weiß, ihr habt euch für einen längeren Aufenthalt eingerichtet, aber es wär' mir gar nicht recht, wenn wir den Besuch bis zum Spätsommer verschieben müßten. Was meint ihr? Paßt euch die Woche nach dem 20.?"

Entschuldigen Sie sich nicht. Sagen Sie einfach, daß Ihnen der Besuch zu dem vorgeschlagenen Zeitpunkt ungelegen kommt, und schlagen Sie Alternativen vor. Gehen Sie vor allem auf den Zeitpunkt und die Dauer des Besuchs ein und nicht so sehr auf die Gründe, die Sie zur Änderung des ursprünglichen Plans bewogen haben.

Regel 2: Geben Sie unbestreitbare Gründe an.

Wenn die Eltern dennoch wissen wollen, weshalb es mit den drei Wochen nicht klappt, sollten Sie Entschuldigungsgründe angeben. Aber achten Sie darauf, daß sie stichhaltig sind. Erika geriet in Schwierigkeiten, weil sie ihrer Mutter vage Entschuldigungen anbot, die leicht zu widerlegen waren. Geben Sie den Eltern keinen Handlungsspielraum, indem Sie die Neuplanung oder Verschiebung ihres Besuchs mit schwachen, haltlosen Argumenten zu rechtfertigen versuchen.

Eine schwache Entschuldigung	Die Antwort der Eltern
Wir haben nicht genug Platz.	Ich kann auch auf der Couch schlafen.

Ich hab´ zur Zeit alle Hände voll zu tun.	Wir werden deine Zeit nicht in Anspruch nehmen. Wir kommen ganz gut allein zurecht. Oder: Wir werden dir etwas Arbeit abnehmen.
Die Kinder haben die Grippe.	Als du klein warst, hattest du ständig die Grippe. Wir haben uns nie angesteckt, und ich bin sicher, daß das auch jetzt nicht passieren wird. Oder: Ich kann auf die Kinder aufpassen, wenn du bei der Arbeit bist.
Das Haus ist überhaupt nicht im Schuß.	Laß uns einfach die Schlüssel da. Und wenn ihr zurückkommt, nehmen wir euch in Empfang.
Wir wollen uns scheiden lassen. Seit Tagen reden wir nicht mehr miteinander.	Dann wird unsere Gesellschaft dir sicher gut tun.

Das sind alles zweifellos gute Gründe, weshalb Sie allein bleiben wollen; Ihre Eltern sehen das jedoch anders. Wenn Sie ihnen die Wahrheit sagen - daß Sie im Augenblick auf ihren Besuch nicht erpicht sind, ja, überhaupt keine Gäste im Haus haben wollen -, sind sie beleidigt.

Wenn die Eltern nicht lockerlassen, sollten Sie die einzige Entschuldigung vorbringen, gegen die sie nichts einwenden können: Sie erwarten anderen Besuch. Auch wenn es nicht stimmt.

Mit anderen Worten: Lügen Sie! (Falls es Ihnen schwerfällt, Ihre Eltern anzulügen, sollten Sie daran denken, daß es auch gelogen ist, wenn Sie sagen, wie sehr es Sie freue, daß die Eltern einen Monat lang auf Ihrem Sofa kampieren).

Es geht mir in meinem Buch letztlich darum, daß Sie mit Ihren Eltern ohne Lügen und Verstellung umgehen können. Im 3. Kapitel habe ich deutlich gemacht, wie wichtig es ist, den Eltern gegenüber aufrichtig zu sein. Aber hier handelt es sich um einen Notfall. Sie müssen Ihre Eltern dazu bringen, umzudenken und einzusehen, daß ihre Besuche im voraus von beiden Seiten geplant und *akzeptiert* werden müssen.

Daher ist es für alle am besten, wenn Sie sagen: „Tina, meine alte Freundin aus der Uni, wird zu der Zeit dasein. Leider bin ich da festgelegt."

Wenden Sie dann Regel 1 an, und schlagen Sie einen anderen Termin vor - der *Ihnen* paßt. Sagen Sie:

„Weshalb kommst du mit Paps nicht am Wochenende darauf?"

Drücken Sie sich ganz präzise aus, damit sie wissen, daß es *nur* ums Wochenende geht:

„Wenn ihr schon am Donnerstagabend kommt, muß ich freitags noch arbeiten, aber wir könnten abends gemeinsam essen gehen. Und am Wochenende bin ich ganz für euch da. Ich werd´ es so einrichten, daß ich am Montag erst spät mit der Arbeit anfange, dann kann´ich euch noch zum Flughafen bringen. Was haltet ihr davon?"

Manche Eltern werden beleidigt sein, daß sie nur ein paar Tage bleiben können, und wenn sie in Lübeck wohnen und Sie in München, haben sie nicht mal so unrecht. Aber selbst wenn sie mit dem Auto aus Spanien kommen, reicht eine Woche. Es käme Ihnen nicht in den Sinn, einen Freund wochenlang bei sich aufzunehmen; weshalb dann die Eltern?

Regel 3: Keine offenen Fragen

Achten Sie darauf, daß all Ihre Vorschläge leicht mit „Ja" oder „Nein", „Gut" oder „Schlecht" beantwortet werden können. Fragen Sie nicht: „Wann wolltet ihr kommen?" oder: „Wann wär´s euch denn recht?" Legen Sie den Termin fest und überlassen Sie es ihnen, ob sie zustimmen wollen oder nicht. Falls er ihnen nicht zusagt, nennen Sie einen anderen Termin. Und lassen Sie nicht locker, bis alle Einzelheiten zu Ihrer Zufriedenheit geklärt sind.

Es ist wichtig, den Eltern kein Schlupfloch zu lassen, ihnen keine Gelegenheit zu einer Gegenoffensive zu geben. Sagen Sie nicht: „Du liebe Güte, ich weiß noch nicht so recht." Geben Sie sich nicht der Hoffnung hin, daß die Eltern den Wink verstehen und zurückstecken. Wenn sie sich erst entschieden haben, bringt sie nichts mehr davon ab. Machen Sie jedesmal einen konkreten Vorschlag, der Zustimmung oder Ablehnung verlangt:

Sagen Sie: Dieses Wochenende ist ungünstig? Wie wär´s mit dem Wochenende drauf?

Sagen Sie nicht: Dieses Wochenende ist ungünstig? Naja (seufz), wann wollt ihr dann kommen? Das gibt ihnen die Erlaubnis, Sie völlig zu überrumpeln.

Gegenangriff

Im Idealfall würden Ihre Eltern auf die Nachricht von Tinas Besuch - und Ihren Vorschlag, das Wochenende darauf zu kommen - so reagieren wie gegenüber ihren gleichaltrigen Freunden. Sie würden sagen: „Hört sich gut an, aber bist du sicher, daß es dir nicht zu viel Mühe macht, wenn du zwei Wochen hintereinander jemanden zu Besuch hast? (Natürlich macht es nicht zu viel Mühe, weil Tina in Wirklichkeit nicht kommt. Sie müssen sich schon was ausdenken, weshalb Tina in letzter Minute absagen mußte).

In Wirklichkeit sagen Ihre Eltern möglicherweise vieles - und nichts, was auch nur annähernd so verständnisvoll klingt.

Seien Sie nicht über die Einwände überrascht, die sie vorbringen, um ihre ursprünglichen Besuchspläne nicht ändern zu müssen:
• „Wir könnten im Hotel wohnen, bis dein Besuch abreist."
• „Dein Paps hat bereits um Urlaub gebeten."
• „Wir haben bereits die Fahrkarten gekauft, so sicher waren wir, daß du nichts gegen einen dreiwöchigen Besuch hast."

Letzte Auswege

Falls es zum offenen Streit kommt, stehen Ihnen immer noch einige Möglichkeiten offen.

Appellieren Sie an ihr besseres Ich. Eltern legen ihren Kindern gegenüber selten ihr bestes Verhalten an den Tag. Aber Sie sollten dennoch einen Versuch wagen. Sagen Sie: „Ihr macht es mir wirklich schwer. Ich hab´ bereits andere Pläne. Könntet ihr nicht ein wenig flexibler sein und mir so aus der Patsche helfen?"

Machen Sie deutlich, wer für das Problem verantwortlich ist. Falls Ihre Eltern Sie zuvor nicht ausreichend informiert haben (das ist das übliche Verfahren), sollten Sie ihnen auf diplomatische Weise beibringen, daß sie das Problem verursacht haben: „Ich hatte keine Ahnung, daß ihr mich besuchen wollt. Ich wünschte, ich hätte das früher gewußt, dann hätten wir ´was arrangieren können."

Eltern, die Pläne gemacht oder Fahrkarten gekauft haben, ohne Sie vorher zu informieren, verdienen es nicht, daß man Rücksicht auf sie nimmt - denn sie tun das ja auch nicht. Sagen Sie ihnen: „Tut mir leid, ich kann meine anderen Pläne nicht mehr ändern. Ihr werdet wohl eure

Fahrkarten zurückgeben müssen."

Nutzen Sie jede Unsicherheit zu Ihrem Vorteil. Wenn Sie Änderungen des Besuchsprogramms vorschlagen und Ihre Eltern zögern, sollten Sie das ausnutzen.

Ermuntern Sie sie nachdrücklich dazu, sich Ihren Wünschen zu fügen: „Na macht schon, es wird euch gefallen. Ich kenn´ da ein großartiges Lokal, in das ich euch führen möchte. Sagt schon ja - auch wenn es nur ein Wochenende ist."

Drohen Sie damit, ihren Besuch auf unbestimmte Zeit zu verschieben. Vielleicht werden sie gezwungen, Ihren Zeitplan zu akzeptieren, wenn Sie sagen: „Zu dumm, daß alles auf einmal kommt. Es wär´ mir lieber, wenn ihr *jetzt* über´s Wochenende kommt, statt den Besuch auf irgendeinen späteren Termin zu verschieben, an dem ihr länger bleiben könnt." Die Wendung „auf irgendeinen späteren Termin" soll ihnen klarmachen, daß das aus Ihrer Sicht nur heißen kann: jetzt - oder erst in drei Jahren.

Sagen Sie: „Laßt uns den Besuch um ein paar Monate verschieben, bis sich hier alles geklärt hat. Wie wär´s mit Ende April?" Nennen Sie einen bestimmten Monat, der noch weit in der Zukunft liegt. Wenn Ihre Eltern sich für jetzt oder nächstes Jahr entscheiden müssen, fügen sie sich vielleicht Ihrem Wunsch.

Bringen Sie sie dazu, ein anderes Verkehrsmittel zu benutzen. „Weshalb fliegt ihr nicht?" Oder falls sie Angst vor´m Fliegen haben: „Nehmt den Zug. Es ist doch Wahnsinn, acht Tage durch die Gegend zu gondeln, um sechs Tage bei uns verbringen zu können."

Beteiligen Sie sich an den Reisekosten. Auf Ihre Frage: „Weshalb fliegt ihr nicht?", bekommen Sie in der Regel die Antwort: „Weil es zu teuer ist". Falls Sie es sich leisten können, sollten Sie einhaken und sagen: „Nun, dieser Besuch kommt nicht nur euch, er kommt uns allen zugute" - das zeigt, wie begierig Sie darauf sind, sie zu sehen - „da ist es nur recht und billig, wenn ich die Flugkosten zur Hälfte übernehme." Oder die ganzen Kosten, falls das für Sie machbar ist. Fügen Sie dann hinzu: „Ich werd´ sogar die Buchung für euch erledigen." Auf diese Weise haben Sie die genaue Ankunft und Abfahrt im Griff.

Legen Sie den Eltern nahe, auf ihrer Urlaubsreise einen Abstecher zu Ihnen zu machen, statt ihren ganzen Urlaub bei Ihnen zu verbringen. Wenn Sie in Mannheim wohnen, schlagen Sie den Eltern vor, daß sie auf dem Weg in den Bayrischen Wald zwei oder drei Tage bei Ihnen Station machen - und noch einmal auf dem Rückweg, statt die ganzen zehn Urlaubstage bei Ihnen zu verbringen.

Drehen Sie den Spieß um, verabreden Sie einen Besuch bei ihnen. Sagen Sie in freundlichem, vermittelndem, vernünftigem Ton: „Ihr habt

recht. Die Reise ist wirklich unbequem für euch. Was meint ihr, soll ich am Wochenende zu euch fliegen - dann hättet ihr den ganzen Streß vom Hals?"
Bleiben Sie standhaft, wehren Sie sich. Je nachdem, wie hartnäckig die Eltern sind - und wie sehr Sie die Nase voll haben - verspüren Sie vielleicht den Wunsch, die Glacéhandschuhe auszuziehen und einen richtigen Streit anzufangen. Sie müssen selbst wissen, wie weit Sie beim ersten Mal gehen wollen. Am klügsten ist es allerdings, langsam und vorsichtig vorzugehen. Wenn Sie sich dieses Mal nur vorsichtig zur Wehr setzen, gelingt es Ihnen vielleicht beim nächsten Besuch, die Zügel vollständig in die Hand zu bekommen. Denken Sie daran, dies ist nur das Eröffnungsgefecht in einem langen Krieg, in dem es um Ihre Unabhängigkeit geht.

Vorbeugende Medizin

Wenn die Krise eines drohenden Elternbesuchs erst einmal bewältigt ist, sollten Sie dafür sorgen, daß sich so etwas nicht wiederholt.
 Eltern sind nicht wie Freunde, flüchtige Bekannte oder gar Feinde. Sie verschwinden nicht einfach. Ob es Ihnen paßt oder nicht, solange sie leben, kommen Sie von ihnen nicht los. Sie müssen sie immer wieder sehen, es sei denn, Sie kappen die Beziehung oder schränken sie drastisch ein.
 Aber das muß keine lange, endlose Qual sein wie bisher. Sie können die Situation erträglicher gestalten, wenn Sie folgende vorbeugende Maßnahmen ergreifen:
Laden Sie die Eltern ein. Das mag Ihnen am allerwenigsten zusagen, aber wenn Sie die Eltern einladen, können Sie selbst bestimmen, wo es lang geht. Sie können dann den Zeitpunkt und die Dauer des Besuchs nach Ihren Wünschen festlegen. Daß Sie sie einladen, gibt ihnen die Bestätigung, daß man sie liebt und sie sehen möchte, daß Sie ein guter Sohn oder eine gute Tochter sind, daß Ihr Ehepartner sie keineswegs haßt - und sie haben nicht mehr so sehr das Bedürfnis, bei Ihnen aufzutauchen, um zu sehen, ob Sie sie noch mögen.
 Wenn Ihre Eltern andeuten, daß sie gern zu Besuch kämen, sollten Sie nicht darauf eingehen. *Sie* sollten bestimmen, wann Sie sie sehen möchten, und sie einladen.
Kommen Sie Ihren Eltern mit einem Besuch zuvor. Wenn Ihnen der Gedanke, daß Ihre Eltern sie besuchen, wirklich unerträglich ist oder Sie ihre Besuche nicht unter Kontrolle bringen, sollten Sie Ihren Eltern mit einem Besuch zuvorkommen. Wenn Sie sie regelmäßig besuchen - auch wenn das weniger oft geschieht, als sie es sich wünschen -

werden Ihre Eltern nicht mehr so erpicht darauf sein, zu Ihrem Haus zu pilgern. Vielleicht genügt es schon, wenn Sie während einer Geschäftsreise einen Abend lang bei ihnen Station machen - vorausgesetzt, Sie tun das mehrmals im Jahr.
Besprechen Sie den nächsten Besuch, bevor der jetzige zu Ende ist. Eltern drängen vor allem deshalb so hartnäckig auf einen Besuch - oder tauchen ungebeten bei Ihnen daheim auf - weil sie nicht wissen, wann sie Sie wiedersehen werden. Vor Ende eines Besuchs sollten Sie bereits den nächsten festlegen. Sagen Sie: „Wahrscheinlich werden wir euch erst im Frühjahr wieder besuchen können" oder „Weshalb kommt ihr zwei nicht im nächsten Sommer wieder eine Woche zu uns?" Geben Sie Ihren Eltern keine Gelegenheit, am Küchentisch lang und breit zu erörtern, wann der nächste Besuch am günstigsten wäre. Ihre Entscheidung wird Ihnen nicht gefallen.

Wenn die Eltern am Ort wohnen

Die Regeln zur Bewältigung eines Besuchs gelten durchaus auch für Eltern, die nur zwei Straßen weiter wohnen - ja sogar noch mehr, da sie die Möglichkeit haben, 43 mal am Tag aufzutauchen.

Wenn Eltern ihre Besuchsrechte mißbrauchen und vor der Tür stehen, sollten Sie nicht einfach alles stehen- und liegenlassen und eine Stunde mit ihnen schwatzen. Sagen Sie stattdessen: „Du meine Güte, ich wünschte, ich hätte gewußt, daß du kommst. Ich bin gerade dabei, zum Einkaufen zu gehen" - oder auf die Post oder Bank oder was sonst als Entschuldigung taugen mag. „Soll ich dich anrufen, wenn ich zurück bin?" Und dann sollten Sie sie freundlich zur Tür hinaus begleiten. Sie sollten danach aber auch wirklich anrufen. Versprechen Sie nichts, was Sie nicht halten, sonst verstärken Ihre Eltern ihre Versuche, Sie zu sehen. Falls Sie in der Vergangenheit nachlässig waren und sie mit dem Satz „Ich ruf´ später an" nur los sein wollten, statt später zurückzurufen, haben Sie einiges gutzumachen, ehe Ihre Eltern Ihnen wieder über den Weg trauen. Aber zögern Sie nicht, es bei einem kurzen Anruf zu belassen, wenn Sie zu tun haben. Und kommen Sie einem weiteren unangemeldeten Besuch zuvor, indem Sie den Anruf mit der Bemerkung beenden: „Heut´ ging es etwas hektisch zu. Ich ruf´ dich dann am Wochenende an, einverstanden?" Oder Sie sagen: „Hast du ´was dagegen, wenn ich am Samstagnachmittag gegen 3 zu euch komme? Dann bin ich ganz für euch da." Es braucht einige Mühe und Hartnäckigkeit, den Eltern beizubringen, daß Sie noch etwas anderes zu tun haben, als ihnen die Zeit zu vertreiben. Wenn sie nicht bis zum Wochenende warten können und schon am nächsten Tag anrufen, sollten Sie so tun, als seien Sie überrascht. Sagen Sie freundlich: „Ich hab´ dir doch gesagt, daß ich am Wochenende anrufe. Und das werde ich auch. Aber heute ist es leider auch nicht günstiger als gestern. Ich ruf´ dich ganz bestimmt am Freitag an." Wenn sie nicht anrufen und stattdessen wieder bei Ihnen auftauchen, sollten Sie nicht weich werden. Schieben Sie eine andere Entschuldigung vor, z.B.: „Ich muß auf die Bank", und schicken Sie den hartnäckigen Elternteil fort.

Bitten Sie die Eltern, Sie zu begleiten, falls sie Ihnen nicht glauben, daß Sie etwas zu erledigen haben. Schleppen Sie sie mit zur Bank, zum Supermarkt, zur Reinigung - oder was Ihnen sonst noch einfällt. Gehen Sie ihnen zuliebe nicht langsamer, fragen Sie nicht, wohin sie gern möchten. Und fragen Sie unterwegs auch nicht, ob sie ´was dagegen haben, wenn Sie noch schnell ´was erledigen - versuchen Sie im Gegenteil so viel wie möglich zu erledigen. Niemand (außer Kindern unter 10) hat es gern, hinter jemandem herzutrotten, der durch die ganze Stadt saust. Ihre Eltern möchten irgendwo in Ruhe eine Tasse Kaffee trinken und über ihr Lieblingsthema reden (das in der Regel nicht Ihres ist). Wenn ihnen das nicht gelingt, werden sie wegbleiben.

Falls Sie nichts zu erledigen haben, können Sie als Alternative den Eltern, wenn sie auftauchen, etwas zu arbeiten geben. Wenn Sie gerade das Geschirr spülen, sollten Sie Ihre Mutter bitten, den Tisch abzuräumen und die Anrichte abzuwischen. Wenn Sie gerade den Rasen mähen, sollten Sie Ihren Vater bitten, die Baumsäge zu holen und die Ulme zu beschneiden. Sie werden die Zahl ihrer Besuche freiwillig einschränken, vorausgesetzt, sie sind nicht arbeitssüchtig (in diesem Fall sollten Sie diese Taktik vermeiden - sonst werden Sie sie nie mehr los).

Haben Sie kein schlechtes Gewissen, wenn Sie einen alten Menschen bitten, im Haus mitzuhelfen. Wenn Ihre Eltern fit genug sind, Sie zuhause zu besuchen (und besonders, wenn sie das zwei- oder dreimal in der Woche können), dann sind sie auch fit genug, Ihnen zu helfen, statt Sie von der Arbeit abzuhalten.

Das nennt man klassische Konditionierung. Sagen Sie Ihren Eltern: „Mein Haus ist kein Ort zum Rumhängen. Es ist kein Asyl, keine Kneipe und auch kein Klub. Wenn ihr euren Besuch im voraus und zu einem für mich günstigen Zeitpunkt mit mir abspracht, werd´ ich es einrichten, daß wir ungestört miteinander reden können. Aber wenn ihr immer wieder unangemeldet auftaucht, gibt´s keinen Kaffee, kann ich mich euch nicht widmen, und ihr könnt euch nicht gemütlich hinsetzen." Natürlich sollten Sie ihnen das freundlich beibringen und sich aufrichtig dafür entschuldigen, daß Sie jetzt keine Zeit haben. Aber tun Sie es trotzdem.

9
Das ist immer noch mein Haus, verstanden?

Also gut, nachdem Sie Ihren Eltern am Telefon klargemacht haben, daß Ihr Haus ihnen nicht unbegrenzt offensteht und Sie nicht zuließen, daß auf die Paradekissen im Gästezimmer „Mami und Paps" gestickt wurde, sollten wir jetzt von Ihnen reden.

Eltern, die ihre Besuchsrechte mißbrauchen, werden scharf kritisiert, aber wie ist das mit Ihnen? Viele von Ihnen verhalten sich, als hätten sie Ihr Elternhaus nur vorübergehend verlassen. Sie tun so, als sei das noch immer Ihr Zuhause. Sie tauchen unangemeldet auf, holen sich aus dem Kühlschrank, was da ist, und benutzen ihren Speicher und Keller, um Ihre Sachen unterzustellen. Sie beanspruchen alles, besonders Ihr Schlafzimmer, das immer noch wie damals aussieht, als Sie ständig hier wohnten.

Falsch, falsch und nochmals falsch.

Ich bin nicht gern der Überbringer schlechter Nachrichten, aber seit dem Tag, an dem Sie sich eine eigene Wohnung nahmen, sind Sie nur noch Gast im Haus Ihrer Eltern. Natürlich sagen sie:

„Für dich haben wir hier immer Platz" und: „Das wird immer dein Zuhause bleiben", aber das ist nur ein Ausdruck ihrer Zuneigung und keine Einladung, ihr Haus mit Beschlag zu belegen.

Achten Sie auf Ihre Worte

Zunächst einmal sollten wir die Begriffe klären. Erwachsene, die sagen: „An Weihnachten fahr´ ich nach Hause" - und damit meinen, daß sie ihre Ferien im Haus der Eltern verbringen - leiden an geistiger Verwirrung. Das Haus Ihrer Eltern ist *deren* Haus und *deren* Zuhause. Vermutlich haben Sie selber eines - Sie wissen schon, einen Ort, an den man jeden Tag nach der Arbeit zurückkehrt, einen Ort, wo Sie schlafen, wo Ihre Katze oder Ihr Hund oder Ihre Frau und die Kinder leben? Egal, ob Sie allein ein Appartement bewohnen oder mit Frau und drei Kindern auf einem Bauernhof leben, *das*, nicht das Haus Ihrer Eltern, ist Ihr Zuhause.

Wenn Sie Ihr Elternhaus Ihr „Zuhause" nennen, zeigt das nur, daß es mit Ihrer Selbständigkeit nicht weit her ist. Und außerdem ist es eine Beleidigung für die, mit denen Sie zusammenleben. Ist Ihr Haus oder Ihre Wohnung nur eine provisorische Unterkunft? Sind Ihre Frau und die Kinder nur eine provisorische Familie? Kehren Sie bald zu Ihrer wirklichen Familie zurück? Wo *Sie* leben, ist Ihr Zuhause. Punkt. Gewöhnen Sie sich daran. Sagen Sie von jetzt an: „Ich besuch´ an Weihnachten meine Eltern in ihrem Haus" oder „Ich verbring´ das Erntedankfest bei den Eltern." Hören Sie auf zu sagen: „In den Ferien fahr´ ich heim."

Das Haus meiner Kindheit

Das „Mein Elternhaus-ist-auch-mein-Haus"-Syndrom wird vor allem dann sichtbar, wenn Ihre Eltern sich entschließen, ihr altes Haus zu verkaufen.

> Marianne, eine 31-jährige Grundstücksmaklerin, erzählte: „Als mein Vater in Pension ging, verkauften meine Eltern unser Elternhaus mitsamt den Möbeln und erwarben eine Eigentumswohnung. Du lieber Himmel - eine Eigentumswohnung. Sie verstanden nicht, welche Bedeutung dieses Haus für meinen Bruder und mich besaß. Wir sind dort aufgewachsen. Es war unser Zuhause.
> Weihnachten? Erntedankfest? Das waren immer herrliche Festtage mit der ganzen Familie. Und jetzt sollen wir uns zu zehnt in diese Eigentumswohnung zwängen? Das ist doch absurd."

Es tut mir leid, Marianne. Die Eltern können mit *ihrem* Haus tun, was sie wollen. Sie haben ebensowenig ein Recht, ihnen vorzuschreiben, was sie mit ihrem Haus machen dürfen, wie das umgekehrt für Ihre Eltern gilt.

Aber hier geht es doch um meine Kindheit

Erwachsene Kinder möchten, daß ihre Eltern das Haus, in dem sie groß geworden sind, auf ewig als Schrein ihrer Kindheitserinnerungen unangetastet lassen.

Marianne hätte es gern, wenn ihre Eltern sagen würden: „Wir würden ja gern in eine Eigentumswohnung ziehen, aber das würde heißen, daß Marianne nicht mehr ein- oder zweimal im Jahr heimkommen und mit den auf ihrem Bett aufgereihten Kuscheltieren spielen könnte. Ich glaub´, es ist besser, wenn wir bleiben."

Wenn Ihnen so viel daran liegt, das Elternhaus zu erhalten, weshalb kaufen Sie es dann nicht, wenn Ihre Eltern es zum Verkauf anbieten? *Sie* tragen dann die Kosten. *Sie* zahlen die Gebühren für Strom und Wasser. Sie sind dann für die Unterhaltung des Hauses verantwortlich. (Wie? Hab´ ich richtig gehört? *So* wichtig ist das auch wieder nicht?

Ich hatte einen anderen Eindruck). Und was ist mit denjenigen unter Ihnen, die beleidigt sind, wenn die Eltern die Schultrophäen und vergilbten Beach Boys-Poster wegpacken und aus *Ihrem* Schlafzimmer ein Gästezimmer machen? Sie sind entsetzt: Wie konnten Ihre Eltern es nur wagen, diese Gedenkstätte Ihrer Jugend, Ihrer glorreichen Vergangenheit zu beseitigen?

Nun, Leute, das Schlüsselwort lautet: *Vergangenheit*. 18 Jahre hatten Sie nur einen Pachtvertrag auf ein Schlafzimmer mit Bad im Haus Ihrer Eltern, aber der Vertrag ist abgelaufen.

Die neuen Spielregeln

Das Haus Ihrer Eltern ist nicht mehr Ihr Haus; sollten Sie da nicht endlich damit aufhören:

• *unangemeldet bei ihnen aufzutauchen?* Rufen Sie die Eltern an, bevor Sie hingehen? Oder platzen Sie einfach herein, wann immer es Ihnen paßt? Nehmen Sie es sich fest vor, *stets* anzurufen, bevor Sie kommen. Fragen Sie stets: „Seid ihr am Nachmittag zu Hause? Ich wollte eigentlich vorbeischauen, wenn ich die Kinder abhole." Oder: „Ich würd' gern Paps' Bohrmaschine ausleihen. Wann wär's euch denn recht?"

Selbst wenn Ihre Eltern immer wieder betonen: „Wann immer du willst, das weißt du doch", oder: „Du brauchst uns nicht immer zu fragen, ob du kommen kannst", sollten Sie es dennoch tun. Geben Sie folgende Antwort: „Oh, ich weiß, daß ich nicht zu fragen brauch', aber ich wollte einfach sichergehen, daß es euch recht ist."

Auf diese Weise übermitteln Sie zudem die Botschaft, daß Sie es gerne sähen, wenn *Ihre Eltern* sich *Ihnen* gegenüber auch so verhalten würden.

• *sich mit einem eigenen Schlüssel Zugang zum Haus der Eltern zu verschaffen?* Sie verletzen dadurch die Privatsphäre Ihrer Eltern. Daß die Kinder groß und aus dem Haus sind, verschafft vielen Paaren ein neues Gefühl der Freiheit - das sie nicht genießen können, wenn sie nie wissen, wann Sie zur Haustür hereinspazieren. Würde es Ihnen gefallen, wenn die Eltern *Ihr* Haus nach Lust und Laune betreten könnten?

Wahren Sie die Form. Klingeln Sie oder klopfen Sie an die Tür. Warten Sie dann, bis die Eltern aufmachen. Geben Sie ihren Hausschlüssel zurück - wenn sie jedoch darauf bestehen, daß Sie auch einen Hausschlüssel haben sollten (für den, wie sie glauben, stets unmittelbar bevorstehenden, unvermeidbaren Notfall), sollten Sie ihn nicht an Ihrem Schlüsselbund tragen, sondern ihn irgendwo in einer Schublade verstauen.

• *sich im Haus der Eltern zu verhalten, als seien Sie noch ein Kind?* Holen Sie sich ungefragt aus dem Kühlschrank, was da ist, lassen Sie Ihr schmutziges Geschirr einfach stehen, bringen Sie Ihrer Mutter die Wäsche zum Waschen? Ihren Freunden gegenüber verhalten Sie sich nicht so, wenn Sie zu Besuch dort sind (sonst hätten Sie keine Freunde). Also sollten Sie das auch Ihren Eltern nicht antun. Das Haus Ihrer Eltern ist kein Ort, an dem Sie Ihre Ferien verbringen, erwarten Sie also nicht, daß man Sie kostenlos verpflegt, bedient und den roten Teppich für Sie ausrollt.

Denken Sie immer daran: Sie können nicht so tun, als sei das Elternhaus Ihr Haus, und sich dann aufregen, wenn sie Ihnen mit gleicher Münze heimzahlen.

• *wochenlang bei den Eltern zu bleiben?* Sie stöhnen und jammern doch schon, wenn Ihre Eltern mal zwei Wochen bei Ihnen sind. Weshalb machen Sie das dann ihnen gegenüber ebenso? Nach Ihrem Wegzug haben die Eltern ihren Tagesablauf neu geregelt. Und egal, wie der aussieht, Sie bringen ihn durcheinander, wenn Sie zu Besuch kommen. Wenn Sie bei ihnen sind, zerknittern Sie nicht nur die Leintücher in Ihrem alten Zimmer. Sie benutzen das Bad, die Küche, die Waschmaschine, den Trockner und den Fernseher. Sie verspeisen ihr Essen, versperren die Einfahrt und machen noch Lärm, wenn sie schon lang im Bett sind.

Kurzfristig ist eine solche Unterbrechung willkommen. Auf lange Sicht aber ist sie für die Eltern ebenso qualvoll wie im umgekehrten Fall für Sie. Glauben Sie ihnen nicht, wenn sie beteuern: „Du bist doch erst eine Woche hier; kannst du nicht noch ein paar Tage bleiben? Hab´s doch nicht so eilig, wir freuen uns, daß du da bist." Was sollen sie denn anderes sagen – „Scher dich zum Teufel"? Wenn Sie die Eltern besuchen, sollten Sie sich an die Regeln halten, die Sie den Eltern bei deren Besuch gerne vorschreiben würden.

Wenn Sie wieder zu den Eltern ziehen

Wenn Sie über 18 oder bereits länger als ein Jahr aus der Schule sind, haben Sie kein Recht mehr, bei den Eltern zu leben. Falls Sie noch nicht ausgezogen sind, sollten Sie nicht länger herumlungern, sondern mit dem Packen beginnen. Und Sie sollten nicht wieder zu ihnen ziehen, es sei denn, etwas Außergewöhnliches sei geschehen – ich betone: etwas wirklich Außergewöhnliches –, z.B.

1. eine schwerwiegende Krankheit, und Sie können sich nicht mehr selbst versorgen und haben weder Frau noch Kinder noch Freunde, die nach Ihnen sehen;

2. eine verheerende finanzielle Pleite, so daß Sie sich nicht einmal die schäbigste Wohnung leisten können.

Ansonsten sollten Sie selber für Kost und Logis sorgen. Was auch immer Sie oder Ihre Eltern sagen mögen, *keiner* der folgenden Gründe rechtfertigt es, den Eltern zur Last zu fallen.

Rechtfertigung Nr.1: Sie haben genügend Platz. Erwachsene Kinder glauben, daß Eltern, die ein großes Haus besitzen, nichts dagegen haben, wenn sie eine Zeitlang in dem nicht benutzten Schlafzimmer wohnen. Aber es ist unmöglich, nur in diesem einen Zimmer zu leben. Sie benutzen ihr ganzes Haus. Denken Sie daran, daß bei Ihnen demnächst auch ein Zimmer frei wird. Möchten Sie, daß Ihre Eltern sagen: „Du hast genügend Platz" und mit ihren Habseligkeiten zu Ihnen ziehen?

> Markus, 28 und Soldat, kam zu der Überzeugung, daß das Leben in der Armee nichts für ihn sei. Er fragte also seine Eltern, ob er nach seiner Entlassung bei ihnen unterkommen könne - nur bis er eine eigene Wohnung gefunden habe, wie er sagte. 13 Monate später wohnte er immer noch bei den Eltern und jammerte jedem, der ihm zuhörte, die Ohren voll. „Sie behandeln mich wie ein kleines Kind. Immer wollen sie wissen, wohin ich geh´ und was ich mach´. Warum bleiben sie nicht in ihrem Teil des Hauses und lassen mich in meinem ungestört wohnen?" *Sein* Teil des Hauses? Zahlt er dafür vielleicht die Hypothekenzinsen? Ich glaube nicht.

Rechtfertigung Nr.2: Sie haben mich gebeten, zu ihnen zu ziehen. Kein Elternteil auf der ganzen Welt wird sagen: „Ich weiß, du hast deine Stelle verloren und bist pleite, aber bitte uns nicht, bei uns wohnen zu dürfen. Du kannst im Stadtpark schlafen." Die elterliche Verantwortung zwingt Ihre Eltern dazu, Sie oft daran zu erinnern, daß „in unserem Haus immer ein Platz für dich frei ist", - selbst wenn sie es nicht wirklich ernst meinen. Gehen Sie also nicht davon aus, daß sie es ernst meinen.

Rechtfertigung Nr.3: Es ist ja nur vorübergehend. Wenn Sie zu Freunden ziehen, bedeutet „vorübergehend" 2 oder 3 Wochen - maximal 1 Monat. Es würde Ihnen nicht im Traum einfallen, ein ganzes Jahr bei ihnen zu wohnen. Aber bei den Eltern bedeutet „*vorübergehend*" oft „*auf unbestimmte Zeit*".

Ein Ehepaar (29 und 35 Jahre alt) zog zu den Eltern der Frau, bis der Ehemann eine neue Stelle gefunden habe; sein vorheriger Arbeitgeber hatte ihn entlassen. Vier Monate später hatte er zwar eine Stelle, aber das Paar beschloß, weiter bei den Eltern zu wohnen, bis es genug gespart habe, um die geringe Anzahlung für ein Haus aufbringen zu können. Zehn Monate später sparten sie noch immer und wohnten noch immer in Mamis und Paps´ Haus.

Wenn Sie bereits länger als einen Monat bei den Eltern wohnen, wird es höchste Zeit, die Koffer zu packen. Besorgen Sie sich eine eigene Unterkunft, und hören Sie auf, so zu tun, als hätten Sie Anspruch auf einen Freiplatz.

Rechtfertigung Nr.4: Ich kann doch nicht zulassen, daß meine Kinder in einem Slum wohnen. Falls es sich trifft, daß Ihre Eltern zufällig in einem hübschen Haus in einer hübschen Wohngegend leben, mag es angenehmer sein, bei ihnen zu wohnen, statt - sofern Sie sich nichts anderes leisten können - in eine heruntergekommene Wohnung in einem schäbigen Viertel zu ziehen. Schließlich ist für Ihre Kinder das Beste gerade gut genug, nicht wahr? (Es ist durchaus möglich, daß Ihre Eltern dieses Argument von sich aus vorbringen).

Nathalie, eine 39-jährige Sekretärin, wurde geschieden und zog in ihre Heimatstadt zurück - und zwar zu ihren Eltern. Als Sekretärin verdiente sie nicht gerade viel, aber da sie gute Referenzen besaß, war ihr Gehalt höher als üblich. Trotzdem dachte sie nicht daran, aus dem Haus ihrer Eltern auszuziehen.
„Ich glaub´ schon, daß ich mir eine kleine Zweizimmerwohnung leisten könnte", sagte sie. „Aber das wär´ doch kein Leben für meine neunjährige Tochter! Sie braucht ein hübsches Haus mit einem Hof und einem Hund.
Außerdem kann ich es mir auf diese Weise leisten, ihr hübsche Kleider und Spielsachen zu kaufen." Also bekam die Neunjährige an Weihnachten Kleider und Spielsachen im Wert von 300 Mark, und Großmama und Großpapa beglichen die Rechnungen fürs Haus.

Eines Tages besitzt Nathalie vielleicht selber ein hübsches Haus in einer hübschen Wohngegend. Hätte sie dann auch nichts dagegen, zwei gebrechliche alte Leute bei sich wohnen zu lassen, damit sie nicht in eine winzige Zweizimmerwohnung ohne Hof und Hund ziehen müssen?

Die goldene Regel der Eltern-Kind-Beziehung

Wann immer Sie mit den Eltern zu tun haben - sei es, daß Sie sie besuchen, wieder zu ihnen ziehen oder ihnen in der Eisdiele einen phantastischen Eisbecher spendieren - sollten Sie die Goldene Regel der

Eltern-Kind-Beziehung beherzigen:

> Behandeln Sie Ihre Eltern so, wie Sie von ihnen behandelt werden möchten. Und tun Sie das so lange, bis sie begreifen, daß man das auch von ihnen erwartet.

10
Wenn es ums Geld geht

In Gelddingen hat Ihre Mutter Sie schon oft an der Nase herumgeführt. Natürlich nicht absichtlich, Gott bewahre! Ihre liebe, alte Mutter würde niemals versuchen, Sie absichtlich reinzulegen (oder doch?). Ihre Mutter glaubt lediglich an eine wunderbare, unwiderstehliche aber völlig unrealistische Idee, die da lautet: *Familienvermögen*.

„Familienvermögen" bedeutet, daß das Geld, das Paps verdient, nicht nur ihm, sondern auch Mami und den Kindern gehört. Es bedeutet, daß das Geld und der Besitz, den Ihre Eltern in all den Jahren angehäuft haben, auch Ihnen gehört.

Ihre Mutter glaubt felsenfest an dieses Familienvermögen, und sie hat Jahre gebraucht, um Sie von seiner Existenz zu überzeugen. Sie erzählt Ihnen, wie schwer sie und Ihr Vater gearbeitet haben, damit Sie etwas haben, wenn sie einmal nicht mehr da sind. Bei jedem Besuch überreicht sie Ihnen eine Liste mit den Nummern der Scheck-, Spar- und Kreditkonten sowie der Anschriften und Telefonnummern der Bank, ihres Finanzberaters und ihres Rechtsanwalts. Ihre Brüder und Schwestern besitzen ebenfalls viele Kopien davon, und eine weitere Kopie klebt an der Rückseite des väterlichen Schreibtischs, wo Einbrecher sie nicht finden können, aber Sie, falls „was passiert" und die anderen 239 Kopien verlorengehen.

Was Paps dazu sagt

Der Haken dabei ist, daß Paps das anders sieht. Oh, er wird Mami niemals widersprechen, weder öffentlich noch privat. Deshalb gelang es ihr ja auch, Sie und sich zu überzeugen, daß die Idee eines Familienvermögens eine reale Grundlage hat. In seinen Augen ist es jedoch *sein* Geld, *er* hat es verdient, und *er* kann damit machen, was *er* will.

Paps hat die seltsame Vorstellung, daß Sie alt genug sind, sich selbst zu versorgen. Er macht sich keine Gedanken, wie Sie wohl zurechtkommen, wenn er einmal nicht mehr da ist. Jetzt, wo er noch am Leben ist, scheint es Ihnen doch ganz gut zu gehen. Er hat nicht die Absicht, Ihnen 100.000 Mark zu hinterlassen, damit Sie niemals mehr Geldsorgen haben. Was ihn anbelangt, so findet er es großartig, falls Sie nach seinem Tod etwas erben. Falls nicht ... nun, ihm wurde auch nie etwas geschenkt, und er ist dennoch prima zurechtgekommen. Davon geht er auch bei Ihnen aus.

Familienvermögen - aber wessen Familie?

Diese unterschiedliche Einstellung wird dann am deutlichsten, wenn ein Elternteil stirbt. Wenn Ihr Vater stirbt (was der Himmel verhüten möge!), wird Ihre Mutter vielleicht nicht wieder heiraten, weil sie nicht möchte, daß ein anderer (ihr neuer Mann) sich an *Ihrem* Geld vergreift. Man weiß sogar von verwitweten Müttern, die ein bescheidenes Leben führen, um *Ihr* Erbe nicht antasten zu müssen.

Wenn Ihre Mutter doch wieder heiratet, wird sie ein hieb- und stichfestes Testament aufstellen, um sicherzugehen, daß Sie alles bekommen, was sie und ihr Mann vor seinem Tod angehäuft haben. Und selbst dann wird sie noch Angst haben, ihr neuer Mann und dessen Kinder könnten versuchen, Ihr Erbe an sich zu reißen. Falls jedoch Ihre Mutter sterben sollte (was der Himmel verhüten möge!), löst sich die Idee eines Familienvermögens in Luft auf. Plötzlich verwaltet Ihr Vater nur noch und ausschließlich *sein* Geld. Vielleicht entschließt er sich, es zur Altersversorgung auf die hohe Kante zu legen, vielleicht verpulvert er es aber auch bis zum letzten Pfennig. Vielleicht unternimmt er eine Weltreise. Oder er zieht in die Tropen und züchtet Flamingos. Oder, schlimmer noch, er heiratet wieder.

Wenn Paps wieder heiratet, wird die Idee eines Familienvermögens erneut aus der Taufe gehoben, nur besteht jetzt die Familie aus Paps und seiner neuen Frau, nicht aus Paps und Ihnen. Ihr Pech! Paps ist nämlich der Ansicht, daß er erstens für sich, zweitens für seine Frau - wer immer sie sein mag - und drittens für seine Kinder - falls sie noch Kinder sind - finanziell verantwortlich ist. Erwachsene Kinder haben kaum eine Chance.

Das Prinzip der Begehrlichkeit

Zählen Sie nicht länger nach, wieviel Teile das Silberservice Ihrer Eltern hat, überschlagen Sie nicht länger im Kopf, wieviel ihr Haus wohl wert ist, und fragen Sie nicht länger, ob sie beim Einkaufen wieder einmal ihren Kredit überzogen haben und die höchsten Schuldzinsen zahlen müssen. Sprechen Sie nicht mit den Eltern über ihre Vermögensplanung, weil Sie sichergehen wollen, daß Sie jeden Pfennig bekommen - auch wenn Ihre Finanzberater es Ihnen empfohlen haben. (Wenn Ihre Eltern sich nicht darum gekümmert haben - oder keine Lust dazu haben - werden Sie sie auch nicht überzeugen können).

Wenn sie Ihnen tatsächlich etwas hinterlassen, wunderbar. Es ist aber wichtig, sich daran zu erinnern, daß es *ihr* Geld ist und sie damit machen können, was sie wollen. Sie haben *keinen Anspruch* darauf, denn es ist nicht Ihr Geld. Was immer Sie bekommen - es ist ein Geschenk.

Natürlich sind Sie nicht gerade glücklich, wenn Ihre Eltern bestimmen, daß ihr Besitz im Wert von drei Millionen Mark an das Heim für verwaiste Pinguinbabies gehen soll. Aber Sie müssen mit dieser Entscheidung leben, es sei denn, Sie können vor Gericht nachweisen, daß sie, als sie ihr Testament machten, total verrückt waren.

Ihr „gerechter Anteil"

Das Testament Ihrer Eltern ist nicht dazu da, Eifersuchtsprobleme zu lösen und zu berücksichtigen, ob einer Erfolg hatte oder Opfer bringen mußte. Vielleicht haben Sie das Gefühl, daß Ihnen mehr als nur ein gleicher Anteil am Vermögen der Eltern zusteht, weil Sie nur Kellner sind, Ihr Bruder aber ein hochbezahlter Firmenberater. Oder Sie glauben, daß Ihnen die Eltern mehr „schulden", weil Ihre Mutter in den vergangenen fünf Jahren bei Ihnen gewohnt und ihre Schwester keinen Pfennig zu ihrem Lebensunterhalt beigesteuert hat.

Erwarten Sie jedoch nicht, daß Ihre Eltern nach ihrem Tod die Dinge ins Lot bringen und das Vermögen auf eine Weise aufteilen, die Ihnen angemessen erscheint. Die meisten Eltern vererben ihr Vermögen zu gleichen Teilen, und zwar ohne Rücksicht darauf, wie Sie leben oder ob Sie sie in der Vergangenheit unterstützt haben. Statt darauf zu hoffen, daß Ihnen der Löwenanteil an ihrem Vermögen zufällt, sollten Sie sich jetzt, zu Lebzeiten Ihrer Eltern, überlegen, wie Sie Ihre eigene Lage verbessern können. Wenn der Erfolg Ihres Bruders Sie so iritiert, sollten Sie sich mehr um die eigene Karriere kümmern. Wenn Sie den Eindruck haben, daß Ihre Mutter Sie finanziell ausnutzt, sollten Sie ihr Kost und Logis berechnen. Oder schicken Sie Ihrer undankbaren Schwester eine Rechnung, damit sie *ihren* gerechten Anteil an Mamis Unkosten übernimmt.

Geld als Waffe

Geben Sie die Vorstellung eines „gerechten Anteils" auf. Dadurch verhindern Sie, daß Ihre Eltern Ihr Erbe als Waffe einsetzen, um Sie unter ihrer Fuchtel zu haben: „Wenn du diesen Versager heiratest, enterb´ ich dich", oder: „Wenn du dich nicht endlich zusammenreißt, werd´ ich alles deinem Bruder vermachen", oder: „Die Nachbarin von nebenan ist freundlicher zu mir als du; vielleicht vermach´ ich ihr alles". Manchmal drohen sie nicht direkt, sondern deuten nur an, daß die das Geld bekommen, die in ihrer Gunst stehen. Und „in ihrer Gunst zu bleiben" bedeutet, daß man ihnen nachgibt.

In einfacheren Kreisen nennt man das Erpressung. Es ist möglich, daß Sie sich, wenn Ihre Eltern ein beträchtliches Vermögen besitzen, diesem Druck beugen. Je älter sie werden - und je näher ihr Tod rückt - desto mehr versuchen Sie vielleicht, sich ihre Dankbarkeit zu erwerben. Sie denken: „So lang leben sie nicht mehr. Die paar Jahre kann ich noch nett zu ihnen sein."

Und vielleicht schaffen Sie es. Aber Eltern (vor allem, wenn sie boshaft sind) leben in der Regel viel länger, als Sie es je für möglich hielten.

Würden Sie sich immer noch ins Fäustchen lachen, wenn Sie wüßten, daß sie bis zu ihrem 95. leben? Würden Sie sich immer noch ins Fäustchen lachen, wenn Sie wüßten, daß zum Zeitpunkt ihres Todes ihr Vermögen durch Arztrechnungen aufgezehrt sein wird? Und können Sie sich ein Lachen erlauben, wenn Sie wissen, daß sie ihr Testament noch im letzten Augenblick ändern könnten?

Denken Sie daran, erst wenn Sie das Testament gesehen haben, wissen Sie wirklich, wer ihr Geld bekommt. Und selbst dann haben sie immer noch die Möglichkeit, am nächsten Morgen zum Notar zu rennen und ein neues Testament aufsetzen zu lassen - ohne daß Sie je davon erfahren.

Unterbinden Sie Drohungen

Eltern drohen, Sie zu enterben, weil sie Sie im Zaum halten möchten. Dagegen hilft nur eins: Zeigen Sie ihnen, daß ihr Geld Ihnen völlig gleichgültig ist.

> Ihre Eltern: Ich sollte dich eigentlich enterben.
> Sie: Es ist dein Geld. Du kannst damit machen, was du willst.
> Ihre Eltern: Ich mein´ es ernst. Du besuchst mich kaum und rufst auch so gut wie gar nicht an, da wär´s besser, ich vermach´ alles der Kirche.
> Sie: Es ist dein Geld. Du entscheidest, was du damit machst.
> Ihre Eltern: Es wird dir noch mal leid tun, wenn du unser Haus nicht bekommst.
> Sie: Ihr glaubt doch nicht etwa, daß ich euch den Tod wünsche, damit ich euer Haus bekomm´?
> Ihre Eltern: Vielleicht vermach´ ich auch alles deiner Schwester.
> Sie: Es ist dein Geld ..., usw, usw.

Ihre Eltern greifen nur zu Drohungen, wenn Sie sich davon beeindrucken lassen. Wenn Sie die „Es ist euer Geld"-Taktik beibehalten, werden sie Ihnen die Sache mit der Erbschaft nicht länger um die Ohren hauen.

Eltern, die „alles Ihrer Schwester vermachen", die damit drohen, ihr Geld dem Kind zu hinterlassen, welches sie am besten behandelt, benutzen eine Auslese-Strategie. Verabreden Sie ein Treffen mit Ihren Geschwistern - denen wahrscheinlich ebenfalls mit Enterbung gedroht wird - und vereinbaren Sie, das elterliche Vermögen gleichermaßen aufzuteilen, und zwar ohne Rücksicht darauf, was die Eltern in ihrem Testament bestimmt haben. (Falls Sie Ihren Geschwistern nicht so recht über den Weg trauen, wäre es vielleicht ratsam, diese Vereinbarung schriftlich festzuhalten).

Wenn Ihre Eltern Ihnen dann mit Enterbung drohen, können Sie sagen: „Arnold, Franziska und ich haben über deine Drohungen geredet. Wir haben vereinbart, daß jeder von dem, was du uns hinterläßt, gleich viel bekommt."

Wenn Sie allerdings glauben, daß das sie dazu veranlassen könnte, alles dem Heim für Pinguinbabies zu vermachen, sollten Sie besser den Mund halten und sich mit dem Wissen zufriedengeben, daß sie nur leere Drohungen ausstoßen.

Mutter, kannst du mir etwas Geld leihen?

Vielleicht macht Sie die Vorstellung, daß Ihre Eltern das viele Geld bis zu ihrem Tod lediglich für Sie aufbewahren, ungeduldig. Sie würden es gern schon jetzt in die Hand bekommen. Vielleicht sind Sie der Ansicht, daß Ihre Eltern mit Geschenken und Darlehen großzügig sein sollten - gewissermaßen als Vorschuß auf Ihr Erbe. Haben sie nicht immer wieder gesagt, daß Sie nur zu fragen bräuchten, wenn Sie je Geld nötig hätten? Es ist Ihnen aber entgangen, daß sie den kleinen Hinweis nicht länger ernst nehmen. Und zwar genau von dem Zeitpunkt an, als Sie Ihre erste gut bezahlte Stelle antraten.

Wenn Kinder sich zum ersten Mal selbständig machen, „leihen" sie sich in der Regel Geld von den Eltern. Oft bieten Eltern von sich aus ein Darlehen an und legen nicht näher fest, wann es zurückzuzahlen ist: „Du kannst es uns zurückzahlen, wenn du aus dem Gröbsten raus bist und mehr verdienst."

Ein solches Darlehen ist eher so etwas wie ein Geschenk. Die Zinsen sind sehr niedrig, und oft verzichtet man auf die Rückzahlung, wenn jemand das Examen bestanden hat oder heiratet.

Aber das ist Kinderkram. Wenn Sie erst älter und aus dem Gröbsten raus sind, haben Sie kein Recht, Ihren Eltern wegen zinsgünstiger Darlehen mit unbegrenzter Laufzeit in den Ohren zu liegen.

Ihre Eltern sind zudem älter geworden und rücken mit ihrem Geld nicht mehr so gern heraus wie früher. Während Sie mit ausgestreckter Hand dastehen, machen sie sich Sorgen, wie sie im Alter mit einer fixen Geldsumme zurechtkommen.

Zu einem engen Freund würden Sie sicher nicht sagen: „Leih´ mir 4000 Mark zu 3% Zins, ich zahl´s dir irgendwann in den nächsten 5 bis 10 Jahren zurück." Ihr Freund würde Sie auslachen.

Aber einige von Ihnen glauben, daß die Eltern ihre Wertpapiere oder stillen Reserven zu Geld machen und Ihnen das Geld zur Verfügung stellen sollten. Sie sind sogar beleidigt, wenn sie es nicht tun. Von Ihren Freunden *erwarten* Sie auch nicht, daß sie Ihnen Geld leihen. Und mit Sicherheit wollen Sie auch nicht, daß sie Geld verlieren. Weshalb also erwarten Sie das von Ihren Eltern?

Handeln Sie wie ein erwachsener Mensch, wenn Sie Geld leihen

Wenn Sie sich trotzdem von Ihren Eltern Geld leihen müssen, sollten Sie die folgenden Ratschläge beachten:

Schätzen Sie die finanziellen Möglichkeiten Ihrer Eltern realistisch ein. Gehen Sie nicht davon aus, daß Ihre Eltern Geld *haben,* das sie Ihnen leihen können. Selbst wenn es so aussieht, als hätten sie genug, muß das nicht stimmen. Für Sie sind 150.000 Mark auf der Bank ein ganz schönes Vermögen. Aber für Ihre Eltern, die 25 oder 30 Jahre davon leben müssen, ist das nicht gerade viel.

Flippen Sie nicht aus, wenn sie nein sagen. Wenn Sie um ein Darlehen bitten und Ihre Eltern Ihnen keines geben können oder wollen, sollten Sie so viel Anstand besitzen, ihnen trotzdem zu danken und die Sache nie mehr zu erwähnen.

Sagen Sie nicht: „Ihr nehmt mich wohl auf den Arm. Weshalb nicht?" Betteln Sie nicht. Vermeiden Sie es, ihnen - jetzt oder zu einem späteren Zeitpunkt - Schuldgefühle einzuimpfen. Verzichten Sie deshalb auf Bemerkungen wie: „Hättet ihr mir das Geld vor drei Jahren geliehen, dann hätt´ ich jetzt bestimmt schon ´ne ganze Ladenkette für Trampolins."

Seien Sie fair. Sollten die Eltern Ihnen tatsächlich ein Darlehen geben, dann nur zu einem Zinssatz, der auch bei einer guten Bank üblich ist. Und ich meine damit nicht den üblichen Sparzinssatz, sondern den, den

Ihre Eltern bekommen, wenn sie die Ihrem Darlehen entsprechende Summe längerfristig - d.h. so lang, wie Ihr Darlehen läuft - bei der Bank anlegen.

Seien Sie nett zu ihnen. Denken Sie daran, daß diese Menschen eine Schwäche für Sie haben. Nutzen Sie das nicht aus.

Seien Sie großzügig, statt Großzügigkeit zu erwarten. Handeln Sie wirklich wie ein erwachsener Mensch. Zahlen Sie ihnen mehr Zinsen, als sie für einen Sparbrief bekommen würden. Nehmen Sie das Mittel zwischen dem günstigsten Zinssatz für Darlehen und dem für Sparbriefe. Wenn zum Beispiel die Bank 8% verlangt, wenn Sie Ihr Auto auf Kredit kaufen, und die Eltern für ihren Sparbrief 4% bekommen, sollten Sie ihnen 6% anbieten.

Es ist immer gut, wenn man zu den Eltern sagen kann: „Wenn ihr mir das Geld leiht, statt es auf der Bank zu lassen, kommt ihr besser weg". Das zeigt Reife und Verantwortungsbewußtsein und dergleichen.

Jemand erzählte mir, daß er vor ein paar Jahren seiner Mutter ein solches Angebot gemacht habe und daß sie ihn jetzt alle 6 Monate anrufe und wissen wolle, ob er nicht ein paar tausend Mark von ihr leihen möchte. Bei den jetzigen niedrigen Zinssätzen kann sie an ihrem Sohn recht gut verdienen.

Vergewissern Sie sich, daß Ihre Eltern verstehen, auf was sie sich einlassen. Sagen Sie ihnen genau, wieviel Sie leihen möchten, welche Zinsen Sie zahlen, wie lang das Darlehen laufen soll und wieviel Sie jeden Monat abzahlen. (Sie können sich einen Kredittilgungsplan auf jeder Bank besorgen). Überraschungen sollte man vermeiden.

Und erinnern Sie die Eltern daran, daß dies kein Sparkonto ist. Sie können das Geld nicht plötzlich abrufen, wenn sie es brauchen; das ist übrigens noch ein guter Grund, ihnen mehr Zinsen zu zahlen, als sie von der Bank bekommen. Eine Bank zahlt ihnen ihr Kapital aus, wenn sie es wünschen. Sie nicht.

Halten Sie alles schriftlich fest. Kein Vertrag per Handschlag, keine unklaren Zahlungsbedingungen, keine vagen Versprechungen. Gehen Sie ins nächste Bürogeschäft und besorgen Sie sich einen Vordruck (der ist nicht teuer). Füllen Sie das Formular so sorgfältig aus, wie Sie das tun würden, wenn Sie das Geld, statt es zu leihen, verleihen würden. Unterzeichnen Sie es und lassen Sie es notariell beglaubigen. Behalten Sie einen Durchschlag bei sich und geben Sie das Original Ihren Eltern.

Achten Sie nicht darauf, wenn Ihre Eltern protestieren, daß das doch nicht nötig sei. Glauben Sie mir, es ist nötig.

Und seien Sie nicht überrascht, wenn keine Proteste kommen. „Meine Eltern fanden diese genauen Formalitäten sehr amüsant", erzählte mir eine Frau. „Sie bedankten sich und schlossen das Formular lächelnd in ihren Safe." Nachdenklich hielt sie inne. „Heißt das, sie trauen mir nicht?"

Keineswegs. Sie sind froh, daß Sie sich der Verantwortung, ihr Schuldner zu sein, voll bewußt sind. Es macht sie glücklich, zu wissen, daß Sie die Absicht haben, das Geld zurückzuzahlen.

Helfen Sie sich gegenseitig. Falls, was selten, aber doch vorkommt, die Eltern von *Ihnen* Geld leihen wollen, sollten Sie das Darlehen genauso geschäftsmäßig abwickeln, als seien Sie der Darlehensnehmer. Zwei Gründe sprechen dafür: (1) Ihre Eltern haben dann nicht so das Gefühl, Almosenempfänger zu sein; (2) vielleicht brauchen Sie dieses Stück Papier, damit Sie nach ihrem Tod Vermögensansprüche geltend machen können.

Es ist nie zu spät, ein Darlehen zurückzuzahlen. Wenn Sie bereits Geld geliehen haben und mit Ihren Rückzahlungen im Verzug sind, sollten Sie das wiedergutmachen. Zahlen Sie wenigstens etwas, auch wenn es nur 10 oder 20 Mark pro Monat sind. So handelt ein erwachsener Mensch.

Noch einmal zum Begehrlichkeitsprinzip

Wenn erst der Satz gilt: „Ich handle wie ein erwachsener Mensch und möchte als solcher behandelt werden", sollten Sie nicht mehr erwarten, daß man Sie an Weihnachten, an Ihrem Geburtstag, bei der Hochzeit (vor allem, wenn es nicht das erste Mal ist), bei Antritt einer neuen Stelle oder der Geburt eines Kindes mit Geschenken und/oder Geld überhäuft.

Vor Jahren reagierten Sie vielleicht auf die Frage: „Was hättest du denn gern zu Weihnachten?" mit einer 37 Seiten umfassenden Aufstellung, die alle Spielsachen, Spielzeugautos und sonstige Dinge mit Markenbezeichnung, Seriennummer und den einschlägigen Geschäften enthielt.

Heute lautet die einzig richtige Antwort: „Du brauchst mir nichts zu kaufen. Wir werden alle beisammen sein; das allein zählt wirklich." Und Sie sollten zu Ihrem Wort stehen.

Vielleicht erwarten Sie zuviel

Natürlich ist es nicht sehr erfreulich, wenn Ihre Eltern Sie beim Wort nehmen. Wenn Sie zu Ihrem Geburtstag zum ersten Mal statt der üblichen zwei Dutzend Geschenke nur eine einfache Glückwunschkarte mit folgendem Text bekommen: „Wenn du wieder zu uns kommst, geh'n wir zusammen essen", ist das eine herbe Enttäuschung. Es bedeutet nämlich, daß Ihre Kindheit vorüber ist. Von nun an behandeln Ihre Eltern Sie als Erwachsenen. Zu dumm. Aber bevor Sie jetzt glauben, daß Ihre Eltern lediglich geizig sind, sollten Sie erst einmal nachdenken. Es ist möglich, daß Sie
1. Geld mit Liebe verwechseln.
2. noch immer an die Theorie des Familienvermögens glauben (etwa so: „Es ist auch mein Geld, also könnten sie mir doch etwas davon abgeben."),
3. vergessen, daß nur Kinder an Festtagen viele Geschenke erwarten.

Seien Sie auf der Hut vor Eltern, die teure Geschenke machen

Es ist durchaus möglich, daß Geschenke, vor allem, wenn sie teuer sind, Ihnen zu schaffen machen. Karin, die drei Kilometer von ihren Eltern entfernt wohnt, erzählte mir folgende Geschichte:

„Meine Eltern schenkten mir vor acht Jahren zum Examen einen wunderschönen Golf. Und seit acht Jahren tut mein Vater so, als gehöre der Wagen *ihm*. Wenn er schmutzig ist, sagt er: „Wir haben dir den Wagen nicht gekauft, damit er wie ein Saustall aussieht". Wenn ich nicht regelmäßig den Ölwechsel vornehme, sagt er: „Wir haben dir den Wagen nicht gekauft, damit du den Motor ruinierst". Wenn er vorbeifährt und der Wagen nicht in der Garage steht, sagt er: „Wir haben dir den Wagen nicht gekauft, damit die Sonne den Lack ruiniert". „Wenn ich's mir leisten könnte", sagte Karin frustriert, „würd' ich einen neuen Wagen kaufen und ihm den Golf überlassen, damit er endlich mit seiner Meckerei aufhört."

Manche Eltern benutzen eine andere Taktik. Sie sagen: „Wähl' du aus; ich zahl's."

Gudruns Eltern wollten ihr zum Einzug in ihr neues Haus eine Couch kaufen. „Du kannst bis 3000 Mark gehen", sagten sie. Bei so viel Geld wollte ihre Mutter beim Kauf natürlich dabeisein. Aber was immer Gudrun auch auswählte, ihre Mutter war dagegen; „Nein, die Farbe paßt nicht so recht zu deinem Teppich." „Nein, die vielen losen Kissen werden dich noch verrückt machen." „Nein, dieses Material ist nicht sehr strapazierfähig."

Nach sechs anstrengenden Wochen fand Gudrun endlich eine Couch, gegen deren Kauf ihre Mutter nichts einzuwenden hatte - aber es war immer noch nicht die Couch, die sich Gudrun wirklich wünschte.

Und mit der Größe der Geschenke wachsen die Probleme.

Davids Eltern besaßen ein zwei Hektar großes Grundstück in den Bergen. Eigentlich hatten sie vorgehabt, dort ihren Alterssitz zu errichten. Aber als David ankündigte, daß er heiraten werde, änderten sie ihre Meinung und beschlossen, das Grundstück ihrem Sohn zur Hochzeit zu schenken.
David und seine junge Frau waren begeistert und bauten ein Haus auf das Grundstück. Aber die Begeisterung ließ nach, als die Monate vergingen und Davids Eltern nie die Zeit fanden, die Schenkung notariell zu beglaubigen, die David und Karin zu rechtmäßigen Besitzern des Grundstücks gemacht hätte. Jetzt, drei Jahre später, reden Davids Eltern immer noch von „unserem" Haus und „unserem" Grundstück, und Davids Vater taucht des öfteren unangemeldet auf, um auf „unserem" Grundstück zu arbeiten: Er pflanzt neue Bäume, sägt tote ab, düngt den Rasen - alles Dinge, für die seiner Meinung nach die „Kinder" eh keine Zeit haben.

Kaufen Sie sich also größere Geschenke besser selbst, und lassen Sie den Eltern ihr sauer verdientes Geld.

Geizige Eltern

Vielleicht glauben Sie, daß ich deshalb so wenig von teuren Geschenken halte, weil meine Eltern so geizig sind. „Geizig ist die reinste Untertreibung", sagte mir ein Sohn. „Wenn meine Frau und ich meine Eltern besuchen, geben wir 300 Mark für Benzin und Hotel aus, und wenn wir dann dort sind, erwarten sie, daß *wir* sie zum Essen ausführen."
Hier einige Gedanken über das Leben mit geizigen Eltern:
Erinnern Sie sich an das Jahr 1929? Eltern, die während der Welt-

wirtschaftskrise oder kurz danach groß geworden sind, haben eine Heidenangst davor, arm zu sein. Nichts kann sie von dem Glauben abbringen, daß so etwas wieder passieren wird. Ihrer Meinung nach fährt man am besten, wenn man sich auf das Schlimmste vorbereitet, auf das Beste hofft und sein Geld bis zum letzten Pfennig beisammenhält.

Was man spart, hat man verdient. Wenn Eltern ein paar Mark sparen wollen und deshalb für ihr neu eingerichtetes, 8000 Mark teures Badezimmer Badetücher für 1,99 kaufen, sollten Sie das ohne Kommentar hinnehmen. Schließlich hat jeder seine eigene Vorstellung von Sparsamkeit.

Sie sind doch reich, oder etwa nicht? Manche Eltern halten *Sie* für einen Krösus. Sie haben sich alle Mühe gegeben, sie davon zu überzeugen, daß Sie erfolgreich sind, und sie glauben es Ihnen. Deshalb haben sie ein völlig reines Gewissen, wenn sie erwarten, daß Sie sie per Flugzeug mit Frau und drei Kindern besuchen und sie zum Essen ausführen.

Wie bei Freunden. Wenn Sie von Ihren Eltern mehr Geld oder Geschenke erwarten als von Ihren Freunden, dann erwarten Sie zu viel. Ihre Eltern haben in den vergangenen 20, 30 oder 40 Jahren viel Geld für Sie ausgegeben. Hören Sie mit der Bettelei auf.

11
Das ist immer noch mein Liebesleben, verstanden?

Zwischen Ihnen und Ihren Eltern gibt es nur wenige Themen, die heftigere Emotionen und Auseinandersetzungen auslösen und länger zu einem Problem werden, als - Ihr Liebesleben. Die meisten Eltern glauben, daß es ausschließlich ihre Sache ist, mit wem Sie gehen, zusammenleben oder vor den Altar treten. Sie werden Sie also ermuntern, bedrängen und, falls möglich, zwingen, das zu tun, was *sie* für richtig halten. Wenn Ihr Freund Arzt ist, sind sie entzückt. Notfalls nehmen Sie eine zweite Hypothek auf ihr Haus auf, um die Hochzeit zu finanzieren. Aber wenn Ihr Zukünftiger seit drei Jahren arbeitslos ist, ja dann ...

Was Besseres hast du nicht zu bieten?

Fast alle Eltern glauben, daß der Partner ihrer Kinder nicht gut genug für sie ist, gleichgültig, ob Sie und die Person Ihrer Zuneigung bereits den 15. Hochzeitstag feiern oder sich gerade erst begegnet sind. Jede Mutter weiß, daß es keine Frau gibt, die für ihren Sohn gut genug ist, und jeder Vater ist davon überzeugt, daß kein Mann seine Tochter verdient.

- „Wenn wir meine Schwiegermutter besuchen", sagte ein Mann, „küßt sie mich zur Begrüßung, als hätte ich 37 verschiedene ansteckende Krankheiten."
- „Mein Vater läßt keine Gelegenheit aus", erzählte mir eine im Beruf sehr erfolgreiche Frau, „darauf hinzuweisen, daß ich mehr verdiene als mein Mann."
- „Von meinem Vater", sagte eine andere Frau, „hör´ ich immer nur das eine: „Ich kann nicht begreifen, daß du dich mit so einem Trottel abgibst." Wenn es darum geht, festzustellen, ob Sie die richtige Wahl getroffen haben, dann stellen nur wenige Eltern die entscheidende Frage: „Liebt ihr euch wirklich?" Natürlich ist Liebe nicht zu verachten, aber Ihren Eltern geht es vor allem um die wirklich wichtigen Dinge, z.B. gesellschaftliche Stellung, Höhe des Gehalts, hausfrauliche Fähigkeiten, Herkunft und ob Sie rassisch, religiös und vom Alter her zueinander passen.

Ihre Eltern wollen sichergehen, daß Sie nicht nur jemanden bekommen, der gut genug für Sie, sondern jemanden, der gut genug für die Eltern ist. Und sie wollen verhindern, daß dieser Eindringling „Sie ihnen wegnimmt", ihnen Ihre Zuneigung raubt oder sie sonstwie von ihrem Platz im Mittelpunkt Ihres Universums verdrängt.

Aber was immer Ihre Eltern auch denken: *Ihr Liebesleben geht sie nichts an.* Die Frage ist nur: Wie überzeugt man *sie* davon?

Haben Ihre Eltern Rechte?

Schön. Ihre Eltern gehören zur Familie. Sie haben eigene Vorstellungen. Und Sie haben auch nichts dagegen, wenn sie sie äußern, vorausgesetzt, sie verhalten sich freundlich und konstruktiv. Wenn es ihnen auf der Seele brennt, dürfen sie durchaus sagen: „Ich kann diese Niete nicht ausstehen - bring´ ihn (oder sie) nicht mehr mit, wenn du zu uns kommst." (Natürlich sollten Sie ihnen deutlich zu verstehen geben, daß *Sie* dann vielleicht auch nicht mehr kommen). Mehr können sie jedoch nicht verlangen.

Ihre Eltern haben kein Recht, Ihnen zu drohen; sie dürfen Sie nicht schikanieren, quälen, kritisieren, unglücklich machen oder auf irgendeine Weise versuchen, Sie von Ihrem Partner zu trennen. Wenn also Ihre Eltern Ihnen zusetzen, sollten Sie sich wehren, und zwar sofort. Sagen Sie ihnen: „Ich möchte, daß Ihr euch eure hämischen Bemerkungen und das Herumkritisieren an meiner Ehe (oder meinem Freund oder meiner Lebensweise) verkneift - falls nicht, seht ihr mich nie wieder."

Und das gilt auch für Eltern, die glauben, daß sie ihre Abneigung raffiniert verschleiern.

„Lydia, meine Frau, ist älter als ich, sie ist geschieden und hat eine 4-jährige Tochter", erzählte mir ein Mann. „Meine Eltern sind entsetzt, daß ich jemanden geheiratet habe, der „schon einiges hinter sich hat", wie sie sagen. Nach außen hin sind sie höflich, machen aber immer wieder spitze Bemerkungen. Meine Mutter fragt ständig die kleine Tina, ob sie ihren Papi in der letzten Zeit mal gesehen habe, und nennt sie „armes Kind". Mein Paps ignoriert sie, weil sie nicht *seine* Enkelin ist.

Wenn ich 'was sage, antworten sie: „Wir haben Lydia wirklich gern, und Tina ist so ein liebes Mädchen. Es gibt keine Probleme." Es gibt keine Probleme, außer daß diese Besuche für alle eine Qual sind und Lydia und ich danach jedes Mal miteinander Streit anfangen."

Die meisten von Ihnen haben in ihrer Jugend zu viele Perry Mason-Filme gesehen. Sie glauben, daß man den Mund halten soll, wenn man nicht *beweisen* kann, daß eine Bemerkung abschätzig gemeint war. Aber dies ist keine Gerichtsverhandlung, und Sie klagen niemanden des Mordes an. Dies ist der Alltag: Wenn Sie sich unwohl fühlen oder sich ärgern, ist das für Sie Beweis genug, daß eine Bemerkung beleidigend gemeint war.

Legen Sie Ihre Karten auf den Tisch

Geben Sie sich nicht mit Ausflüchten zufrieden, z.B. „Wir haben Lydia wirklich gern", oder: „Es gibt keine Probleme." Machen Sie unmißverständlich klar, was Sie an ihrem Verhalten stört:

„Mami, jedesmal, wenn wir zu euch kommen, legst du es darauf an, Tinas Vater zu erwähnen und ihr zu sagen, wie sehr du es doch bedauerst, daß ihre Eltern sich getrennt haben. Ich weiß, daß du so fühlst, aber dieses ständige Abheben auf Lydias Scheidung verdirbt Lydia und mir die Stimmung. Ich weiß, daß du unglücklich bist, weil ich eine geschiedene Frau geheiratet habe, die zudem noch ein Kind hat, aber ich möchte, daß du das nicht mehr erwähnst."

Vermeiden Sie jede Diskussion darüber, weshalb sie Ihre Frau nicht mögen, weil Sie es nicht schaffen, sie von ihrer vorgefaßten Meinung abzubringen (er verdient nicht genug, sie ist zu alt für dich, du kümmerst dich nicht mehr so um uns wie früher).

Machen Sie ihnen lediglich klar, daß Sie sehr wohl wissen, auf was Ihre Eltern aus sind und daß Sie das nicht länger dulden.

Hüten Sie Ihre Zunge

Wenn Ihre Eltern Ihre Frau wirklich gern haben, sollten Sie diese gebrechliche Beziehung nicht dadurch gefährden, daß Sie Ihre Eheprobleme mit ihnen besprechen. Sie sind ihr kleiner Liebling, und jeder, der Sie schlecht behandelt, kommt automatisch und oft für immer auf ihre Schwarze Liste. Achten Sie also auf das, was Sie ihnen sagen.

„Mein Mann und ich hatten vor etwa sechs Monaten eine heftige Auseinandersetzung", erzählte Brigitte. „Er stürmte wütend aus dem Haus und kam erst um 3 Uhr morgens heim. Ich war so dumm, meiner Mutter am nächsten Morgen davon zu erzählen, und natürlich wollte sie, daß ich schnurstracks zum Anwalt laufen und meine Scheidung einreichen sollte. Heute weiß ich kaum noch, weshalb Rainer und ich uns in die Haare gerieten, aber meine Mutter erinnert sich noch immer an jede Kleinigkeit. Sie verhält sich seitdem Rainer gegenüber sehr reserviert und fragt mich ständig, ob ich wirklich bei so einem Mann bleiben möchte, der mich so schäbig behandle."

Natürlich ist es noch viel frustrierender, wenn die Eltern Sie für die Schuldige halten und sich mit Ihrem Mann solidarisieren:
„Hör mal, Brigitte, wenn du Rainer nicht ständig schikanieren würdest, wär´ er nicht so sauer. Du hackst ständig auf ihm 'rum, das ist nicht gut. Ich würd´ mit deinem Vater niemals so reden."
Verbindlichen Dank für deine Hilfe, Mami. Es ist besser, die Eltern aus dem Spiel zu lassen, denn sie können nicht objektiv sein und vergessen, was man ihnen anvertraut.

Bis der Tod (oder die Eltern) uns scheidet

Natürlich mischen Ihre Eltern sich vor allem dann in Ihr Liebesleben ein, wenn Sie heiraten. Eltern fallen dabei von einem Extrem ins andere.

„Das ist herrlich! Wir haben schon geglaubt, du heiratest nie (oder nie wieder)."
Oder:
„Bist du dir ganz sicher? Ihr zwei geht doch noch nicht so lang miteinander." (Falls sie Ihren Verlobten oder Ihre Verlobte nicht mögen, umfaßt „noch nicht so lang" eine Zeitspanne bis zu 10 Jahren).

In jedem Fall garantiere ich Ihnen, daß Sie und Ihre Eltern am Tag der Trauung kaum mehr miteinander sprechen werden. Und zwar deshalb, weil jeder glaubt, es sei seine Hochzeit.

• Sie glauben, daß Sie für die Organisation der Hochzeit verantwortlich seien, denn Sie sind es ja, der heiratet.
• Die Brauteltern glauben, daß sie verantwortlich sind, denn sie kommen ja in der Regel für die Kosten auf.
• Das Elternpaar, das das teuerste Hochzeitsgeschenk präsentiert, glaubt, daß es wenigstens einen Teil der Verantwortung übernehmen sollte.

Vergessen Sie nie, daß die Mitsprache vom Geld abhängt und daß jeder, der wenigstens 5 Mark für Ihre Hochzeit ausgibt, bei den Vorbereitungen mitreden möchte. Ein Hochzeitskomitee ist kein Vergnügen, und falls Ihre Mutter und Ihre künftige Schwiegermutter gleiches Stimmrecht haben, kann das katastrophale Folgen haben.

Da sich die Ratgeberspalten der Zeitungen fast täglich mit dem Hochzeitsproblem beschäftigen, werde ich mich kurz fassen.

Wie groß soll die Hochzeit sein?

Wenn Sie darüber nachdenken, wie groß Ihre Hochzeit sein soll, sollten Sie den folgenden Grundsatz beachten: Die Probleme, die bei einer Hochzeit auftauchen, sind stets eine ganze Nummer größer als die Hochzeit selbst. Eine kleine Hochzeit schafft mittlere Probleme. Eine mittelgroße Hochzeit schafft große Probleme. Und eine große Hochzeit schafft schier unendliche Probleme.

Das bedeutet aber auch: Wenn Sie auf eine große Hochzeit verzichten, ziehen Sie sich *auf Jahre hinaus* den Zorn beider Seiten zu.

Bevor Sie Ihre Eltern um Rat fragen, sollten Sie bedenken, daß Eltern große Hochzeiten lieben. Sie lieben das feierliche Gepränge, und sie lieben es, alte Schulden einzutreiben: „Es muß eine ganz große Hochzeit sein. Seit Jahren kaufen wir für die Kinder unserer Freunde Hochzeitsgeschenke. Jetzt wollen wir 'was davon haben."

Wer bezahlt das alles?

Früher wurde die Hochzeit immer von den Brauteltern finanziert (es sei denn, die Eltern des Bräutigams waren sehr reich und die Eltern der Braut sehr arm). Heutzutage muß man zuvor einiges berücksichtigen:

Ihr Alter. Wenn einer von Ihnen oder beide über 30 ist, sollten Sie die Hochzeit selbst finanzieren, auch wenn sie dadurch kleiner ausfällt als ursprünglich geplant. (Ein Hinweis für den älteren Bräutigam: Wenn Sie die Hochzeit nicht finanzieren, sind Sie in den Augen der Brauteltern eine Niete, ein Geizkragen und ein beruflicher Versager, der nicht einmal seine Hochzeit finanzieren kann. Auf diese Weise wird die Beziehung zu den Schwiegereltern schon zu Beginn getrübt).

Wenn Sie zwischen 25 und 30 sind, hängt es davon ab, wie Sie und Ihre Eltern finanziell dastehen und wie Ihre Eltern reagieren, wenn Sie sagen: „Es wird nur eine kleine Hochzeit, mehr können wir uns nicht leisten." Wenn sie sagen: „Das ist vernünftig, Liebes", liegt die Entscheidung bei Ihnen. Aber wenn sie sagen: „Unsere Tochter und nur eine kleine Hochzeit? Das kommt überhaupt nicht in Frage", dann sollten Sie die Lieferfirma für Speisen und Getränke anrufen.

Wenn Sie unter 25 sind, dann können Sie vernünftigerweise erwarten, daß Ihre Eltern die Hochzeit teilweise oder ganz finanzieren. Aber passen Sie Ihre Hochzeit ihren finanziellen Möglichkeiten an. Verhalten Sie sich nicht wie jene 25-jährige Tochter, die sagte: „Meine Eltern haben sich scheiden lassen, und ich begreif' durchaus, daß sie im Augenblick knapp bei Kasse sind, aber sie haben mir immer eine große Hochzeit versprochen. Sie sollten sich eigentlich nicht drum herum mogeln, nur weil ihre Ehe in die Brüche ging."

Fragen Sie Ihre Eltern, falls sie Ihnen anbieten, die Hochzeit zu finanzieren, wieviel sie aufbringen können. *Und überziehen Sie diesen Betrag auf keinen Fall.*

Wenn beide Seiten sich an den Kosten beteiligen. Wenn der Bräutigam unter 25 ist, kann er ebenfalls zu seinen Eltern sagen: „Es wird nur eine kleine Hochzeit, mehr können wir uns nicht leisten", und schauen, ob sie etwas beisteuern wollen. Aber vermeiden Sie es, Eltern und Schwiegereltern gegeneinander auszuspielen, um zu sehen, wer am meisten beisteuern kann.

Und tun Sie es vor allem dann nicht, wenn der Brautvater das als Beleidigung auffassen könnte, daß er nicht imstande sei, die Hochzeit seiner Tochter zu finanzieren.

Frühere Hochzeiten. Falls dies nur für einen von Ihnen die zweite Hochzeit ist und Sie jung und ohne finanzielle Mittel sind, könnten Ihre Eltern eventuell die Hochzeit finanzieren.

Aber wenn beide zum zweiten Mal heiraten, sollten Sie selbst dafür aufkommen. Wie oft sollen Ihre Eltern den Gang zum Altar denn noch finanzieren?

Ihre finanzielle Lage. Wenn Sie und Ihre Verlobte/Ihr Verlobter zusammen annähernd so viel oder mehr als Ihre Eltern verdienen, sollten Sie Ihre Hochzeit selbst finanzieren.

Bestimmen Sie die Regeln

Mit Glück heiraten Sie nur einmal - nehmen Sie also die Sache selbst in die Hand. Lassen Sie nicht zu, daß Ihre Verwandten Ihnen eine Hochzeit aufzwingen, die Sie nicht wollen.

Am besten macht man allen von vornherein klar, wo es lang geht. Lernen Sie aus den Fehlern anderer:

„Toni beschloß schon früh, keine Kinder bei der Hochzeitsfeier einzuspannen: keine Ringträger, die mitten in der Feier aufs Klo müssen, keine Blumenkinder, die auf halbem Weg zum Altar alles zum Stocken bringen, weil sie mit ihrer Mami reden wollen.
Daher war sie verständlicherweise aufgebracht, als ihre zukünftige Schwiegermutter verkündete, daß sie die Enkelin ihrer besten Freundin gebeten habe, an der Zeremonie teilzunehmen.
Aber Toni hatte Angst, etwas zu sagen, weil sie fürchtete, daß die Schwiegereltern sich aufregen könnten.
Ihr Verlobter sagte: „Ich bin sicher, daß Mami sich nicht aufgeregt hätte, wenn du ihr rechtzeitig gesagt hättest, daß du bei der Trauung keine Kinder dabeihaben willst. Sie wollte sich einfach nur nützlich machen."

Darüber läßt sich streiten. Aber das dient auch als Entschuldigung, daß man sich in Ihre Hochzeit einmischt. Bleiben Sie fest, sonst nimmt man Ihnen die Zügel aus der Hand.

Tim und Ariane, beide geschieden, wollten eine schnelle standesamtliche Trauung ohne Familie; nur die jeweils besten Freunde sollten als Trauzeugen dabeisein. Danach wollten Sie das Wochenende in Paris verbringen. Sie besuchten Arianes Eltern, die in einem anderen Bundesland wohnten, und kündigten ihnen ihre Hochzeit an. Aber bevor sie noch erklären konnten, was sie sich vorgestellt hatten, sagte Arianes Vater: „Nennt mir Ort und Zeit, wir werden da sein. Es ist uns egal, wie klein die Hochzeit ist oder wo sie stattfindet, wir jedenfalls werden sie uns nicht entgehen lassen." Am Ende waren nicht nur ihre besten Freunde dabei, sondern auch die jeweiligen Eltern, drei Geschwister und die Großeltern - und alle kamen von auswärts und mußten untergebracht, verpflegt und herumgefahren werden. Die Eltern bestanden darauf, für alle ein Essen zu spendieren. Die Großeltern bestanden darauf, daß die Trauung nicht im Rathaus, sondern in der Kirche stattfand. Ihre besten Freunde fühlten sich verpflichtet, ihnen ein Hochzeitsgeschenk zu kaufen (obwohl Tim und Ariane sie gebeten hatten, es nicht zu tun), weil Tims Schwester eine Geschenkliste angefangen hatte, um sicherzustellen, daß etwas nicht zweimal geschenkt wurde.

Als endlich alles vorbei war, wünschten sich Tim und Ariane, sie wären nach Las Vegas geflogen und hätten in einer der rosafarbenen Talmi-Kapellen geheiratet.

Als wär´ ein Elternpaar nicht genug

Ich stelle hiermit den Antrag, daß die folgenden Begriffe abgeschafft und auf die Liste der Wörter gesetzt werden, deren Verwendung in der Öffentlichkeit untersagt ist, und daß jeder, der sie benutzt, mit einer Buße von 10.000 Mark oder 10 Jahren Haftstrafe oder mit beidem belegt wird:

1. Schwiegertochter
2. Schwiegersohn
3. Schwiegermutter
4. Schwiegervater

Diese Begriffe sollten sofort und für immer durch Begriffe wie *„der Vater meines Mannes"* oder *„die Mutter meiner Frau"* ersetzt werden.

Ich beantrage ferner, daß der Ausdruck „Man verliert nicht einen Sohn; man gewinnt eine Tochter" (oder umgekehrt) nicht mehr benutzt wird, weil er noch nie den Realitäten entsprochen hat.

Schließlich schlage ich vor, die Trauung für diejenigen, die die Absicht haben, die jeweiligen Schwiegereltern mit „Mami" und „Paps" anzureden, so lang auszusetzen, bis sie sich einer gründlichen psychiatrischen Untersuchung unterzogen haben.

Zwei Eltern sind genug

Sie haben bereits zwei Eltern, die Sie verrückt machen; Sie brauchen nicht noch zwei. Es ist schon schwer genug, den eigenen Eltern gegenüber ein pflichtbewußter Sohn oder eine pflichtbewußte Tochter zu sein. Das geht erst recht nicht gegenüber Leuten, die Sie kaum kennen.

Wenn Sie Ihre Schwiegereltern mit „Mami" oder „Paps" anreden, geben Sie ihnen die Erlaubnis, Sie wie ein Kind zu behandeln. Deshalb einige Hinweise, wie man sich zwei zusätzliche Eltern vom Leib halten kann:

Sprechen Sie sie mit ihrem Vornamen an.
Fragen Sie, sobald Sie mit den Eltern Ihrer Frau, Ihrer Verlobten oder Ihrer augenblicklichen Freundin etwas näher bekannt sind: „Habt ihr ´was dagegen, wenn ich zu euch Rudolf und Irma sag´?" - oder wie sie sonst heißen. Warten Sie nicht, bis sie einen Vorstoß machen, denn wenn sie „Mami" und „Paps" genannt werden wollen, sitzen Sie in der Klemme.

Falls Sie schon in der Klemme sitzen und da rauswollen, sollten Sie nach und nach die Wörter „Mami" und „Paps" durch die Vornamen ersetzen.
Benutzen Sie beim nächsten Besuch wenigstens einmal ihre Vornamen. Machen Sie das von Besuch zu Besuch immer öfter, bis „Mami" und „Paps" aus Ihrem Wortschatz verschwunden sind. Wenn sie Fragen stellen, können Sie - wahrscheinlich ohne schlechtes Gewissen - sagen, daß es Ihnen unangenehm ist, außer *Ihren* Eltern noch jemanden mit „Mami" und „Paps" anzureden.

Halten Sie sie davon ab, von Ihnen oder Ihrer Frau als „den Kindern" zu reden.
Sagen Sie scherzend: „Du liebe Güte, ihr braucht wohl noch ein Kind?" Oder: „So was Nettes hat mir heute noch keiner gesagt - Ich wünschte, ich wär´ wirklich noch so jung, daß man mich Kind nennt."

Behandeln Sie sie wie Menschen, nicht wie Eltern.
Verhalten Sie sich ihnen gegenüber nicht wie ein Kind, akzeptieren Sie keine Gefälligkeiten, die sie bei jeder anderen Person ihres Alters zurückweisen würden, und halten Sie auch Ihre Frau davon ab, ihnen gegenüber ein kindliches Verhalten an den Tag zu legen. Und denken Sie daran: Alle Ratschläge in diesem Buch eignen sich für die Eltern Ihrer Frau wie für Ihre eigenen.

Das Liebesleben Ihrer Eltern

Ihr Liebesleben geht die Eltern ebensowenig etwas an, wie ihre romantischen Abenteuer Sie etwas angehen. Bei den folgenden Situationen sollten Sie sich raushalten:

Wenn die Eltern heiraten. Die Eheprobleme der Eltern sind allein *ihre*. Vielleicht möchten Sie Ihre Sympathie bekunden; hüten Sie sich aber vor Eltern, die Verbündete suchen statt Sympathie. Am besten ist es, neutral zu bleiben und sich rauszuhalten.

Wenn die Eltern sich scheiden lassen. Bevor Sie Partei ergreifen, sollten Sie daran denken, daß nie nur einer der Schuldige ist, wenn es zur Scheidung kommt - auch wenn es den Anschein hat. Halten Sie sich aus dem Schlamassel raus - Sie kennen nicht die ganze Geschichte.

Wenn ein Elternteil wieder heiratet. Sie müssen nicht unbedingt Gefallen daran finden, wenn ein geschiedener oder verwitweter Elternteil

wieder heiratet. Sie haben das Recht auf eine eigene Meinung. Und vielleicht möchten Sie Ihre Meinung kundtun, wenn Sie glauben, daß die neue Frau (oder der Mann) nicht ganz ehrliche Absichten hat, z.B. auf das Geld Ihres Vaters (oder der Mutter) aus ist. Außer in diesem Fall, sollten Sie jedoch Ihre Meinung für sich behalten, selbst wenn Sie
1. aufgebracht sind, weil Ihr Vater eine Frau heiratet, die 5 Jahre jünger als Sie ist;
2. beunruhigt sind, weil Ihre 67-jährige Mutter eine stürmische Liebsaffäre mit einem 75-jährigen hat;
3. verärgert sind, weil Ihre verwitwete Mutter oder Ihr verwitweter Vater vor Ablauf einer in Ihren Augen „angemessenen" Trauerfrist wieder heiratet.

Ältere Menschen haben sexuelle Bedürfnisse und wollen wieder heiraten - genauso wie jüngere Menschen. Seien Sie glücklich, daß *sie* glücklich sind, und versuchen Sie nicht, ihr Glück zu trüben.

12
Das sind immer noch meine Kinder, verstanden?

Ihre Eltern machen Sie verrückt, und Ihre Kinder machen Sie verrückt. Aber ist Ihnen schon aufgefallen, daß *sie sich gegenseitig* nie verrückt machen? Der Grund dafür ist, daß sie so viel gemeinsam haben.
1. Beide, Ihre Eltern und Ihre Kinder, fordern ungeteilte Zuwendung und grenzenlose Verehrung - und sie sind böse, wenn sie das nicht bekommen.
2. Beide denken, daß sie eine bessere Behandlung verdient hätten.
3. Beiden macht es Spaß, sich nicht an die Regeln zu halten.
4. Beide sind lieber mit dem anderen zusammen als mit Ihnen.

Sie haben auch gemeinsam, daß keiner sich so verhält, wie Sie es für richtig halten - besonders nicht Ihre Eltern. Ihre Eltern sind entweder Verwöhner, die alles nur Erdenkliche für Ihre Kinder tun, oder sie sind Ungroßeltern, die sich kaum oder überhaupt nicht für Ihre Kinder interessieren.

Die Verwöhner
„Schau mal, was für Spielsachen, Kleider, Süßigkeiten, Kinokarten und Geld Oma und Opa für dich haben."

Für Ihre Kinder tun Verwöhner alles:
• Peters Großmutter kocht ihm, was immer er möchte - gleichgültig, was sie für die anderen zubereitet hat. Und wenn er seine Meinung in letzter Minute ändert, macht sie ihm etwas anderes.
• Wenn Holgers Großeltern auf ihn aufpassen, darf er so lang aufbleiben und fernsehen, wie er mag - selbst wenn er am anderen Tag zur Schule muß - weil er immer „so ein lieber Junge" ist, wenn er bei ihnen ist.
• Einmal im Monat führt Kirstins Großvater sie zum Abendessen aus, und jedesmal geht er vorher mit ihr einkaufen und kauft ihr ein neues Kleid, das sie bei dieser Gelegenheit auch gleich tragen soll.

„Komisch", mögen Sie sagen, „ich kann mich nicht erinnern, daß meine Eltern *mich* je so gut behandelt haben." Wie kommt es, daß sie Ihre Kinder wie einen königlichen Besuch behandeln? Das läßt sich mit

Hilfe der drei folgenden Prinzipien erklären:

Prinzip 1: Großeltern müssen nicht die Konsequenzen tragen. Ihre Eltern überhäufen Ihre kleinen Kinder mit Liebesbezeugungen und Geld - und sie verlangen keinerlei Disziplin -, als Belohnung bekommen sie in wachsendem Maße Liebe und Zuneigung. Dann laden sie die Kinder vor Ihrer Haustür ab und kehren in ihr stilles, kinderfreies Haus zurück.

Und Sie müssen sich anhören: „Ich hab´ Bauchweh, ich hab´ 4 Pfund Zuckerwatte verschlungen", oder: „Oma sammelt meine Spielsachen immer auf, warum nicht du?", oder: „Bei Opa muß ich nicht schon um halb neun ins Bett."

Prinzip 2: Großeltern sind nicht dafür verantwortlich, was aus ihren Enkelkindern wird. Ihre Eltern gaben sich alle Mühe, damit aus Ihnen ein anständiger und erfolgreicher Mensch und nicht etwa ein Versager wurde. Bei den Enkelkindern aber überlassen sie dieses schwierige Geschäft einem anderen: Ihnen. Ihre Eltern können Ihre Kinder gnadenlos verwöhnen, ohne sich Sorgen machen zu müssen, welche Folgen das für die noch unausgereifte Psyche der Kinder hat. Dafür sind *Sie* verantwortlich.

Prinzip 3: Großeltern sein ist ein Teilzeitjob. Kinder lassen sich in kleiner Dosierung bestens ertragen. Lange bevor ihnen die Kinder auf die Nerven gehen, können Ihre Eltern die Flucht ergreifen.

Sind Verwöhner wirklich so schlimm?

Bevor Sie Ihren Eltern zu heftige Vorwürfe machen, sollten Sie sich in Erinnerung rufen, was Ihre eigenen Großeltern alles für Sie getan haben. Oma gab Ihnen immer so viele Schokoladeplätzchen, wie Sie wollten, und Opa nahm Sie immer mit in die nahe Kneipe. War das wirklich so schädlich? Hat es Sie untauglich fürs Leben gemacht? Ich glaube kaum.

Niemand wird verdorben (im Sinne von „ruiniert"), wenn er aus Liebe hin und wieder ein wenig verwöhnt wird.

Die Beziehung zwischen Großeltern und Enkelkindern wird nur dann zum Problem, wenn:

Ihre Kinder von Ihnen die gleiche Behandlung wie von den Großeltern erwarten. Diese Erwartung kann im Keim erstickt werden, wenn man dem Kind sagt, daß es zu Oma und Opa nur darf, wenn es sich zuhause wie ein normales, menschliches Wesen verhält. Omas Haus ist ein Ferienparadies, und es darf erst hin, wenn (1) er oder sie es sich verdient hat und (2) zwischen einem Ferienparadies und der Realität unterscheiden kann.

Sie haben es in der Hand, das Verhalten Ihrer Kinder zu beeinflussen. Geben Sie nicht Ihren Eltern die Schuld, wenn Ihre Kinder sich falsch verhalten.

Ihre Eltern Sie oder Ihre Frau bei den Kindern schlecht machen. Wenn die Kinder das erste Mal (oder das nächste Mal) heimkommen und etwa sagen: „Oma sagt, daß sie nicht glaubt, daß Paps sehr nett zu dir ist", sollten Sie Ihre Mutter anrufen – natürlich nur, wenn Ihre Kinder außer Hörweite sind – und ihr die Leviten lesen. Belassen Sie es nicht bei der höflichen Bitte, sie solle doch bitte keine abschätzigen Bemerkungen über Ihren Mann und Vater Ihrer Kinder machen. Lassen Sie sich nicht auf Diskussion ein, und spielen Sie das Problem auch nicht herunter. Sagen Sie ihr (oder Ihrem Paps, wenn er der Schuldige ist):

„Du kannst von meiner Ehe halten, was du willst; du hast aber kein Recht, mit *meinen* Kindern darüber zu reden. Die Kinder lieben dich von ganzem Herzen, und es würde ihnen das Herz brechen, wenn sie dich nicht mehr sehen könnten. Ich hoffe, du läßt es nicht so weit kommen."

Ihre Eltern die Gesundheit oder Sicherheit Ihrer Kinder gefährden. Wenn Ihr Vater glaubt, daß es lustig ist, wenn er Ihre Kinder so lang kitzelt, bis sie sich in die Hosen machen, oder wenn Ihre Mutter glaubt, daß es zu viele Umstände macht, im Auto den Kindersitz zu benutzen, dann haben Sie das Recht (und die Pflicht), darauf zu bestehen, daß sie ihr Verhalten ändern.

Auch wenn Ihre Eltern es nicht wahrhaben wollen: Sie sind für Ihre Kinder die höchste Autorität. Großeltern, die diese Autorität nicht respektieren, sollte man klarmachen, daß es keine Besuche mehr geben wird oder daß sie ihre Enkelkinder nur noch sehen dürfen, wenn Sie dabei sind.

Überspannen Sie aber den Bogen nicht. Sie brauchen erst einzugreifen, wenn Ihre Eltern wirklich verantwortungslos handeln. Denken Sie daran, daß diese zwei Menschen zumindest bereits ein Kind großgezogen haben (Sie), ohne daß es zu einer größeren Katastrophe gekommen ist. Sechs Filme in zwei Tagen machen Ihr Kind nicht kurzsichtig, und einige Schluck Bier machen es nicht zum Alkoholiker – auch wenn Ihnen das alles nicht gefällt. Die einfache Botschaft „Aber sag' Mami oder Paps nichts davon", die alle Großeltern parat haben, macht dem Kind deutlich, daß sie sich nicht gerade vorbildlich verhalten.

Unter allen Umständen sollten Sie die Kinder dazu ermutigen, mit dem, „was sie Mami und Paps nicht sagen sollen", herauszurücken, aber auch hier sollten Sie erst handeln, wenn ihnen Gefahr droht. Wenn Sie einen Wutanfall bekommen, weil Ihre Kinder zu viel Zuckerwatte in sich hineingestopft haben, werden sie Ihnen in Zukunft verschweigen, was sie mit Oma und Opa aushecken, egal, ob es schlimm oder harmlos ist.

Überlaß' uns die Kinder

Die Vorstellung, daß man den Eltern die nächste Generation schenkt - wie es so schön heißt: „Sie schenkte ihnen einen prächtigen, kleinen Enkel" - verführt manche Eltern zu der irrigen Annahme, sie seien Mitbesitzer dieser neuen kleinen Wesen. Lehrer ja. Verwöhner ja. Aber Ersatzeltern? Nein. Machen Sie ihnen unmißverständlich klar, daß *Sie* die Eltern Ihrer Kinder sind. Setzen Sie bestimmte Grenzen, wenn es um Besuche, Geschenke und Aktivitäten geht, und halten Sie daran fest. Unterbinden Sie alles, oder schmeißen Sie die Eltern hinaus, wenn sie ihre Privilegien mißbrauchen. Und zwar rechtzeitig.

> Eine Woche vor Kirstins Niederkunft klopfte es an der Tür. „Überraschung!", rief ihre Mutter und schleppte drei Koffer ins Wohnzimmer. „Ich weiß, du brauchst Hilfe, jetzt wo das Baby bald kommt - hier bin ich also!" Kirstin und ihr Mann waren entsetzt. Und das umso mehr, als Mami sechs Wochen blieb. Aber keiner hatte den Mut, Mami zu sagen, daß sie die Grenzen des familiären Beisammenseins erheblich überschritten hatte.

Omas Kindertagesstätte

Verwöhner lassen sich leicht ausnutzen - vor allem, wenn es darum geht, auf die Kinder aufzupassen. Ihre Mutter betreibt keine Kindertagesstätte, keine Pflegestelle und keinen Babysitter-Dienst, den man jederzeit anrufen kann.

Ihre Eltern haben keine Lust - auch wenn sie vielleicht das Gegenteil beteuern -, stunden- oder tagelang Ihre Kinder zu hüten. Sie sehen es nicht gern, wenn Sie die Kinder an ihrer Arbeitsstelle abliefern, und Sie täuschen sich, wenn Sie annehmen, daß ihre Lust, die Kinder zu hüten, keine Grenzen kennt.

Allerdings werden Ihre Eltern Ihnen das niemals sagen. Wenn es um die Enkelkinder geht, sind die meisten Großeltern unfähig, nein zu sagen.

1. Zählen Sie einmal nach, wie oft Ihre Eltern die Kinder sehen wollen. Ich meine damit nicht vage Bemerkungen wie: „Wir würden die Kinder so gern mal wieder sehen", sondern den Fall, daß sie sie wirklich während des Tages, am Nachmittag oder abends bei sich haben wollen. Wenn Sie glauben, daß die Eltern ihre Enkel achtmal in der Woche sehen wollen, kann es sein, daß dies sieben- oder achtmal nicht stimmt.
2. Verlangen Sie von Ihrer Mutter nicht, daß sie jeden Tag den Babysitter spielt, während Sie arbeiten gehen. Wenn sie auf eine Ganztagsbeschäftigung aus wäre, hätte sie bereits eine - und wahrscheinlich würde sie dann nicht Kinder hüten.
3. Verlangen Sie nicht von Ihren Eltern, daß sie mehr als zwei Abende im Monat auf die Kinder aufpassen. Wenn Sie sich keinen Babysitter leisten können, sollten Sie daheim bleiben.
4. Verlangen Sie von Ihren Eltern nicht mehr als von einem Freund. Wenn sie mehr machen wollen, werden sie sich schon melden.
5. Einige Großeltern verlieren mit der Zeit etwas die Freude an ihren Enkelkindern. Aus einem Kleinkind, von dem sie nicht genug bekommen konnten, wird ein Siebenjähriger, den sie nur einmal im Monat sehen möchten.
6. Je älter die Eltern sind, desto weniger sollten Sie sie bitten, die Kinder zu hüten. Sie haben nicht mehr soviel Kondition.
7. Für Ihre Kinder tragen *Sie* die Verantwortung, überlassen Sie sie nicht den Eltern.

Die Ungroßeltern
„Einmal reicht uns, danke."

„Meine Enkel sind die herzigsten Babies, die man sich denken kann", sagte mir eine Großmutter, „aber nach fünf eigenen habe ich es endgültig satt, weiter Windeln zu wechseln." Und ihr Mann ergänzte: „Ich bin so erleichtert, daß keine Kinder mehr im Haus sind. Kein Geschrei, kein Geplärre, kein „Ich will dahin, ich will dorthin". Wir haben genug Kinder großgezogen. Jetzt ist Schluß."

Wenn man davon ausgeht, daß eine gute Beziehung zu den Großeltern Kindern viel Freude und Nutzen bringen kann, stimmt eine solche Haltung traurig. Ermuntern Sie die Eltern, sich für Ihre Kinder Zeit zu nehmen, aber wenn sie sich weigern, können Sie wenig dagegen tun. Vergewissern Sie sich, daß Sie Ihren Eltern mit dem Hüten und der Pflege der Kinder nicht zu viel zugemutet haben und sie sie deshalb nicht mehr ertragen können.

Und daß nicht etwa *Ihre* Beziehung zu den Eltern - falls sie zu wünschen übrig läßt - das Problem verursacht hat.

Was ist für die Kinder am besten?

Ihre Kinder haben Vorrang. Nicht die Gefühle der Eltern, nicht Ihr Stolz und nicht die Beziehung zu Ihren Eltern.

Wenn Sie Ihre Eltern nicht ausstehen können, Ihre Kinder sie aber verehren, sollten Sie erlauben, daß sie so viel Zeit wie möglich miteinander verbringen. Großeltern und Enkelkinder sind gut für einander. Sie möchten doch sicher nicht, daß Ihre Eltern Sie schlecht machen. Hüten Sie also Ihre Zunge, wenn Sie in Gegenwart der Kinder von ihnen reden. Immerhin sind es ihre Großeltern.

Wenn keine Kinder da sind, über die man streiten kann

Wenn man Kinder hat, kann das zu Problemen mit den eigenen Eltern führen, aber der Entschluß, *keine* Kinder zu haben, löst in der Regel einen Aufstand aus. Sie bekommen zu hören:
• „Wie kannst du nur so egoistisch sein? Wir haben ein Recht auf Enkelkinder."
• „Irgendwas läuft in deiner Ehe schief, sonst hättet ihr Kinder."
• „Es wird dir noch leid tun, wenn du erst alt bist und niemanden hast, der für dich sorgt."

Es geht hier um die Unsterblichkeit Ihrer Eltern (wenigstens glauben sie das). Es geht darum, daß sie in künftigen Generationen weiterleben möchten. Es geht darum, daß man um Himmels willen *Kinder hat*, was zu ihrer Zeit selbstverständlich war. Und für manche Eltern - die künftigen Verwöhner - geht es darum, daß Sie ihnen die lang ersehnte Möglichkeit rauben, Großeltern zu sein.

Tun Sie ihnen also den Gefallen und hören Sie sich an, was sie zu sagen haben. Reden Sie mit ihnen darüber. Geben Sie Ihre Gründe an und versuchen Sie ihnen Ihren Standpunkt begreiflich zu machen. Aber nachdem Sie dieses Thema ein paar Mal besprochen haben, sind Sie nicht länger verpflichtet, sie zu besänftigen. Sie müssen sich nicht dem elterlichen Druck beugen oder sich einschüchtern lassen, weil Sie sich weigern, die Weltbevölkerung zu vermehren. Bleiben Sie, wenn nötig, fest: „Wir haben uns entschieden: Wir wollen keine Kinder. Ich halte es für das beste, in Zukunft nicht mehr davon zu reden."

13
Die große Festtagstradition

Wochenlang haben Sie sorgfältig Ihre Einkäufe gemacht, die Geschenke verpackt und den Wagen hergerichtet, aber jetzt sind Sie endlich so weit. Sie krempeln die Ärmel hoch, atmen tief durch und nehmen auch dieses Mal wieder die Jährliche-Fünfhundert-Kilometer-Gratulations-Tour in Angriff. Es ist eine zermürbende Belastungsprobe - auf die Zentelsekunde genau terminiert -, die etwa so abläuft:

Heiligabend

Morgens: Den Morgen über treffen Sie hektisch die letzten Vorbereitungen, dann machen Sie das Mittagessen für die Familie, packen die Kinder und die eine Hälfte der Geschenke in den Wagen und fahren zum Haus Ihrer Schwiegereltern, das zwei Stunden nach Westen liegt. Trotz der vorausgegangenen Hektik sind alle in guter Stimmung und singen während der Fahrt alle Weihnachtslieder, die sie mögen.
14 Uhr: Sie treffen vor dem Haus der Schwiegereltern ein, laden die Kinder und Geschenke aus und helfen dann Ihrer Schwiegermutter den ganzen Nachmittag über bei der Vorbereitung eines üppigen Festessens mit Truthahn, Schinken, Kartoffelbrei, Soßen, Salaten, Brötchen und Fleischpastete. Sie werden allmählich müde, sind aber immer noch fit genug, die bizarre Versammlung von Cousins, Tanten, Onkeln und anderen unbekannten Verwandten, die sich die Türklinke in die Hand geben, freundlich zu begrüßen.
17 Uhr: Auf Drängen Ihrer Schwiegermutter - „Du bist doch nicht etwa schon satt, Liebes?" -, schlagen Sie sich den Magen voll.
19 Uhr: Sie helfen Ihrer anspruchsvollen Schwiegermutter, die Küche in Ordnung zu bringen, und dabei wischen Sie natürlich auch die Unterseite des Fenstersims und die Rückseite des Herdes ab. Ihre Kräfte lassen nun schnell nach.
20 Uhr: Alle öffnen ihre Geschenke unterm Weihnachtsbaum. Ihr Schwiegervater legt Platten mit Weihnachtsliedern auf und dreht die Musik so laut, daß sie sogar das Gekreische der Kinder übertönt. Ihre Schwiegermutter sagt alle 15 Minuten, wie bedauerlich es doch sei, daß Sie und Ihre Familie nicht die ganzen Weihnachtstage bei ihnen verbringen, aber das wohl (Seufzer) Heiligabend besser sei als gar nichts.
23 Uhr: Sie laden die Kinder und die ausgepackten Geschenke wieder

in den Wagen und fahren die zwei Stunden bis zu Ihrem Haus. Ihr Kopf hängt bedrohlich tief überm Steuer, und Ihr Mann sagt dauernd: „Bist du sicher, daß du fahren kannst?" „Doch, doch", antworten Sie, „mir geht's prima."
1 Uhr morgens: Völlig kaputt laden Sie die Kinder und die geöffneten Geschenke aus. Die Kinder jammern, sie seien zu müde zum Aussteigen, und möchten die Nacht im Wagen verbringen. Sie lassen es nicht zu.

1. Weihnachtsfeiertag

6 Uhr: Sie stehen auf, taumeln in die Dusche, laden dann die Kinder und die zweite Hälfte der verpackten Geschenke in den Wagen und fahren zum Haus *Ihrer* Eltern, das zwei Stunden *östlich* liegt. Wenn Ihr Mann sagt: „Bist du nicht zu müd' zum Fahren?", fauchen Sie ihn an: „Nicht müder als du."
9 Uhr: Sie laden die Kinder und Geschenke aus, frühstücken Spiegeleier mit Schinken und Würstchen, süße Hefestückchen, Röstkartoffeln, Kaffee und Orangensaft. Ihre Mutter hat das alles schon seit 7 Uhr fertig („Wir dachten, du kommst schon früh zu uns."). Alle Viertelstunde weist sie darauf hin, wie bedauerlich es sei, daß Sie nicht schon gestern kommen und über Nacht bleiben konnten, aber daß wohl (Seufzer) der 1. Weinachtsfeiertag besser sei als gar nichts.
10:30 Uhr: Heroisch kämpfen Sie gegen den Schlaf an, während die Geschenke ausgepackt werden. Ihr Vater verkündet stolz, daß er schon seit 6 auf sei (Sie etwa nicht?) und erinnert sich an frühere Zeiten, als die Kinder schon in aller Herrgottsfrühe auf den Beinen waren, um die Geschenke zu öffnen - und nicht erst mitten am Morgen.
Mittag: Den ganzen Nachmittag über helfen Sie Ihrer Mutter bei der Vorbereitung eines üppigen Festessens mit Truthahn, Schinken, Kartoffelbrei, Soßen, Salaten, Brötchen und Fleischpastete.
17 Uhr: Sie schlagen sich - schon wieder - den Magen voll, während Ihre Mutter sagt: „Du bist doch nicht etwa schon satt?" Allmählich sehen Sie wie Schweinchen Dick aus.
21 Uhr: Sie helfen Ihrer Mutter, die Küche in Ordnung zu bringen. Dann laden Sie die Kinder und die jetzt ausgepackte zweite Hälfte der Geschenke in den Wagen und fahren die zwei Stunden bis zu Ihrem Haus. Die Kinder schlafen bereits, als Sie losfahren. Ihr Mann - der gar nicht erst fragt, ob Sie zu müde zum Fahren seien - beobachtet Sie mit stummen Entsetzen und stöhnt: „Wir kommen nie lebend heim."
23 Uhr: Sie laden die Kinder und die zweite Hälfte der Geschenke aus, und während die Kinder ins Bett stolpern, sagt eines von ihnen: „Wie

kommt es, daß wir Weihnachten nie bei uns feiern?" In bester Festtagslaune sagen Sie: „Halt den Mund!"

Was stimmt an dieser Geschichte nicht?

Festtage sollten Freude bereiten, aber viele von Ihnen amüsieren sich nicht gerade großartig. Wenn Sie die Festtage bei sich verbringen, sind Ihre Eltern unglücklich, weil sie nicht mit Ihnen zusammen sind. Wenn Sie aber bei ihnen feiern, sind sie unglücklich, weil Sie nicht lang genug bleiben. Sie machen sich und Ihre Familie kaputt bei dem vergeblichen Versuch, Ihre Eltern und Schwiegereltern glücklich zu machen.

Tauziehen

Jedes Jahr kämpfen Sie mit Ihren Eltern, Ihren Schwiegereltern und Ihrem Gewissen darum, wo Sie die Festtage verbringen sollen. Die Entscheidung richtet sich in der Regel nach einem oder mehreren der folgenden Kriterien:
1. Welche Eltern am lautesten protestieren, wenn Sie den Festtag nicht bei ihnen verbringen. (Nette Menschen - und nette Eltern - haben stets das Nachsehen).
2. Welche Eltern im vergangenen Jahr am meisten für Sie getan haben. (Keine Angst, sie sorgen schon dafür, daß Sie nichts auf der Liste vergessen.)
3. Von welcher Familie die meisten Leute kommen: „Aber Lieber", sagt Ihre Mutter, „natürlich wird die ganze Familie kommen. Du wirst der Einzige sein, der fehlt."
4. Welche Familie zuerst fragt: „Tut mir leid, Mami", sagen Sie, „wir wollten zu euch kommen, aber Bernhards Mutter hat angerufen. Sie wollte wissen, ob wir schon was geplant hätten. Ich hab´ nicht gewußt, was ich ihr sagen sollte, weil wir doch noch nicht mit euch geredet hatten, und da ..."
5. Welche Familie es am nötigsten hat: „Ich bin das einzige Kind", sagen Sie zu Ihrem Mann. „Wir müssen Weihnachten bei *meinen* Eltern verbringen."

Nur unsere Familie zählt

Ursache all dieser Probleme ist die Vorstellung, daß es so etwas wie eine *eigentliche Familie* gebe. Ihre Eltern glauben, *ihre* Kleinfamilie (die Eltern, Sie und Ihre Geschwister) sei die einzige Familie, die zählt.

Sie allein ist in ihren Augen der Mittelpunkt der Welt, um den alle anderen Beziehungen kreisen.

Ihr Partner und die Kinder zählen nicht - sie sind lediglich Ableger der *eigentlichen Familie*. Selbst die Eltern Ihrer Eltern, sofern sie noch leben, sind nur Anhängsel und müssen sich allem beugen, was die *eigentliche Familie* (d.h. Ihre Eltern) beschließt.

Daß Sie auch Schwiegereltern haben, ist bestenfalls lästig. Daß Sie sie über die Festtage vielleicht auch bei sich haben möchten, zählt nicht. Daß Ihr Partner vielleicht den Wunsch hat, seine oder ihre Eltern zu besuchen, ist ohne Belang. Loyalität schulden Sie zuallererst der *eigentlichen Familie,* die Ihre Eltern über die Jahre mit so viel Mühe aufgebaut haben.

Keine Festtage mehr auf der Autobahn

Sie müssen diese Konditionierung abschütteln. Loyalität schulden Sie zuallererst *Ihrer eigenen* Familie: sich selbst, Ihrem Partner und Ihren Kindern. Wenn Sie Lust haben, Weihnachten auf den Bahamas statt mit den Eltern und Schwiegereltern zu feiern, ist das Ihr gutes Recht. Sie sollen - so wollen es die Eltern - glauben, daß es in Ihrer Macht steht, ihnen die Festtage ganz und gar zu verderben, aber das stimmt nicht. Es mag ja sein, daß für Ihren Vater Weihnachten der wichtigste Tag des Jahres ist (seit Juli bekommen Sie das jede Woche zu hören), aber Vater ist jetzt ein großer Junge und wird es überleben, wenn Sie Weihnachten auf *Ihre* Weise feiern.

Festtagsplanung - wie es sich für Erwachsene gehört

Was Sie an den Festtagen machen, hängt davon ab, ob Sie Kinder haben, wo Ihre Eltern und Schwiegereltern leben und wie gut Sie mit ihnen zurechtkommen. Hier einige Orientierungshilfen:

Weihnachten ist für die Kinder da. Wenn Sie Kinder haben, sollten Sie nicht wie eine Horde Zigeuner durch die Gegend ziehen, sondern daheim bleiben. Verbringen Sie den Heiligabend und den 1. Weihnachtsfeiertag an einem Ort - am besten bei sich zu Hause.

Wenn sich alle auf eine große Familienfeier auf Omas und Opas Bauernhof freuen, sollten Sie hinfahren. Aber was für Ihre Kinder am besten ist, wiegt weitaus schwerer als das, was Ihre Eltern wollen. Schleppen Sie Ihre Kinder nicht durch die Gegend, nur um Ihre Eltern glücklich zu machen.

Teilen Sie Ihre Zeit gerecht auf. Verbringen Sie das Erntedankfest mit dem einen und Weihnachten mit dem anderen Elternpaar. Wechseln Sie diesen Plan jedes Jahr. Seien Sie gerecht. Verbringen Sie nicht jedes Weihnachtsfest mit Ihren Eltern, weil die Ihnen das Haus gekauft haben, oder mit den Schwiegereltern, weil die den größten Aufstand machen, wenn Sie nicht kommen.

Feiern Sie die Feiertage im großen Kreis. Wenn Ihre Eltern am Ort wohnen, sollten Sie alle (Ihre Eltern, die Schwiegereltern, Kinder, Cousins, usw.) dorthin einladen, wo am meisten Platz ist. Bitten Sie jeden, etwas zum Festessen beizusteuern, und geben Sie jedem eine bestimmte Aufgabe beim Putzen.

Fällen Sie eine Entscheidung, und halten Sie daran fest. Teilen Sie Ihre Entscheidung den Eltern und Schwiegereltern mit und machen Sie Ihnen klar, daß sie ein für allemal und unwiderruflich feststeht. Ändern Sie sie nur im Ausnahmefall, z.B. wenn ein Elternteil den Partner verliert oder alle 23 Mitglieder der Familie nach 10 Jahren zum ersten Mal wieder zusammenkommen.

14
Es liegt nur an Ihnen

Mit den Eltern auszukommen ist eine Aufgabe - darüber besteht kein Zweifel. Aber wenn Sie einmal all Ihre früheren Belehrungen, Einstellungen und Gewohnheiten abgeschüttelt haben, werden Sie feststellen, daß das nicht so schwierig ist, wie es scheint.

Das Verhalten Ihrer Eltern hängt entscheidend von Ihnen ab, sie verhalten sich nur so schlecht, wie Sie es zulassen. Wenn Sie darauf bestehen, daß sie sich wie vernünftige, zivilisierte Menschen verhalten, werden sie das wahrscheinlich tun. Wenn Sie ihnen aber alles und jedes durchgehen lassen, werden sie das auch tun. Also:
• Verhalten Sie sich Ihren Eltern gegenüber nicht wie ein Kind. Lassen Sie sich nicht umsorgen und verhätscheln und wie ihr kleines Baby behandeln.
• Seien Sie zu Ihren Eltern so nett, freundlich und rücksichtsvoll wie zu Ihren Freunden. Und bitten Sie sie, Ihnen den gleichen Gefallen zu tun.
• Wehren Sie sich. Dulden Sie keine Beleidigungen, Einschüchterungen oder was sonst Sie außer Fassung bringen könnte.
• Denken Sie nicht länger, daß das Glück Ihrer Eltern von Ihnen abhänge.
• Nehmen Sie die Dinge leichter. Wenn Sie die Probleme, die Sie mit den Eltern haben, nicht mehr so schwer nehmen, werden Sie vielleicht feststellen, daß diese Probleme nicht so schwerwiegend sind, wie es den Anschein hat.

Nun, niemand behauptet, daß das leicht sei. Ihre Eltern sind nicht gerade darauf versessen, an dieser Beziehung irgend etwas zu ändern. Sie haben die Gewohnheit, Sie wie ein Kind zu behandeln, und Gewohnheiten lassen sich nur schwer abstellen. Aber wenn Sie sich wie ein Erwachsener verhalten, der Selbstachtung besitzt (mit Betonung auf *Erwachsener* und noch mehr Betonung auf *Selbstachtung*), werden Ihre Eltern früher oder später lernen, Sie dementsprechend zu behandeln.

Sie wissen genau, was für eine Beziehung zu den Eltern Sie möchten, und Sie sollten nicht müde werden, dieses Ziel anzustreben. Und wenn Sie selber Kinder großziehen (oder es vorhaben), sollten Sie an diesem Ideal festhalten, denn am Ende sind Sie in der gleichen Lage wie Ihre Eltern jetzt.

Eines Tages werden auch Sie erwachsene Kinder haben

Es läßt sich nicht verhindern: Wenn wir älter werden, werden wir selber Eltern.

Sie betrachten sich im Schaufenster, und Ihre Mutter oder Ihr Vater blickt Sie an. Sie reden mit Ihren Kindern genauso wie Ihre Eltern mit Ihnen - obwohl Sie sich geschworen hatten, es niemals zu tun: „Welcher Schwachkopf hat sein Glas Milch eine ganze Woche lang unter seinem Bett stehenlassen? Nun? Bekomm´ ich eine Antwort? *Warst du es?*"

Und in zwanzig Jahren werden Sie zu ihnen sagen: „Was soll das heißen, du kommst uns diesen Sommer nicht besuchen? Seit Weihnachten bist du nicht mehr dagewesen. Kannst du nicht wenigstens die Kinder schicken? Nein? Nun, wie wär´s, wenn wir zwei oder drei Wochen zu euch kommen? Wär´ das nicht prima?"

Sie haben sich geschworen, niemals so etwas zu tun, aber dennoch tun Sie es. Sie werden all das tun, was Ihre Eltern jetzt tun.
Die folgende Liste mit Tips soll Ihnen helfen, diesen Tag so weit wie möglich hinauszuschieben. Bewahren Sie sie irgendwo auf, und holen Sie sie wieder hervor, wenn Ihr Kind 25 wird (21 ist noch zu früh; Sie werden noch nicht bereit sein, Ihr Kind sich selbst zu überlassen), und lesen Sie sie zusammen mit Ihrem Partner sorgfältig durch.

(Diese Liste paßt übrigens gut in einen Rahmen, falls Sie die Absicht haben, die Seiten auf der Stelle herauszureißen und *Ihren* Eltern zu geben).

Glaubensbekenntnis für Eltern erwachsener Kinder

Anerkennung: Ich gelobe, meine erwachsenen Kinder mit derselben Anerkennung und Höflichkeit zu behandeln wie meine Freunde. Ich werde sie nicht länger als „meine Babies", als kostenlose Arbeitskräfte oder minderwertige menschliche Wesen betrachten.
Rat: Bevor ich meinen Kindern einen Rat gebe, werde ich mich fragen, ob ich ihn schon einmal gegeben habe. Wenn ja, dann gehe ich davon aus, daß sie mich beim ersten Mal schon verstanden haben, und wiederhole mich nicht.
Wissen: Ich werde stets daran denken, daß ich, als meine Kinder 5 waren, viel mehr wußte als sie, und daß wir jetzt, wo sie 30 sind, in etwa gleichgezogen haben.
Aufrichtigkeit: Ich gelobe, stets aufrichtig zu meinen Kindern zu sein. Ich werde Ihnen sagen, was ich wirklich fühle und wünsche. Und irgendwie werde ich es lernen, ein Nein zu akzeptieren.

Selbstmitleid: Ich werde mithelfen, daß die Kinder meinen Geburtstag, den Muttertag, den Vatertag, unseren Hochzeitstag und die anderen wichtigen Ereignisse nicht vergessen. Ich werde nichts tun, was zur Folge hat, daß ich mir selber leid tue oder den Kindern Schuldgefühle einimpfe.
Geld: Ich werde den Kindern genau sagen, was Sie finanziell von mir erwarten können, falls sie studieren, heiraten oder ein Darlehen wollen. Was ihr Erbe angeht, so werde ich ihnen sagen: „Mit etwas Glück werde ich an meinem Todestag den letzten Groschen ausgegeben haben" - das hilft ihnen, in mir den Menschen und nicht einen potentiellen Goldesel zu sehen.
Besuche: Ich gelobe, nicht mehr als viermal im Jahr zu fragen: „Wann kommst du mich besuchen?"

Ich werde meinen Kindern die Entscheidung über den Zeitpunkt und die Dauer meines Besuchs überlassen. Und ich werde nie länger als eine Woche bleiben - egal, wie weit weg sie wohnen.

Ich werde daran denken, daß nichts schöner ist als Eltern, die zu selten zu Besuch kommen oder zu früh abreisen.
Ruhestand: Ich werde selber für die Gestaltung und Sicherung meines Lebensabends sorgen und nicht erwarten, daß meine Kinder das tun.
Wohnen: Ich werde niemals zu meinen erwachsenen Kindern ziehen und auch nicht zulassen, daß sie bei mir einziehen (wenigstens nicht länger als einen Monat - oder, naja, anderthalb).
Die Ehe meiner Kinder: Ich werde daran denken, daß ich nicht für die Ehe meines Kindes zuständig bin und daß mein Schwiegersohn oder meine Schwiegertochter nicht mein Kind ist, sondern selber Eltern hat.
Und zuguterletzt werde ich nie, nie die Probleme, die ich mit meinen Eltern hatte, vergessen, und wenn meine erwachsenen Kinder mich aufregen, verrückt machen oder enttäuschen, werde ich mich fragen: „Bin *ich* daran schuld?"

Danksagung

Ich möchte den vielen Menschen danken, die mir bei diesem Buch geholfen haben:
• all den erwachsenen Kindern, die mir ihre Geschichte anvertrauten - ich hoffe, das Buch bietet ihnen einige Problemlösungen an und gibt ihnen die Gewißheit, daß sie nicht allein sind -,
• P.J. Dempsey, die nicht nur (erneut) mein Verleger ist, sondern auch ein guter Freund,
• Jeanne Kramer, Vertriebsleiterin bei Prentice Hall Press, die sich weit über das übliche Maß hinaus für das Buch eingesetzt hat,
• meiner Agentin Marrilee Heifetz, die mich im besten Sinn des Wortes „antrieb",
• Helen Kolle, die mir den Abdruck ihres Briefes erlaubte,
• Karen Robinson, die mir nicht nur mit Informationen und Rat half, sondern auch das Manuskript einer kritischen Prüfung unterzog,
• Rick, dem ich es verdanke, daß ich überhaupt in der Lage bin, zu schreiben.

Die Lebenshilfe-Bibliothek
aus der Hand erfahrener Therapeuten

Doris Wolf / Rolf Merkle
**Gefühle verstehen,
Probleme bewältigen**
6. Aufl., DM 19,80
ISBN 3-923614-18-7

Doris Wolf
Einsamkeit überwinden
3. Aufl., DM 18,–
ISBN 3-923614-14-4

Rolf Merkle
Eifersucht
2. Aufl., DM 16,80
ISBN 3-923614-24-1

Doris Wolf
**Übergewicht und seine
seelischen Ursachen**
3. Aufl., DM 18,–
ISBN 3-923614-09-8

Doris Wolf
Wenn der Partner geht
2. Aufl., DM 18,–
ISBN 3-923614-11-X

Erich Rauch
**Autosuggestion
und Heilung**
3. Aufl., DM 18,–
ISBN 3-923614-17-9

William Fezler &
Eleanor Field
Das Brave-Mädchen Syndrom
1. Aufl., DM 29,80
ISBN 3-923614-29-2

Shad Helmstetter
Anleitung zum Positiven Denken
1. Aufl., DM 29,80
ISBN 3-923614-28-4

Rolf Merkle
Auch Du kannst mehr aus Deinem Leben machen
2. Aufl., DM 16,80
ISBN 3-923614--16-0

Doris Wolf / Rolf Merkle
Verschreibungen zum Glücklichsein
4. Aufl., DM 15,–
ISBN 3-923614-04-7

Fordern Sie unseren ausführlichen Prospekt an
PAL-Verlag · Am oberen Luisenpark 33
D-6800 Mannheim 1